Gütersloher Taschenbücher / Siebenstern 607

Sören Kierkegaard
Gesammelte Werke

Herausgegeben von
Emanuel Hirsch und Hayo Gerdes

10. Abteilung

Sören Kierkegaard

Philosophische Brocken
De omnibus dubitandum est

Gütersloher Verlagshaus
Gerd Mohn

Aus dem Dänischen übersetzt von Emanuel Hirsch

Die Deutsche Bibliothek – CIP-Einheitsaufnahme

Kierkegaard, Søren:
Gesammelte Werke / Sören Kierkegaard. Hrsg. von
Emanuel Hirsch und Hayo Gerdes. – Gütersloh:
Gütersloher Verl.-Haus Mohn.

NE: Hirsch, Emanuel [Hrsg.] ; Kierkegaard, Søren : [Sammlung <dt.>]

Abt. 10. Philosophische Brocken [u. a.] / [aus dem Dän. übers.
von Emanuel Hirsch]. – 3. Aufl. – 1991
(Gütersloher Taschenbücher Siebenstern ; 607)
ISBN 3-579-00607-X

NE: GT

ISBN 3-579-00607-X

3. Auflage 1991
Lizenzausgabe mit freundlicher Genehmigung
des Eugen Diederichs Verlages, München

Gesamtherstellung: Clausen & Bosse, Leck
Umschlagentwurf: Dieter Rehder, B-Kelmis
Printed in Germany

INHALTSVERZEICHNIS

Zwischenspiel

Beilage

Fünftes Kapitel

Johannes Climacus
oder
De omnibus dubitandum est.
Eine Erzählung

Erster Teil

Geschichtliche Einleitung zur zehnten Abteilung

Die Schrift Philosophische Brocken (Philosophiske Smuler) von Johannes Climacus, herausgegeben von Sören Kierkegaard, ist am 13. VI. 1844 im Kopenhagener Buchhandel erschienen und steht in der maßgeblichen Ausgabe der Samlede Vaerker Bd. IV (1902) S. 173–272; die Seitenzahlen dieser Ausgabe sind am Rande angegeben. Der Übersetzung dieser Schrift ist hier angefügt das umfangreiche Bruchstück einer philosophischen Lehrerzählung: Johannes Climacus, oder De omnibus dubitandum est, das fast als eine Vorarbeit zu den Philosophischen Brocken gelten darf. Es ist von Kierkegaard nicht vollendet worden und zuerst 1872 in den Efterladte Papirer von 1844–46 erschienen. Der heute maßgebliche Druck in der neuen großen Ausgabe der Papirer Bd. IV (1912) umfaßt die Archivnummern IV B 1–17, von denen IV B 1 und IV B 16 f. alles Wesentliche enthalten. Bei dem Kernstück IV B 1 sind außer der Archivnummer auch noch die Seitenzahlen dieses Drucks am Rande angegeben. Die mit + versehenen Anmerkungen geben Varianten der Entwürfe, vor allem zu den Philosophischen Brocken. Auf die lehrreichen Stücke in Anm. 109+ und 157+ sei besonders hingewiesen. Die nicht mit Kreuz versehenen Anmerkungen geben die nötigen Belege oder sprachliche und sachliche Erläuterungen. Für das allgemeine Verständnis ist E. Hirsch, Kierkegaardstudien Bd. II (1933) S. 563, 669 ff., 694 ff., 717 ff. zu vergleichen.

Es bedeutet im Vergleich mit den 1843 veröffentlichten dichterischen Schriften (Entweder – Oder, Furcht und Zittern, Die Wiederholung) und den sie begleitenden oder vertiefend fortführenden Erbaulichen Reden etwas Neues, wenn Kierkegaard im Juni 1844 mit den Philosophischen Brocken und dem wenige Tage später folgenden Begriff Angst zwei Schriften veröffentlicht, welche unter ernstlichem Eingehn auf erkenntnislogische, psychologische, ja auch wissenschaftstheoretische Fragen in das philosophische und theologische Denken einzugreifen suchen. Der Ring der rein subjektiv-persönlich bedingten Schriftstellerei ist geschlossen: Kierkegaard legt das Dichterische gefangen unter den klaren und entschlossenen Willen, in ständiger Beziehung auf die von ihm vorgefundene geistige und religiöse Lage die letzten Voraussetzungen und Bedingungen christlicher und menschlicher Existenz dialektisch durchzuklären. Er greift damit in gewissem Sinne auf Jugendpläne zurück. Schon 1837, vor der ersten persönlichen Einkehr in die Gnade, noch als ein vom Christentum im Ärgernis Zurückgestoßener, hatte er die Absicht gehabt, in Briefen eines jungen Zweiflers das wahre Verhältnis von Christentum und Philosophie darzustellen und die dunkle befremdende Hoheit des Christentums allem die Schwierigkeiten einebnenden Zeitdenken gegenüber zur Geltung zu bringen. Auch weiterhin fehlt es nicht an mannigfaltigen Entwürfen in dieser Richtung. Nach allem aber, was er inzwischen als Mensch, als Denker und als Schriftsteller gelernt hat, muß die Aufgabe ein neues Gesicht gewinnen. Der Blick in die menschliche und christliche Existentialdialektik hat 1843 seine letzte abgründliche Tiefe gewonnen, und im Gefolge davon hat sich die Logik ganz von der Existentialdialektik gelöst und ist zu der griechischen Denkform zurückgekehrt, welche einen dialektischen Übergang von einer kategorialen Bestimmung zur andern ausschließt. Kierkegaard darf das Gefühl haben, sowohl als Mensch und Christ wie als Denker den Philosophen und Theologen seiner Zeit als ein durchaus Eigener und Selbständiger gegenübertreten zu können.

Es scheint nun wunderlich, daß der denkerische Einsatz Juni 1844 unter Beibehaltung der dichterischen Form der Pseudonymität geschehen ist. Wer die Logik aus der dialektischen Bewegung der Existenz herausnimmt, sollte doch wohl eigentlich, wenn er als Denker in philosophische und theologische Fragen hineingreift, in reiner Sachlichkeit und ohne die dialektische Brechung, die ein zwischengeschaltetes Pseudonym darstellt, sein Wort sagen. In der Tat hat auch Kierkegaard so empfunden. Die Philosophischen Brocken – ebenso wie auch der Begriff Angst – sind eine von ihm im eignen Namen erdachte und verfaßte Schrift. Erst nachträglich ist die Pseudonymsetzung vollzogen worden. Die Veränderungen, welche die Schrift dabei erfahren hat, sind gering, wovon der Leser sich durch Studium der mit + versehenen Anmerkungen dieser Übersetzung leicht überzeugen kann. Tiefer in die Sache schneidet wohl nur die Streichung einer Stelle ein, an der Kierkegaard seiner persönlichen Überzeugung Ausdruck gab, daß ein heimlicher Glaube an Gott und Unsterblichkeit jedem Menschen ursprünglich eigen ist und von ihm nur künstlich geleugnet werden kann. Diese Äußerung paßte nicht zu dem radikalen Zweifler Johannes Climacus, dem er die Schrift nachträglich übereignete.

Das letzte Motiv der nachträglichen Pseudonymsetzung ist in der Kierkegaard schon lange eigenen Einsicht zu suchen, daß kein Denken anders nach seinem letzten Sinn und seiner letzten Wahrheit beurteilt werden könne als indem man es auf die es vollziehende denkende Subjektivität beziehe. Zwischen dem Gedankengang der Philosophischen Brocken und der Subjektivität des Menschen und Christen Kierkegaard besteht aber in gewissem Sinne eine Fremdheit, die es ihm ungeachtet dessen, daß er als Denker ganz zu ihr stand, schwer machen mußte, sich in der fertigen Schrift wiederzuerkennen. Die Philosophischen Brocken stellen den in der Wiedergeburt empfangenen christlichen Glauben rein formell nach seinem erkenntnislogischen Gegensatz gegen das natürlich mitgegebene menschliche Denken dar. Sie behandeln zudem um der Sauberkeit des logischen Präparats willen das Christentum rein als eine Hypothese und machen sich dadurch jedes Eingehen auf den sinntragenden Gehalt des christlichen Glaubens unmöglich. Nur nach der rein abstrakten verstandesmäßigen Seite spiegelt sich also Kierkegaards Denken über das Christliche in dieser Schrift ab. Er hatte ganz recht mit dem Urteil, daß so, wenn man nur ein paar kleine Streichungen und Änderungen vornehme, auch ein reiner Problematiker mit bloßer Verstandesleidenschaft über das Christliche reden könne. Und nun hatte er unter seinen Papieren ja schon eine angefangene Erzählung liegen, in der er die Werdegeschichte solch eines bis zur Verzweiflung radikalen Zweiflers zu schildern versucht hatte. Er griff also den Namen dieses Zweiflers Johannes Climacus auf und setzte ihn als den des Verfassers auf die nahezu abgeschlossene Schrift. Indem er dies aber tat, traf er eine für seine gesamte künftige Schriftstellerei wichtige Entscheidung. Er hat fortan die rein denkerische Arbeit um der Abstraktion von der Ganzheit des persönlichen Lebens willen, die in ihr liegt, immer nur als gleichsam auch ein Dichterwerk vollbringen können. Nur in religiösen und christlichen Reden ist er sich gleichsam so persönlich gegenwärtig, daß er sie unter eignem Namen an den Tag geben kann. Für literarische Nebenarbeiten, die es durch sich selbst sagen, daß sie zum schriftstellerischen Gesamtwerke kein wesentliches Verhältnis haben, gilt dies natürlich nicht.

Nach dem Gesagten ist die Verknüpfung der das zweite Stück dieser Abteilung bildenden Lehrerzählung Johannes Climacus oder De omnibus dubitandum est mit den Philosophischen Brocken zunächst rein zufällig und äußerlich. Man wird auch empfinden, daß das mit zartem Silberstift hingezeichnete Bild des traumhaft idealen Jünglings Johannes Climacus, der seinen Ernst und seine Willenskraft daran verschwendet, den philosophischen Zweifel an allem bis ins Letzte dialektisch durchzuprobieren und dabei geistig und seelisch ruiniert wird, nicht recht zu der Verfasserschaft einer an Phantasie, Ironie und Humor so reichen, in allen ihren Bewegungen so wunderlich sprunghaften Schrift, wie die Philosophischen Brocken es sind, passen will. Der Johannes Climacus dieser Lehrerzählung hätte am Ende seiner geistigen und seelischen Selbstzerstörung wohl nichts als ein finster und verzweifelt in sich verschlossener Mensch werden können, welcher der Welt und den Mitmenschen ein unbeweglich starres Gesicht entgegenhält. Die Übereinstimmung des Johannes Climacus, so wie er am Ende der Lehrerzählung dastehen muß, und des Johannes Climacus, den wir uns als Verfasser der Philosophischen Brocken denken sollen, bleibt somit in dem Abstrakt-Dialektischen hängen, daß sie beide reine Zweifler und Problematiker sind, und reicht nicht in die Tiefen der Individualität hinein. Dazu kommt, daß Kierkegaard in der Zeit von November 1842 bis etwa April 1843, in der diese Lehrerzählung geschrieben ist, den Übergang von der im Sinne Hegels dialektischen Logik zur griechischen Logik noch nicht vollzogen hatte. Auch die letzte geistige Art der beiden Schriften ist somit gegensätzlich. Dennoch wird, auch abgesehen von den mancherlei stofflichen Berührungen, die sich zwischen der Lehrerzählung und den Philosophischen Brocken finden, niemand die inneren Verbindungslinien zwischen den beiden Schriften verkennen. Die Lehrerzählung ist Kierkegaards erster Versuch, die

Rückwirkung des philosophischen Gedankens auf die persönliche Existenz an einem bestimmt umgrenzten Beispiele genau durchzurechnen und damit zugleich sein erster großer Angriff auf die Hegelische Spekulation als auf ein die menschliche Existenz bedrohendes in sich unmögliches Unterfangen. Wer das Werden derjenigen Gedanken, welche Kierkegaard zu einer wichtigen Gestalt in der Geschichte der neueren Philosophie machen, von ihrem Ursprung an verfolgen will, der muß dem Wege nachdenken, welcher von dieser Lehrerzählung zu den Philosophischen Brocken führt. Was den eigenartigen Titel der Philosophischen Brocken anlangt, so tut der Leser gut, aus ihm neben der ironischen Wendung wider die, welche Systeme schreiben oder doch versprechen, auch das Bewußtsein herauszuhören, nur eine der Ergänzung bedürftige Vorarbeit zur Frage nach dem Verhältnis von Glaube und Geschichte geleistet zu haben. Der erste tastende Versuch eines Titels hat gelautet: „Die apologetischen Voraussetzungen der Dogmatik oder Annäherungen des Gedankens an den Glauben."

PHILOSOPHISCHE BROCKEN

ODER

EIN BRÖCKCHEN PHILOSOPHIE

VON

JOHANNES CLIMACUS

HERAUSGEGEBEN

VON

S. KIERKEGAARD

Kann es einen geschichtlichen Ausgangspunkt geben für ein ewiges Bewußtsein; inwiefern vermag ein solcher mehr als bloß geschichtlich zu interessieren; kann man eine ewige Seligkeit gründen auf ein geschichtliches Wissen?

Kopenhagen

1844

Dänischer Titel (S. V. IV 173): Philosophiske Smuler eller En Smule Philosophie af Johannes Climacus udgivet af S. Kierkegaard. — Kan der gives et historisk Udgangspunkt for en ewig Bevidsthed; hvorledes kan et saadant interessere mere end historisk; kan man bygge en evig Salighed paa en historisk Viden? — Kjøbenhavn. Angabe von Verleger und Drucker 1844[1]+.

Gut gehängt ist besser als schlecht verheiratet.

Shakespeare

Dies Motto auf der Rückseite des Titelblatts (S. V. IV 174) stammt aus Shakespeare „Was ihr wollt“ 1. Akt 5. Szene. Es ist von Kierkegaard nach der Übersetzung von A. W. Schlegel ins Dänische übertragen worden, die den englischen Text sehr frei behandelt hat.

VORWORT IV 175

Was[2+] hier geboten wird ist nur eine Kleinigkeit[3], auf eigne Gefahr, auf eignen Befehl, auf eigne Kosten, ohne allen Anspruch darauf, an dem wissenschaftlichen Bestreben teilzuhaben, in dem man rechtlich Anerkennung erwirbt, als Durchgang, Übergang, als Vollender, Wegbereiter, Teilnehmer, als Mitarbeiter oder als freiwilliger Folgemann, als Heros oder doch als relativer Heros, oder zum mindesten als absoluter Trompeter. Es ist nur eine Kleinigkeit und wird nicht zu mehr, und wenn ich auch, wie der Magister bei Holberg[4], sie so Gott will in siebzehn andern fortsetzen wollte; wird nicht zu mehr, sowenig wie der, welcher Viertelstundenlektüre schreibt, etwas andres schreibt, und wenn er auch Folianten schreibt. Die Leistung ist indes meinen Gaben entsprechend, da ich nicht wie jener vornehme Römer eher mit Fug und Recht als aus Lässigkeit[5] mich dessen enthalte dem Systeme zu dienen, sondern Müßiggänger bin aus Bequemlichkeit, von Herzens Lust[6], und aus guten Gründen. Doch will ich mich nicht einer Untätigkeit[7] schuldig machen, die wohl zu jeder Zeit ein Staatsverbrechen ist, vornehmlich aber in einer Gärungsperiode, IV 176
wo sie im Altertum sogar bei Todesstrafe verboten war. Gesetzt nun aber, man machte sich mit seiner Einmischung eines größeren Verbrechens schuldig, dieweil man nichts als Verwirrung zustande brächte, wäre es da nicht besser, daß man sich bloß um sich selber kümmerte? Nicht jedermann ist es gegeben, daß das, damit er sich in seinen Gedanken beschäftigt, mit den Interessen des Allgemeinen glücklich zusammentrifft, so glücklich, daß es beinahe schwierig zu entscheiden wird, wieweit er sich darum bekümmert um seiner selbst oder um des Allgemeinen willen; denn saß Archimedes[8] nicht so ungestört wie immer da und betrachtete seine Kreisfiguren, als Syracus eingenommen war, und sprach er nicht eben zu dem römischen Soldaten der ihn mordete, jene schönen

Worte: wollet mir meine Kreise nicht zerstören (nolite perturbare circulos meos)? Wer aber so glücklich nicht ist, sehe sich nach einem andern Vorbild um. Als Korinth von Philipp mit einer Belagerung bedroht wurde, und alle Einwohner in emsiger Tätigkeit waren, indem der eine seine Waffen putzte, der andre Steine zusammentrug, ein dritter am Mauerwerk besserte; und Diogenes[9] es sah, da raffte er eiligst seinen Mantel zusammen, und rollte seine Tonne mit großem Eifer auf und nieder durch die Gassen. Als man ihn fragte, warum er so tue, erwiderte er: auch ich bin in Tätigkeit und rolle meine Tonne, auf daß ich nicht der einzige Müßiggänger sei unter so vielen fleißigen Menschen. Solch ein Gebaren ist zum mindesten nicht sophistisch, wenn anders Aristoteles[10] recht mit der Erklärung hat, die sophistische Kunst sei diejenige, mit welcher man Geld verdiene. Solch ein Gebaren kann zum mindesten kein Mißverständnis verschulden; denn es wäre da wohl undenkbar, daß jemand darauf verfallen könnte, Diogenes für den Retter und Wohltäter der Stadt anzusehn – und es ist doch wohl unmöglich, daß jemand darauf verfallen könnte (was wenigstens ich für die größte Gefahr ansehe, die meinem Vorhaben widerfahren könnte) einer Kleinigkeit weltgeschichtliche Bedeutung beizulegen, oder anzunehmen, ihr Verfasser sei der in unsrer lieben Residenzstadt Kopenhagen erwartete systematische Salomon Goldkalb[11]. Damit dies geschähe, müßte der Schuldige von Natur besonders dumm sein, und vermutlich – dank dem, daß er tagaus tagein in antistrophischem Wechselsang gebrüllt hätte jedes einzige Mal, wenn ihm einer einbildete, jetzt beginne eine neue Ära, eine neue Epoche usw. – das ihm nur sparsam zuge-
IV 177 teilte Lot[12] gesunden Verstandes in dem Maße ganz und gar sich aus dem Kopfe herausgeschrien haben, daß er glückselig geworden ist in dem, was man den brüllenden Wahnwitz der höheren Narrenschaft nennen könnte, dessen Merkmal das Gebrüll ist, das krampfartige Brüllen, indessen Inhalt des Gebrülls diese Worte sind: Ära, Epoche, Ära und Epoche, Epoche und Ära, das System; und der Zustand des glückselig Gemachten ist eine irrationale Überreiztheit, vermöge deren er lebt, als wäre ein jeder Tag nicht bloß einer der Schalttage, die nur einmal alle vier Jahre kommen, sondern einer von denen, die nur einmal jedes Jahrtausend kommen, indessen der Begriff wie ein Gaukler in dieser

Tierparkzeit[13] jedweden Augenblick diese nicht aufhören wollenden Hundekunststücke machen muß, daß er umschlägt – bis daß der Mann umschlägt. Der Himmel behüte mich und diese meine Kleinigkeit vor der Lage, daß solch ein lärmender „Radaubruder" mit seiner Einmischung mich herausrisse aus meiner unbekümmerten Selbstzufriedenheit, Verfasser einer Kleinigkeit zu sein, einen gut- und wohlmeinenden Leser verhinderte ganz ungeniert nachzusehen, ob in der Kleinigkeit etwas sich finde, das er brauchen kann; und mich selbst in die tragikomische Verlegenheit brächte, über mein eignes Unglück lachen zu müssen, so wie wohl die gute Stadt Fredericia bei allem ihrem Unglück lachen mußte, als sie in der Zeitung den Bericht über eine Feuersbrunst dort las: „Die Alarmtrommel ging um, die Spritzen fuhren durch die Straßen" – obwohl nur eine Spritze in Fredericia ist und wohl nicht viel mehr als eine Straße, und das Blatt somit einem den Schluß abnötigte, die eine Spritze sei statt zur Brandstätte zu fahren bedeutungsvoll in der Straße auf und nieder kutschiert – obwohl meine Kleinigkeit wohl am allerwenigsten an den Laut der Alarmtrommel zu erinnern scheint, und ihr Verfasser wohl am allerwenigsten geneigt ist, die Alarmtrommel zu schlagen.

Was nun meine Meinung ist? ... Niemand frage mich darnach, und nächst dem, ob ich eine Meinung habe, kann ja doch einem andern nichts gleichgiltiger sein, als welches meine Meinung ist. Eine Meinung haben ist mir zugleich zu viel und zu wenig, es setzt Sicherheit und Behaglichkeit der Existenz voraus, ebenso wie Weib und Kind haben das im Erdenleben tut, etwas was dem nicht vergönnt ist, der Tag und Nacht in Fahrt sein muß, ohne doch sein sicheres Auskommen zu haben. Dies ist meine Lage in der Welt des Geistes, denn dazu hab ich mich gebildet und bilde ich mich, jederzeit leicht dahintanzen zu können in des Gedankens Dienst, soweit möglich Gott zu Ehren und zu meinem eignen Vergnügen, verzichtend auf das häusliche Glück und die bürgerliche Achtung, auf die Gütergemeinschaft[14] und freudenreiche Eintracht,
wie das Haben einer Meinung sie gibt. – Ob ich nun Lohn dafür IV 178
habe, ob ich nun als der, welcher dem Altare dient, selber esse von dem was auf den Altar gebracht wird[15]? ... Das überlasse man mir; der, dem ich diene, ist gut genug, wie die Geldleute sagen, und auf andre Art gut als die Geldleute es meinen. Wollte hin-

gegen jemand so höflich sein anzunehmen, ich hätte eine Meinung, triebe er gar die Liebenswürdigkeit so weit, diese Meinung anzunehmen, weil sie die meine sei, so tut es mir leid für seine Höflichkeit, daß sie einem Unwürdigen zuteil wird, und für seine Meinung, wenn anders er keine andre hat als die meine; mein Leben kann ich aufs Spiel setzen, mein Leben kann ich allen Ernstes zum Scherze machen – das eines andern nicht. Dies vermag ich, als das einzige, das ich für den Gedanken tun kann, ich der ich keine Gelehrsamkeit habe sie anzubieten, „kaum schon den Lehrgang zu einer Drachme, geschweige denn den großen zu fünfzig Drachmen" (Cratyllus)[16]. Ich habe nichts als mein Leben, und das setze ich stracks aufs Spiel, jedes Mal daß eine Schwierigkeit sich zeigt. Da geht der Tanz leicht; denn die Sicht auf den Tod ist eine flinke Tänzerin, meine Tänzerin, jedweder Mensch ist mir zu schwer; und darum, ich bitte schön, ich bitte bei den Göttern[17]: es fasse niemand eine Neigung zu mir, denn ich tanze nicht.[18]

J. C.

PROPOSITIO IV 179

Die Frage wird getan von dem Unwissenden, der nicht einmal weiß, was dazu Veranlassung gegeben hat, daß er dergestalt fragt[19]+.

Erstes Kapitel

DENKPROJEKT[20]+

A.

In wiefern kann die Wahrheit gelernt[21] werden? Mit dieser Frage wollen wir den Anfang machen. Es ist eine sokratische Frage gewesen, oder es geworden durch die sokratische Frage, in wiefern kann die Tugend gelernt werden? denn die Tugend wurde wiederum als Einsicht bestimmt (vgl. Protagoras, Gorgias, Meno, Euthydem).[22] Insofern Wahrheit gelernt werden soll, muß ja ihr Nichtsein vorausgesetzt werden, mithin indem sie gelernt werden soll, wird sie gesucht. Hier begegnet nun die Schwierigkeit, auf die Sokrates im Meno (§ 80 Schluß) aufmerksam macht als auf einen „streitlustigen Satz", daß ein Mensch unmöglich suchen kann was er weiß, und ebenso unmöglich suchen kann was er nicht weiß; denn was er weiß, kann er nicht suchen, da er es weiß, und was er nicht weiß, kann er nicht suchen, denn er weiß ja auch nicht, was er suchen soll. Die Schwierigkeit denkt Sokrates durch vermittelst dessen, daß alles Lernen und Suchen nur ein sich Erinnern ist, so daß der Unwissende bloß erinnert zu werden braucht, IV 180
um aus sich selbst sich auf das zu besinnen, was er weiß. Die Wahrheit wird solchermaßen nicht in ihn hineingebracht, sondern ist in ihm gewesen. Diesen Gedanken führt Sokrates

weiter aus, und in ihm sammelt sich eigentlich das griechische Pathos, da er ein Beweis wird für die Unsterblichkeit der Seele[23]; wohl zu merken nach rückwärts hin, oder ein Beweis für die Präexistenz der Seele.*

In Anbetracht hiervon zeigt es sich, mit welch einer wundervollen Folgerichtigkeit Sokrates sich selber treu geblieben ist und künstlerisch wirklich werden ließ, was er verstanden hatte. Er war und blieb Wehmutter; nicht weil er „das Positive nicht hatte"**, sondern weil er einsah, daß jenes Verhältnis das höchste ist, das ein Mensch gegen den andern einnehmen kann. Und darin behält er ja in alle Ewigkeit recht; denn mag gleich irgends ein göttlicher Ausgangspunkt gegeben sein, zwischen Mensch und Mensch bleibt dies das wahre Verhältnis, wenn man auf das Unbedingte reflektiert und nicht mit dem Zufälligen tändelt, sondern von Herzens Grund darauf verzichtet die Halbheit zu verstehen,
IV 181 welche der Menschen Lust zu sein scheint und das Geheimnis des Systems. Dahingegen ist Sokrates eine Wehmutter gewesen die von dem Gotte selber geprüft war; das Werk das er vollbrachte war ein göttliches Geschäft (vgl. Platos Apologie)[26]; ob er gleich

* Wird der Gedanke schlechthin gedacht, so daß also auf die verschiedenen Zustände der Präexistenz nicht reflektiert wird, so kehrt dieser Gedanke wieder in der älteren und neueren Spekulation[24]: ein ewiges Schaffen; ein ewiges Ausgehen vom Vater; ein ewiges Gottwerden; ein ewiges Sichopfern; eine in der Vergangenheit liegende Auferstehung; ein überstandenes Gericht. Alle diese Gedanken sind jener griechische Gedanke von der Erinnerung, nur merkt man das nicht immer, weil man ja zu ihnen gekommen ist durch das Weitergehen. Besondert sich der Gedanke in einem Zählen der verschiedenen Zustände der Präexistenz, so sind die ewigen Prae's dieses Näherungsdenkens das Gleiche wie die ewigen Post's der entsprechenden Näherung. Man erklärt den Widerspruch des Daseins durch das Aufstellen eines Prae, so wie man es braucht (vermöge eines früheren Zustandes ist das Individuum in seinen gegenwärtigen ansonst unerklärlichen Zustand gekommen), oder durch das Aufstellen eines Post, so wie man es braucht (auf einem andern Weltenball kriegt man das Individuum besser angebracht, und in Anbetracht dessen ist sein gegenwärtiger Zustand nicht unerklärlich).

** So heißt es in unsrer Zeit[25], wo man das Positive hat, ungefähr ebenso wie wenn ein Polytheist der Negativität des Monotheismus Hohn sprechen wollte; denn der Polytheist hat ja viele Götter, der Monotheist nur einen; die Philosophen haben viele Gedanken, die alle bis zu einem gewissen Grade gelten, Sokrates nur einen, der schlechthin gilt.

den Menschen als ein Sonderling (der Sonderlichste, ἀτοπώτατος[27] Theätet § 149) erschien; und es war göttlich gemeint, was Sokrates denn auch verstand, daß der Gott ihm verbot zu gebären („Zu entbinden zwingt mich der Gott, doch das Gebären hat er mir versagt." *μαιεύεσθαί με ὁ θεὸς ἀναγκάζει, γενᾶν δὲ ἀπεκώλυσεν* Theätet § 150); denn zwischen Mensch und Mensch ist das „Entbinden" *(μαιεύεσθαι)*[28] das Höchste, das Gebären ist ja Eigen des Gottes.

Sokratisch gesehen, ist jeglicher Ausgangspunkt in der Zeit von selbst[29] ein Zufälliges, ein Verschwindendes, eine Veranlassung; der Lehrer ist auch nicht mehr, und gibt er sich und seinen Unterricht irgend auf eine andre Weise her, so gibt er nicht, sondern nimmt, so ist er auch nicht des andern Freund, noch weniger sein Lehrer. Dies ist der Tiefsinn des sokratischen Gedankens, dies seine edle durchgeführte Humanität, die nicht übel und eitel die Gesellschaft der guten Köpfe sucht, sondern auch ganz ebenso verwandt sich fühlt mit einem Lohgerber, weshalb er denn auch alsbald „dessen gewiß wurde, daß die Physik nicht des Menschen Sache ist, und darum anfing in Werkstätten und auf dem Markte über das Ethische zu philosophieren" (Diogenes L. II, 5, 21)[30], jedoch gleich schlechthin philosophierte, mit wem auch immer er sprach. Mit halben Gedanken, mit Feilschen und Dingen, mit Behaupten und Preisgeben, gleich als ob der eine Mensch gegen den andern in einem gewissen Maße eine Schuldigkeit habe, jedoch dann wiederum in einem gewissen Maße auch nicht; mit losen Worten, die alles erklären, ausgenommen: welches denn dies gewisse Maß sei; mit allem dergleichen geht man nicht über Sokrates hinaus, erreicht auch nicht den Begriff der Offenbarung, sondern bleibt stehen im Geschwätz. Für die sokratische Betrachtung ist ein jeder Mensch sich selber der Mittelpunkt[31], und die ganze Welt gewinnt allein in der Beziehung auf ihn einen Mittelpunkt, weil seine Selbsterkenntnis Gotteserkenntnis ist. Dergestalt verstand Sokrates sich selbst, dergestalt müßte nach seiner Anschauung ein jeder Mensch sich selbst verstehen, und kraft dessen müßte er sein Verhältnis zum Einzelnen verstehen, allezeit gleich demütig und gleich stolz. Dazu hatte Sokrates Mut und Besonnenheit um sich selber genug zu sein, jedoch auch um im Verhältnis zu andern lediglich Veranlassung zu sein sogar beim

dümmsten Menschen. O, seltener Edelsinn, selten in unsrer Zeit, wo der Pastor ein bißchen mehr ist als der Küster, wo jeder zweite
IV 182 Mensch Autorität ist, indessen alle diese Unterschiedlichkeiten und alle die viele Autorität sich vermitteln[32] in einer gemeinsamen Narrheit, und in einem gemeinschaftlichen Schiffbruch[33]; denn während in Wahrheit niemals irgendein Mensch Autorität gewesen ist, oder einem andern damit genützt hat es zu sein, oder in Wahrheit den Schützling mit sich zu führen vermocht hat, gibt es auf andre Weise besseres Gelingen; denn es schlägt niemals fehl, daß der eine Narr, indem er selber geht, mehrere andre mit sich führt.

Verhält es sich solchermaßen mit dem Lehren der Wahrheit, so kann der Umstand, daß ich von Sokrates gelernt habe oder von Prodikos oder von einem Dienstmädchen, mich lediglich geschichtlich beschäftigen, oder, sofern ich in Schwärmerei ein Plato bin, dichterisch. Aber diese Schwärmerei, ob sie gleich schön ist, ob ich sie gleich mir selber wünsche und jedem andern sie wünsche, diese „Bereitschaft sich hinreißen zu lassen" *(εὐκαταφορία εἰς πάθος)*[34] vor der bloß der Stoiker warnen konnte, ob ich gleich nicht den sokratischen Edelsinn und die sokratische Selbstverleugnung habe ihre Nichtigkeit zu denken – diese Schwärmerei ist dennoch nur eine Einbildung, so würde Sokrates sagen, ja eine Unklarheit, in welcher die irdische Verschiedenheit beinahe wollüstig gärt. Es kann mir auch nicht anders als geschichtlich von Wichtigkeit sein, daß die Lehre des Sokrates oder des Prodikos die und die war, denn die Wahrheit, in der ich ruhe, ist in mir selbst gewesen und aus mir selbst an den Tag gekommen, und nicht einmal Sokrates hat es vermocht sie mir zu geben, so wenig wie der Kutscher es vermag des Pferdes Last zu ziehen, ob er gleich dem Pferde dabei
IV 183 helfen kann mit der Peitsche.* Mein Verhältnis zu Sokrates und Prodikos kann mich in Beziehung auf meine ewige Seligkeit nicht

* Eine Stelle in Klitophon führe ich nur als Äußerung eines Dritten an, da dieser Dialog für unecht gehalten wird. Klitophon klagt über Sokrates, daß er im Verhältnis zur Tugend lediglich aufmunternd *(προτρεπτικός)*[35] sei, dergestalt, daß er von dem Augenblick an, da er die Tugend im Allgemeinen hinreichend anbefohlen habe, einen jeden nunmehr sich selber überlasse. Klitophon meint, dies Gebaren müsse seinen Grund darin haben, daß Sokrates entweder nicht mehr weiß, oder aber nicht mehr mitteilen will. (Vgl. § 410).

beschäftigen, denn diese ist nach rückwärts hin gegeben in dem Besitz der Wahrheit, die ich von Anbeginn an hatte, ohne es zu wissen. Dächte ich mir, ich begegnete in einem andern Leben Sokrates, Prodikos oder dem Dienstmädchen, so würde auch hier keiner von ihnen mehr als Veranlassung sein, etwas das Sokrates unerschrocken dadurch ausdrückt, daß er sogar in der Unterwelt nichts als fragen würde[36]; denn der Zielgedanke bei allem Fragen ist, daß der Gefragte doch selber die Wahrheit haben muß, und sie aus sich selber bekommen. Der zeitliche Ausgangspunkt ist ein Nichts; denn in dem gleichen Augenblick da ich entdecke, daß ich die Wahrheit von Ewigkeit her gewußt, ohne es zu wissen, im gleichen Nu ist jener Augenblick im Ewigen verborgen, darin aufgenommen, derart, daß ich, sozusagen, ihn nicht einmal finden kann, auch wenn ich ihn suchte, weil es kein Hier und Dort gibt, sondern nur ein Überall und Nirgends[37].

B.

Soll dies nun sich anders verhalten, so muß der Augenblick in der Zeit entscheidende Bedeutung haben, dergestalt daß ich keinen Augenblick weder in Zeit noch in Ewigkeit ihn werde vergessen können, weil das Ewige, das zuvor nicht war, in diesem Augenblick entstanden ist.

a) Der vorhergehende Zustand.

Wir beginnen mit der sokratischen Schwierigkeit, wie man die Wahrheit suchen könne, da das ja gleich unmöglich ist, man habe sie, oder man habe sie nicht. Das sokratische Denken hob das Entweder – Oder eigentlich auf, indem es sich zeigte, daß im Grunde ein jeder Mensch die Wahrheit hat. Dies war seine Erklärung; wir haben gesehen, was hinsichtlich des Augenblickes daraus folgte. Soll dieser nun entscheidende Bedeutung erhalten, so muß der Suchende eben bis zu dem Augenblick hin die Wahrheit nicht gehabt haben, auch nicht in der Gestalt der Unwissenheit, denn dann wird der Augenblick nur der der Veranlassung; ja er muß nicht einmal der Suchende sein; denn auf die Art müssen wir die Schwierigkeit ausdrücken, wenn wir sie nicht sokratisch erklären wollen. Er muß denn also bestimmt sein als außerhalb der IV 184 Wahrheit (nicht als im Kommen zu ihr, als Proselyt, sondern als fortgehend von ihr), oder als Unwahrheit. Er ist somit die Unwahrheit. Aber wie soll man ihn nun erinnern, oder was soll es helfen ihn an das zu erinnern, was er nicht gewußt hat, und worauf er mithin sich nicht besinnen kann.

b) Der Lehrer.

Soll der Lehrer die Veranlassung sein, die den Lernenden erinnert, so kann er ja nicht dazu beitragen, daß er sich erinnert, eigentlich wisse er die Wahrheit, denn der Lernende ist ja die Unwahrheit. Dasjenige denn für das der Lehrer Veranlassung werden kann, daß er sich daran erinnert, ist, daß er die Unwahrheit ist. Aber durch diese Besinnung ist der Lernende ja gerade ausgeschlossen von der Wahrheit, mehr als da er noch unwissend darüber war, daß er die Unwahrheit sei. Auf diese Art stößt mithin der Lehrer den Lernenden eben dadurch, daß er ihn erinnert, fort von sich, nur daß der Lernende, dadurch daß er solchermaßen in sich selbst hineingekehrt wird, nicht entdeckt, daß er die Wahrheit im voraus gewußt habe, sondern seine Unwahrheit entdeckt, ein Bewußtseinsakt, hinsichtlich dessen das Sokratische gilt, daß der Lehrer nur Veranlassung ist, wer immer er denn auch sei, und wäre er selbst ein Gott; denn meine eigne Unwahrheit kann ich nur aus mir selber entdecken, denn erst wenn *ich* es entdecke, ist es entdeckt, vorher nicht, und wüßte es denn die ganze Welt. (Unter der angenommenen Voraussetzung betreffs des Augenblicks wird dies die einzige Entsprechung zum Sokratischen.)

Soll nun der Lernende die Wahrheit empfangen, so muß der Lehrer sie ihm bringen, und nicht bloß dies, sondern er muß ihm auch die Bedingung dafür mitgeben sie zu verstehen; denn wofern der Lernende selbst sich selber die Bedingung wäre die Wahrheit zu verstehen, so braucht er sich ja bloß zu erinnern; denn es ist mit der Bedingung die Wahrheit zu verstehen wie mit dem nach ihr fragen Können, die Bedingung und die Frage enthalten das Bedingte und die Antwort. (Verhält es sich nicht auf die Art, so ist der Augenblick lediglich sokratisch zu verstehen.)

Aber der, welcher dem Lernenden nicht allein die Wahrheit gibt, sondern die Bedingung mitgibt, der ist nicht Lehrer. Alle Unterweisung beruht darauf, daß die Bedingung doch in allerletzter Hinsicht vorhanden ist; fehlt diese, so vermag der Lehrer nichts; denn andernfalls muß er den Lernenden ja nicht umgestalten sondern ihn umschaffen, ehedenn er anfängt ihn zu lehren. Aber dies vermag kein Mensch, soll es denn geschehen, so muß es durch den Gott[38] selber sein.

Insofern nun der Lernende vorhanden ist, ist er ja doch geschaffen, und insofern muß Gott[39] ihm die Bedingung gegeben haben um die Wahrheit zu verstehen (denn sonst wäre er ja vorher bloß ein Tier, und jener Lehrer, der ihm mit der Bedingung
die Wahrheit gäbe, würde ihn erst zum Menschen machen); aber IV 185
sofern der Augenblick entscheidende Bedeutung haben soll (und wird dies nicht angenommen, so stehen wir ja bei dem Sokratischen), muß er ohne die Bedingung sein, mithin ihrer beraubt sein. Dies kann nicht durch den Gott geschehen sein (denn das ist ein Widerspruch), auch nicht durch einen Zufall (denn es ist ein Widerspruch, daß das was das Niedere ist, über das Höhere die Macht sollte gewinnen können), es muß also durch ihn selbst geschehen sein. Hätte er der Bedingung so verlustig gehen können, daß es nicht durch ihn geschehen wäre, und könnte er im Verlustzustande sein ohne daß es durch ihn selbst geschieht, so hat er die Bedingung nur zufällig besessen, und das ist ein Widerspruch, da die Bedingung für die Wahrheit eine wesentliche Bedingung ist. Die Unwahrheit ist denn also nicht bloß außerhalb der Wahrheit, sondern ist polemisch wider die Wahrheit, und das wird ausgedrückt durch den Satz, daß er selber die Bedingung verscherzt hat und verscherzt.

Der Lehrer ist denn also der Gott selbst, welcher, als Veranlassung wirkend, veranlaßt, daß der Lernende daran erinnert wird, er sei die Unwahrheit, und sei es durch eigne Schuld. Aber diesen Zustand, die Unwahrheit sein und es sein durch eigne Schuld, wie können wir ihn wohl nennen? Laßt uns ihn *Sünde* nennen.

Der Lehrer ist denn also der Gott, welcher die Bedingung gibt und die Wahrheit gibt. Wie sollen wir nun wohl solch einen Lehrer nennen; denn darüber sind wir ja einig, daß wir die Begriffsbestimmung[40] eines Lehrers bereits weit überschritten haben. In-

sofern der Lernende in der Unwahrheit ist, aber es durch sich selber ist (und auf andre Weise kann er ja dem Vorhergehenden zufolge es nicht sein), könnte es scheinen, als wäre er frei; denn bei sich selber sein, das ist ja Freiheit. Und dennoch ist er ja unfrei und gebunden und ausgeschlossen; denn frei sein von der Wahrheit, das heißt ja ausgeschlossen sein, und durch sich selber ausgeschlossen sein, heißt ja gebunden sein. Weil er aber durch sich selber gebunden ist, kann er da denn nicht sich selber lösen oder sich selber befreien? Denn was da mich bindet, das Gleiche muß mich ja auch freigeben können, wenn es will, und da dies nun er selber ist, so muß er es ja können. Zuerst müßte er denn wohl es wollen. Aber setze nun, er wäre so tief dessen eingedenk, dazu ihm jener Lehrer die Veranlassung wurde (und das darf ja niemals vergessen werden) daß er sich erinnerte; setze nun, er wollte es. Solchenfalls (wofern er damit, daß er es wollte, auch es aus sich selber könnte) würde denn also dies daß er gebunden gewesen ein vergangener Zustand werden, der im Augenblick der Freimachung spurlos entschwunden wäre, und der Augenblick bekäme
IV 186 keinerlei entscheidende Bedeutung; er wäre unwissend darüber gewesen, daß er sich selbst gebunden hatte, und nun machte er sich selber frei.* Denkt man den Augenblick so, dann erhält er

* Wir wollen uns ein wenig reichlich Zeit nehmen, und es hat ja auch keine Eile. Wenn man langsam geht kommt man wohl mitunter nicht ans Ziel, aber wenn man gar zu sehr hastet, läuft man mitunter vorbei am Ziel. Wir wollen ein wenig griechisch davon reden. Wo da ein Kind wäre, das eine kleine Summe Geldes geschenkt bekommen hätte, und nun dafür zum Beispiel entweder ein gutes Buch kaufen könnte oder ein Stück Spielzeug, denn beides kostete gleich viel; wenn es nun das Spielzeug gekauft hat, kann es dann für das gleiche Geld das Buch kaufen? Keineswegs; denn das Geld ist nun einmal ausgegeben. Aber es kann vielleicht zum Buchhändler gehen und ihn fragen, ob er ihm nicht jenes Stück Spielzeug eintauschen wolle und ihm das Buch dafür geben. Nimm nun an der Buchhändler antwortete: mein liebes Kind, dein Spielzeug hat überhaupt keinen Wert; es ist freilich wahr, damals, als du das Geld noch hattest, hättest du ebenso gut das Buch kaufen können wie das Spielzeug; aber es ist mit Spielzeug ein eigen Ding; denn wenn es gekauft ist, hat es allen Wert verloren. Würde das Kind nicht denken: das ist doch recht sonderbar. Und dergestalt ist es auch einmal so gewesen, daß der Mensch um den gleichen Preis die Freiheit kaufen konnte und die Unfreiheit, und dieser Preis war das freie Wählen der Seele und das Drangeben der Wahl. Da wählte er die Unfreiheit; aber wo er nun zu dem Gotte käme und fragte, ob er sie nicht

keine entscheidende Bedeutung, und gleichwohl war letzteres ja das, was wir als Hypothese annehmen wollten. Mithin, der Hypo- IV 187
these gemäß wird er sich nicht selbst freimachen können. (Und so ist es auch in Wahrheit; denn er braucht die Kraft der Freiheit in der Unfreiheit Dienst, da er ja frei in ihr ist, und dergestalt wächst die vereinte Kraft der Unfreiheit und macht ihn zu der Sünde Knecht[43]. – Wie sollen wir nun solch einen Lehrer nennen, der ihm die Bedingung wieder gibt und mit ihr die Wahrheit? Laßt uns ihn einen Heiland, einen Befreier[44] nennen, denn er macht den Lernenden ja aus der Unfreiheit frei, macht ihn von sich selber frei; einen *Erlöser*, denn er löst ja den, der sich selbst gefangen gesetzt hatte, und niemand ist ja so schrecklich gefangen, und aus keiner Gefangenschaft ist es so unmöglich auszubrechen, als aus der, in welcher das Individuum sich selber hält! Und dennoch ist damit ja noch nicht genug gesagt; denn mit der Unfreiheit hatte er sich ja schuldig gemacht, und gibt ihm denn also jener

---

umgetauscht bekommen könne, so würde die Antwort wohl sein: es ist unleugbar einmal so gewesen, daß du kaufen konntest was von beiden du wolltest, aber es ist recht wunderlich mit der Unfreiheit, wenn man sie gekauft hat, so hat sie überhaupt keinen Wert, ungeachtet daß man sie gleich teuer bezahlt. Möchte solch ein Mensch da nicht sagen: das sei doch sonderbar. Oder wo da zwei feindliche Heere in Schlachtreihe stünden, und es käme ein Ritter, den beide zur Teilnahme einlüden; aber er wählte die eine Partei, wurde überwunden und zum Gefangenen gemacht. Als Gefangener wurde er vor den Sieger gebracht und war närrisch genug ihm seine Dienste anzubieten auf die Bedingung, die einmal geboten gewesen war. Möchte da nicht der Sieger zu ihm sagen: O, Lieber, nun bist du mein Gefangener; es ist freilich einmal so gewesen, daß du anders hättest wählen können, aber jetzt hat sich alles geändert. Wäre das nicht recht sonderbar! Sollte es anders sich verhalten, sollte der Augenblick keine entscheidende Bedeutung haben, so müßte das Kind ja im Grunde das Buch gekauft haben, und wäre bloß unwissend darüber und bloß in dem Mißverständnis befangen, daß es das Spielzeug gekauft habe; so müßte der Gefangene im Grunde auf der andern Seite gestritten haben, wäre aber wegen eines Nebels nicht gesehen worden, hätte es im Grunde mit dem gehalten, dessen Gefangener er sich nun einbildete zu sein. — „Der Lasterhafte und der Tugendhafte haben wohl keine Macht über ihr sittliches Verhalten, aber sie hatten ehedem die Macht entweder das eine zu werden oder das andre: ebenso wie der, welcher einen Stein wirft, Macht über ihn hat ehedenn er ihn geworfen, aber nicht wenn er ihn geworfen“ (Aristoteles)[41]. IV 187
Sonst würde das Werfen eine Einbildung, und der Werfende behielte den Stein in der Hand trotz allem seinem Werfen, da dieser dem „fliegenden Pfeile“ der Skeptiker[42] gleich nicht flöge.

Lehrer die Bedingung und die Wahrheit, so ist er ja ein *Versöhner*, der den Zorn fortnimmt, der über der Verschuldung lag.

Solch eines Lehrers wird denn der Lernende niemals vergessen können; denn im gleichen Augenblick versinkt er wiederum in sich selbst, ebenso wie der, welcher einstmals, als er im Besitz der Bedingung war, in der Unfreiheit versunken ist, dieweil er vergaß, daß Gott[45] da ist. Träfen sie in einem andern Leben zusammen, so würde jener Lehrer dem, welcher sie nicht empfangen hätte, wiederum die Bedingung geben können[46]; aber für den, welcher sie einmal empfangen hätte, würde er ein anderer sein. Die Bedingung war ja ein Anvertrautes, wofür der Empfänger jederzeit Rechenschaft schuldig geblieben ist. Aber solch einen Lehrer, wie sollen wir ihn nennen? Ein Lehrer kann ja den Lernenden beurteilen, ob er Fortschritte macht oder nicht, aber ihn richten, das kann er nicht; denn er muß ja sokratisch genug sein um einzusehen, daß er das Wesentliche dem Lernenden nicht geben kann. Jener Lehrer ist denn also eigentlich nicht Lehrer, sondern er ist *Richter*. Selbst wenn der Lernende die Bedingung sich völlig angetan und vermöge ihrer sich in die Wahrheit vertieft hat, dennoch kann er nie jenes Lehrers vergessen, oder ihn sokratisch entschwinden lassen, etwas das doch weit tiefsinniger ist als alle unzeitige Kleingeisterei und enttäuschte Schwärmerei, ja das Höchste ist, wenn jenes andre nicht Wahrheit ist.

IV 188 Und nun der Augenblick. Solch ein Augenblick ist eigener Art. Er ist freilich kurz und ein zeitlich Ding wie der Augenblick es ist, vorübergehend wie der Augenblick es ist, vorübergegangen, wie der Augenblick es ist, im nächsten Augenblick, und dennoch ist er entscheidend, und dennoch ist er erfüllt von dem Ewigen. Solch ein Augenblick muß doch einen besonderen Namen erhalten, laß uns ihn nennen: die Fülle der Zeit[47].

c) Der Jünger.

Wenn der Jünger[48] die Unwahrheit ist (und ansonst gehen wir ja auf das Sokratische zurück), und doch Mensch ist, und er nun die Bedingung und die Wahrheit erhält, dann wird er ja nicht erst jetzt Mensch, denn das ist er schon gewesen; sondern er wird ein andrer Mensch, nicht in dem spaßhaften Sinne, als würde er ein andrer von der gleichen Beschaffenheit wie zuvor, sondern er wird ein Mensch von andrer Beschaffenheit, oder, wie wir es auch nennen können, ein *neuer* Mensch.

Insofern er die Unwahrheit gewesen ist, war er ja fort und fort dabei von der Wahrheit fortzugehn; dadurch daß er in dem Augenblick die Bedingung empfängt, hat sein Gang die entgegengesetzte Richtung genommen, oder er ist umgekehrt. Laßt uns diese Veränderung *Umkehr* (*Bekehrung*)[49] nennen, mag dies auch ein bisher nicht gebrauchtes Wort sein; aber darum wählen wir es gerade, um nicht verwirrt zu werden; denn es ist ja wie geschaffen für die Veränderung, von der wir sprechen.

Insofern er durch eigene Schuld in der Unwahrheit gewesen ist, kann diese Bekehrung nicht vor sich gehen ohne daß sie in sein Bewußtsein aufgenommen wird, oder ohne daß er sich bewußt wird, daß es durch seine eigne Schuld gewesen ist; und mit diesem Bewußtsein nimmt er Abschied von dem Vorherigen. Indes wie nimmt man wohl Abschied, außer mit Leid in Seele und Sinn? Dies Leid jedoch ergeht hier darüber, daß er so lange in dem vorigen Zustande gewesen ist. Laßt uns ein solches Leid *Reue* nennen; denn was wäre Reue wohl sonst, die wohl sich umsieht nach rückwärts, aber doch dergestalt, daß sie eben damit den Gang beschleunigt auf das zu, was da vorne liegt[50].

Insofern er in der Unwahrheit gewesen ist und jetzt mit der Bedingung die Wahrheit empfängt, geht ja eine Veränderung mit ihm vor, wie die von Nichtsein zu Sein. Aber dieser Übergang von Nichtsein zu Sein ist ja der der Geburt. Indes der, welcher *ist*, kann ja nicht geboren werden, und dennoch wird er geboren. Laßt uns diesen Übergang die *Wiedergeburt* nennen, vermöge deren er zum andern Male auf die Welt kommt ganz wie vermöge der Geburt, als ein einzelner Mensch, welcher noch nichts weiß von der Welt, in die er hineingeboren wird, ob sie bewohnt sei, ob es andre Menschen in ihr gebe; denn man kann wohl in Masse[51] IV 189
getauft werden aber nie in Masse wiedergeboren werden. So wie der, welcher mit sokratischer Geburtshilfe sich selbst geboren hat, darüber alles andere in der Welt vergaß, und in tieferem Sinne keinem einzigen Menschen etwas schuldig war, so schuldet ja der Wiedergeborene keinem einzigen Menschen etwas, aber alles

jenem göttlichen Lehrer, und muß, so wie jener über sich selbst die ganze Welt vergaß, wiederum über diesem Lehrer seiner selbst vergessen.

Wofern denn also der *Augenblick* entscheidende Bedeutung haben soll, und ohne das reden wir ja nur sokratisch, was wir auch sagen mögen, und ob wir gleich viele und absonderliche Worte brauchen, ob wir gleich, kraft dessen daß wir uns selbst nicht verstehen, vermeinen sollten viel weiter gekommen zu sein als jener einfältige Weise, der unbestechlich Gericht hielt zwischen dem Gotte, den Menschen und sich selber, unbestechlicher als Minos, Aeachus und Rhadamantus[52]; – so ist der Bruch geschehen, und der Mensch kann nicht zum Alten zurück, und soll nicht Lust daran haben sich dessen zu erinnern, was das mahnende Gedächtnis ihm in Erinnerung bringen will, und noch weniger soll er es vermögen aus eigener Kraft den Gott aufs neue auf seine Seite hinüber zu ziehn.

Aber läßt sich das hier Entwickelte denken? Wir wollen mit der Antwort nicht hasten, und nicht bloß der bliebe ja die Antwort schuldig, der vermöge der Weitläuftigkeit der Überlegung niemals dazu käme zu antworten, sondern auch der, welcher zwar eine besondere Behendigkeit im Antworten an den Tag legte, indes nicht die wünschenswerte Langsamkeit darin, die Schwierigkeit zu bedenken, ehedenn er sie erklärte. Bevor wir antworten, wollen wir denn also fragen, wer es ist, der da die Frage beantworten soll. Geboren worden sein, läßt sich das denken? Ja warum nicht; aber wer ist der, welcher es denken soll; der, welcher geboren ist, oder der, welcher nicht geboren ist? Das Letztere ist ja doch eine Ungereimtheit, welche denn auch niemand eingefallen sein kann; denn der welcher geboren ist kann ja nicht auf diesen Einfall kommen. Wenn der Geborene denn sich geboren denkt, so denkt er ja diesen Übergang von Nichtsein zu Sein. Auf die Art muß dies sich wohl auch mit der Wiedergeburt verhalten. Oder macht etwa dies die Sache schwieriger, daß das der Wiedergeburt vorausgehende Nichtsein mehr Sein enthält als das Nicht-
IV 190 sein, welches der Geburt vorausgeht? Aber wer ist denn der welcher es denken soll? Es muß ja der Wiedergeborene sein, denn daß

es der Nichtwiedergeborene tun sollte, wäre ja doch eine Ungereimtheit, und wäre es nicht überaus lächerlich, wo der Nicht-Wiedergeborene auf diesen Einfall käme?

Wofern ein Mensch ursprünglich im Besitz der Bedingung ist um die Wahrheit zu verstehen, denkt er damit, daß er da ist, zugleich daß Gott[53] da ist. Wofern er in der Unwahrheit ist, muß er ja auch dies über sich selbst denken, und die Erinnerung wird ihm nicht helfen können außer dazu dies zu denken. Ob er weiter kommen wird, muß der *Augenblick* entscheiden (obwohl dieser bereits darin wirksam gewesen ist, ihn einsehen zu lassen, daß er die Unwahrheit ist). Versteht er dies nicht, so ist er auf Sokrates hinzuweisen, wiewohl er mit seinem Vermeinen, sehr viel weiter gegangen zu sein, diesem Weisen mancherlei Mühe machen wird, so wie die es taten, die gegen ihn, wenn er „ihnen die eine oder andre Albernheit entwand" *(ἐπειδάν τινα λῆρον αὐτῶν ἀφαιρῶμαι)* so aufgebracht wurden, daß sie ihn ganz richtig beißen wollten (Theätet § 151)[54]. – In dem *Augenblick* wird der Mensch sich bewußt, daß er geboren worden ist; denn sein Vorheriges, auf welches er sich denn nicht beziehen soll, ist ja gewesen, nicht zu sein; in dem *Augenblick* wird er sich der Wiedergeburt bewußt; denn sein vorheriger Zustand ist ja gewesen, nicht zu sein. Wäre sein vorheriger Zustand gewesen, zu sein, so hätte in keinem der beiden Fälle der Augenblick für ihn entscheidende Bedeutung bekommen, wie oben dargelegt. Während denn also das griechische Pathos sich in der Erinnerung sammelt, sammelt sich das Pathos unseres Projekts auf den Augenblick, und was Wunder, oder ist es nicht eine höchst pathetische Sache, aus dem nicht Sein ins da Sein zu treten?

* *
*

Siehe dies ist mein Projekt! Aber vielleicht wird da einer sagen: „Das ist das lächerlichste von allen Projekten, oder richtiger, du bist der lächerlichste von allen Projektmachern; denn wenn einer auch etwas Törichtes projektiert, so kann gleichwohl immer das Wahre übrig bleiben, daß er es ist, welcher das Projekt gemacht IV 191
hat; du hingegen gebärdest dich ja wie ein Lazzarone, der Geld

fordert um einen Platz zu zeigen, den jeder sehen kann; du bist gleich einem Manne, der des Nachmittags einen Schafbock für Geld zeigte, den man des Vormittags umsonst auf freiem Felde hatte weiden sehen." – „Vielleicht ist dem so, ich verstecke mich vor Scham[55+]. Doch gesetzt ich sei nun so lächerlich gewesen, so laß es mich wieder gut machen mit einem neuen Projekt. Das Pulver ist nun wohl bereits vor einigen hundert Jahren erfunden worden; es wäre also insofern lächerlich, wenn ich mir die Miene geben wollte, als hätte ich es erfunden; aber wäre es ebenfalls lächerlich, wenn ich annähme, es sei da einer, der es erfunden habe? Sieh, ich will jetzt so höflich sein anzunehmen, du seiest es, der mein Projekt erfunden habe, größere Höflichkeit kannst du doch wohl nicht verlangen. Oder falls du es abstreitest, willst du dann auch abstreiten, es sei irgendeiner, der es erfunden habe, will sagen irgend ein Mensch? Solchenfalls bin ich denn ebenso nahe dazu es erfunden zu haben als irgendein andrer Mensch. Somit erzürnst du dich nicht über mich, weil ich mir anlüge, was einem andern Menschen gehört, sondern du erzürnst dich über mich, weil ich mir etwas anlüge das einem Menschen nicht zukommt, und du erzürnst dich ebenso sehr, wenn ich lügenhaft die Erfindung dir zuschreiben möchte. Ist das nicht sonderbar, daß es etwas gibt, davon jeder, der es kennt, zugleich weiß er habe es nicht erfunden, ohne daß dies Ein-Haus-weiter[56] ein Ende hätte oder zu Ende gebracht werden könnte, und wenn man auch zu allen Menschen ginge? Und dennoch entzückt mich diese Absonderlichkeit in höchstem Maße, da sie die Probe auf die Richtigkeit der Hypothese macht und sie beweist. Es wäre ja auch ungereimt, von einem Menschen zu verlangen, er solle aus sich selber entdecken, daß er nicht da sei. Aber dieser Übergang ist ja der Wiedergeburt eigen: vom nicht da Sein zum da Sein. Ob er es hinterdrein verstanden hat, tut ja nichts zur Sache, denn weil man versteht das Pulver zu brauchen, es in seine Bestandteile zu zerlegen, darum hat man es ja nicht erfunden. Somit erzürnest du dich denn lediglich über mich, und über jeden Menschen, der sich die Miene geben möchte die Sache erfunden zu haben; darum brauchst du jedoch über den Gedanken dich nicht zu erzürnen."

Zweites Kapitel IV 192

DER GOTT ALS LEHRER UND HEILAND

(Ein dichterischer Versuch)

Laßt uns in der Kürze Sokrates betrachten, der ja gleichfalls ein Lehrer gewesen ist. Er wurde unter bestimmten Lebensverhältnissen geboren, erzogen in dem Volke, dem er angehörte, und als er in reiferem Alter einen innern Ruf und einen Antrieb verspürte, begann er auf seine Weise andre zu lehren. Nachdem er denn also eine gewisse Zeit schlicht als Sokrates gelebt, trat er, als ihm die Zeit gelegen schien, als der Lehrer Sokrates auf. So wie er seinerseits von den Umständen beeinflußt war, so griff er seinerseits wieder in sie ein. Indem er sein Werk vollbrachte, befriedigte er ebenso sehr die Forderung, die in ihm war, als die Forderung, die etwa andre Menschen an ihn stellen mochten. Auf die Art verstanden, und dies ist ja das sokratische Verständnis gewesen, steht der Lehrer in einem Wechselverhältnis, sofern das Leben und die Verhältnisse für ihn die Veranlassung sind Lehrer zu werden, und er hinwiederum Veranlassung für andre etwas zu lernen. Sein Verhalten ist denn also ständig ebenso autopathisch wie sympathetisch. So hat es auch Sokrates verstanden, daher wollte er für seine Unterweisung weder Ehre haben noch Ehrenstellen noch Geld, da er urteilte mit der Unbestechlichkeit eines Toten. O, seltene Genügsamkeit, selten in unsrer Zeit, da die Geldsumme und der Ehrenkranz gar nicht groß und gleißend genug sein können, zum Entgelt für die Herrlichkeit der Unterweisung; da denn aber auch alles Gold und alle Ehre der Welt gerade das rechte Entgelt für die Unterweisung sind, weil sie ganz ebenso viel wert sind. Aber unsre Zeit hat ja das Positive und versteht sich darauf; Sokrates hingegen ermangelte des Positiven. Sieh aber zu ob dieser Mangel seine Beschränktheit erkläre, die ihren Grund freilich darin hatte, daß er auf das Menschliche eifersüchtig[57] war, sich selber mit der gleichen göttlichen Mißgunst züchtigte, mit der er andre züchtigte, und in der er das Göttliche liebte. Zwischen Mensch und Mensch ist dies das
Höchste; der Jünger ist Veranlassung daß der Lehrer sich selbst IV 193
versteht, der Lehrer Veranlassung, daß der Jünger sich selbst ver-

steht; der Lehrer läßt beim Tode keinerlei Forderung an des Jüngers Seele hinter sich, gerade ebenso wenig als der Jünger eine Forderung über etwas, das der Lehrer ihm schuldig sei, erheben könnte. Und wäre ich der Schwärmerei nach ein Plato und klopfte mein Herz heftig wie das des Alcibiades, heftiger als das der Korybanten, bei der Rede des Sokrates[58], und vermöchte meiner Bewunderung Leidenschaft sich nicht zu stillen außer in der Umarmung jenes herrlichen Manns, so möchte Sokrates meiner wohl lächeln und sagen: „O, Lieber, du bist doch ein arglistiger Liebhaber; denn mich willst du vergöttern mittels meiner Weisheit, und dann willst du selber der sein, der mich am besten verstanden, und der sein, aus dessen bewundernder Umarmung ich mich nicht zu reißen vermöchte; bist du am Ende nicht ein Verführer?" Und wo ich ihn nicht verstehen wollte, würde seine kalte Ironie mich wohl zur Verzweiflung bringen, wenn er vor mir darlegte, daß er mir ebensoviel schuldig sei wie ich ihm. O, seltene Redlichkeit, die keinen betrügt, auch den nicht, der seine Seligkeit darin fände, betrogen zu werden; selten in unsrer Zeit, da jedermann weiter geht als Sokrates, in der Selbsteinschätzung, und im Nutzen für den Jünger und in der Empfindsamkeit des Umgangs, und in der Wollust die ihm der Bewunderung warmer Hauch bereitet! O, seltene Treue, die keinen verführt, auch den nicht, der alle Kunst der Verführung braucht, um sich verführen zu lassen!

Aber der Gott bedarf keines Jüngers um sich selbst zu verstehen; und keine Veranlassung kann ihn in dem Sinne veranlassen, daß an der Veranlassung ebenso viel läge wie am Entschluß. Was kann somit ihn bewegen hervorzutreten? Er muß sich selbst dazu bewegen und muß das sein und bleiben was Aristoteles sagt daß er sei: „Unbeweglich bewegt er alles" *(ἀκίνητος πάντα κινεῖ)*[59]. Aber bewegt er sich selbst, so ist es ja kein Bedürfen, das ihn bewegt, als könne er seinerseits das Stummsein nicht aushalten, sondern müsse ausbrechen in das Wort. Aber bewegt er sich selbst, aus keinem Bedürfen, was ist es dann das ihn bewegt, was sonst wohl als Liebe; denn diese hat ja die Befriedigung des Bedürfnisses nicht außerhalb ihrer, sondern in sich. Sein Entschluß, der nicht in einem geraden Wechselverhältnis zur Veranlassung steht, muß von Ewigkeit her sein, ob er gleich,
IV 194 vollbracht in der Zeit, richtig der A u g e n b l i c k wird; denn

wo die Veranlassung und das Veranlaßte in gerader Entsprechung stehn, gerade so wie die Antwort in der Einöde zum Ruf, da zeigt sich der Augenblick nicht, sondern die Erinnerung trinkt ihn in ihre Ewigkeit hinein. Der Augenblick tritt gerade zutage durch das Verhältnis das der ewige Entschluß zu der ihm nicht gemäßen Veranlassung hat. Verhält es sich nicht auf die Art, so kehren wir zu dem Sokratischen zurück und bekommen weder den Gott noch den ewigen Entschluß noch den Augenblick.

Aus Liebe muß denn also der Gott sich ewig dazu entschließen; aber wie seine Liebe der Grund ist, so muß auch die Liebe das Ziel sein; denn es wäre ja ein Widerspruch, daß der Gott einen Beweggrund hätte und ein Ziel das dem nicht entspricht. Die Liebe muß also auf den Lernenden gehn, und das Ziel muß sein ihn zu gewinnen; denn erst in der Liebe wird das Ungleiche zu Gleichem gemacht, erst in der Gleichheit oder der Einheit ist das Verständnis, aber ohne das vollkommene Verständnis ist der Lehrer nicht der Gott, es wäre denn der Grund bei dem Lernenden zu suchen, der nicht wollte was ihm möglich gemacht wird.

Jedoch diese Liebe ist unglücklich von Grund auf; denn sie sind einander so ungleich, und was so leicht scheint, daß der Gott sich verständlich muß machen können, das ist nicht so leicht, wenn er nicht das Andersartige zunichte machen soll.

Wir wollen uns nicht übereilen, und mag es auch jemandem scheinen, daß wir die Zeit vergeuden, anstatt zur Entscheidung zu kommen, es ist unser Trost, daß daraus noch nicht folgt, unsre Mühe sei vergeudet. – Es ist viel Redens in der Welt von unglücklicher Liebe, jedermann weiß ja, was dies Wort bedeutet: daß nämlich die Liebenden einander nicht kriegen können; und die Gründe, ja, die können von recht vielerlei Art sein. Es gibt eine andre Art unglücklicher Liebe, die, von der wir sprechen, zu welcher kein irdisches Verhältnis eine vollkommene Entsprechung hergeben kann, die wir uns jedoch, indem wir eine kleine Weile törliche Rede tun, ins Irdische hineinzudenken vermögen. Das Unglückliche liegt nicht darin, daß die Liebenden einander nicht kriegen können, sondern darin, daß sie einander nicht verstehen können. Und dies Leid ist ja unendlich viel tiefer als jenes andre von welchem die Menschen reden; denn dies Unglück zielt auf das Herz der Liebe und verwundet für eine Ewigkeit, ungleich jenem andern Unglück, welches nur das Äußere und Zeitliche trifft, und für den Hochgesinnten gleichsam ein einfacher Scherz darüber ist, daß die Liebenden in der Zeit einander nicht kriegen. Und jenes unendlich tiefere Leid ist wesentlich dem überlegenen Teil eigen, weil er allein zur gleichen Zeit das Mißverständnis versteht; ist eigentlich einzig und allein eigen dem Gotte, weil kein menschliches Verhältnis eine giltige Entsprechung hergeben kann, wenn gleich wir hier solch eine andeuten wollen, um den Sinn zu erwecken für das Verständnis des Göttlichen.

IV 195 Gesetzt, es wäre ein König der ein Bettelmädchen[60] liebte. Indes vielleicht hat der Leser die Geduld bereits verloren, wenn er hört daß der Anfang wie bei einem Märchen ist und durchaus nicht systematisch; o, allerdings fand der hochgelehrte Polos es langweilig, daß Sokrates fort und fort bloß von Essen sprach und Trinken und Ärzten und anderm derartigen Tand, über den Polos überhaupt nicht sprach (vgl. Gorgias)[61]; indes hatte Sokrates nicht doch einen Vorteil, daß er selbst und jedermann von Kind auf im Besitz der nötigen Vorkenntnissse war, und wäre es nicht zu wünschen, was freilich meine Gaben weit übersteigt, daß ich bei Essen und Trinken stehenbleiben könnte, und es nicht einmal nötig hätte Könige mitzunehmen, deren Gedanken ja nicht allezeit wie die jedermanns sind, wenn anders sie königlich sind; aber ist dies nicht verzeihlich von mir, der ich nur ein Dichter bin, welcher jetzt, an die schönen Worte des Themistokles[62] sich erinnernd, den Teppich der Rede auseinanderbreiten will, auf daß die Arbeit daran nicht versteckt werde durch Zusammenrollen. Gesetzt denn, es wäre ein König, der ein Bettelmädchen liebte. Des Königs Herz war unbefleckt von der Weisheit, die mit so lauter Stimme verkündigt wird, unbekannt mit den Schwierigkeiten die der Verstand entdeckt das Herz zu fangen, und die den Dichtern genug zu schaffen geben, und ihre Zauberformeln nötig machen. Sein Entschluß war leicht auszuführen; denn jeder Staatsmann fürchtete seinen Zorn und wagte es nicht auch nur über das Geringste zu munkeln, und jeder fremde Staat zitterte vor seiner Macht und hätte es nicht unterlassen dürfen zur Vermählung Gesandte mit Glückwunsch zu schicken, und keiner von dem Gewürm bei Hofe wagte aus dem Staube nach ihm zu stechen, auf daß ihm nicht sein eignes Haupt zertreten werde[63]. So laß denn die Harfe gestimmt sein, laß den

Sang der Dichter beginnen, laß alles hochzeitlich sein, derweile
die Liebe ihr Siegesfest feiert; denn frohlockend ist die Liebe,
wenn sie Gleich mit Gleich vereint, aber siegjauchzend, wenn sie
das in Liebe gleich macht was ungleich ist. – Da erwachte eine
Besorgnis in des Königs Seele; wer ließe von ihr sich träumen,
außer ein König, der königlich denkt! Er sprach zu niemand von
seiner Besorgnis, denn hätte er es getan, so hätte wohl jeder Hof-
mann gesagt: „Ew. Majestät erweisen dem Mädchen eine Wohltat,
für die sie Ew. Majestät ihr Leben lang nicht genug wird danken
können“; und damit hätte der Hofmann wohl den Zorn des Kö-
nigs erregt, sodaß er ihn wegen Majestätsbeleidigung, begangen
an der Geliebten, hätte hinrichten lassen; und hätte dadurch auch
auf andre Weise dem König Kummer gemacht. Einsam hegte er
den Kummer in seinem Herzen: ob das Mädchen wohl dadurch
glücklich werden, ob sie den Freimut gewinnen möge niemals des IV 196
zu gedenken, was der König schlechterdings vergessen wollte, daß
er der König war, und sie ein Bettelmädchen gewesen. Denn ge-
schah dies, wachte dies Erinnern auf und rief, einem begünstigten
Nebenbuhler gleich, ihren Sinn bisweilen vom Könige ab, lockte
ihn fort in die Abgeschlossenheit heimlichen Kummers, oder glitt
bisweilen an ihrer Seele vorüber so wie der Tod über das Grab:
was wäre da der Liebe Herrlichkeit! Da wäre sie ja glücklicher,
wo sie in ihrem Winkel geblieben wäre, geliebt von einem ihres-
gleichen, zufrieden in der armen Hütte, aber freien Sinns in ihrer
Liebe, und frohgemut, spät und früh. Welch eine reiche Fülle
Leides steht hier nicht gleichsam ausgereift da, fast vergehend
unter seiner Fruchtbarkeit Bürde, rein harrend des Tags der Ernte,
da der Gedanke des Königs alles Saatkorn des Kummers aus ihm
dreschen wird. Denn mochte das Mädchen es auch zufrieden sein,
zu Nichts zu werden, den König konnte es nicht befriedigen, eben
weil er sie liebte und weil es ihm schwerer war ihr Wohltäter zu
sein als sie zu verlieren. Und falls sie ihn nun noch nicht einmal
verstehen könnte; denn wenn wir törlich vom Menschlichen spre-
chen, können wir ja eine Geistesverschiedenheit annehmen, die
das Verständnis unmöglich macht – welch tiefes Leid schlummert
doch nicht in dieser unglücklichen Liebe, wer dürfte es berufen?
Indes ein Mensch soll es nicht erdulden; denn ihn wollen wir auf

Sokrates verweisen, oder zu dem was in einem noch schöneren Sinne die Ungleichen gleich zu machen vermag.

Wofern nun der *Augenblick* entscheidende Bedeutung haben soll (und ohne das kehren wir zurück zu dem Sokratischen, und ob wir gleich vermeinen weiter zu gehen), ist der Lernende in der Unwahrheit, ja ist darin durch eigene Schuld – und dennoch ist er Gegenstand für die Liebe des Gottes, der sein Lehrer sein will, und die Besorgnis des Gottes geht darauf, die Gleichheit zuwege zu bringen. Kann diese nicht zuwege gebracht werden, so wird die Liebe unglücklich und die Unterweisung bedeutungslos, weil beide einander nicht verstehen können. Man meint vielleicht daß dies dem Gotte gleichgiltig sein könne, da er des Lernenden nicht bedarf, indes man vergißt, oder richtiger, ach ja, man bekundet, wie weit es davon ist, daß man ihn versteht; man vergißt: er liebt ja den Lernenden. Und so wie jenes königliche Leid nur in einer königlichen Seele sich findet, und die Unzahl menschlicher Sprachen es überhaupt nicht nennt, ebenso ist die gesamte menschliche Sprache derart eigensüchtig, daß ihr von solch einem Leide nichts ahnt. Aber darum behielt der Gott es sich vor, dies unergründliche Leid, daß er weiß, er kann den Lernenden von sich
IV 197 stoßen, kann ihn entbehren, der Lernende ist durch eigne Schuld der Verdammnis verfallen, er kann ihn umkommen lassen – und daß er weiß, wie es beinah eine Unmöglichkeit ist den Freimut des Lernenden aufrecht zu erhalten, ohne den das Verständnis und die Gleichheit fort sind und die Liebe unglücklich ist. Wem von diesem Leide nicht wenigstens ahnt, der ist eine schäbige Seele, lediglich als Scheidemünze geprägt, die weder des Kaisers Bild trägt noch Gottes[64].

So wäre denn die Aufgabe gestellt, und wir laden den Dichter ein, wenn er nicht bereits anderweit zu Gaste ist, und wenn er nicht einer von denen ist, die man samt den Flötenspielern und den andern Schreihälsen vertreiben muß aus dem Trauerhaus[65], wenn anders die Freude einkehren soll. Des Dichters Aufgabe ist es, eine Lösung, einen Einheitspunkt zu finden, wo das Verstehen der Liebe zur Wahrheit wird, wo des Gottes Leid den Schmerz verwunden hat; denn dies ist ja die Unergründlichkeit der Liebe, daß sie sich nicht mit dem begnügt, um dessentwillen der Liebe Gegenstand in seiner Torheit vielleicht sich selig preist.

A. Die Einsicht wird zuwege gebracht durch ein Emporsteigen. Der Gott würde denn also den Lernenden empor zu sich ziehn, ihn herrlich machen, ihn erquicken mit tausendjähriger Wonne (denn tausend Jahre sind ja vor ihm wie ein Tag)[66], im Gebraus der Freude den Lernenden das Mißverständnis vergessen lassen. Ach ja, der Lernende wäre vielleicht sehr geneigt sich darob selig zu preisen; und wäre es nicht herrlich, auf die Art jenem Bettelmädchen gleich plötzlich sein Glück zu machen, dadurch daß des Gottes Auge auf einen fiele, herrlich, dem Gotte noch dabei zu helfen, daß man alles eitel nimmt, betört von seinem eignen Herzen! Indes, jener edle König hatte bereits die Schwierigkeit durchschaut; er war ein bißchen Menschenkenner, und sah ein, daß das Mädchen im Grunde betrogen wäre, etwas das man ja am allerfurchtbarsten ist, wenn einem selbst nichts davon ahnt, sondern man wie verzaubert ist von der Verkleidung.

Die Einheit könnte dadurch zuwege gebracht werden, daß der Gott dem Lernenden sich zeigte, seine Anbetung entgegennähme, ihn darüber seiner selbst vergessen ließe. Auf die Art hätte der König sich in aller seiner Pracht dem Bettelmädchen zeigen, seiner Herrlichkeit Sonne über ihrer Hütte aufgehen lassen können, um das Fleckchen zu bescheinen, auf dem er sich ihr zeigte, und sie ihrer selbst vergessen zu lassen in hingebender Bewunderung. Ach, und dies hätte vielleicht das Mädchen befriedigt; aber den König konnte es nicht befriedigen, er wollte nicht seine Verherrlichung,
sondern die des Mädchens; und darum war sein Leid so schwer, IV 198
daß sie ihn nicht verstand; aber schwerer fiel es ihm doch sie zu betrügen. Und schon allein dies, daß er damit seiner Liebe einen unvollkommenen Ausdruck gegeben hätte, war in seinen Augen ein Betrug, und ob ihn auch keiner verstünde, ob auch der Tadel seine Seele zu kränken suchte.

Auf diesem Wege wird also die Liebe nicht glücklich, zwar dem Anschein nach vielleicht die des Lernenden und des Mädchens, aber nicht die des Lehrers und des Königs, die keine Täuschung befriedigen kann. Dergestalt hat der Gott Freude daran die Lilie herrlicher zu schmücken als Salomo[67], aber wenn da von einem Verstehen die Rede sein sollte, so befände sich die Lilie ja in einer traurigen Täuschung, wenn sie, indem sie die herrliche Kleidung betrachtete, sich für die Geliebte hielte um der Kleider willen und solange sie nun frei und froh auf der Wiese steht, sich wiegend im Winde; unbesorgt wie sein Blasen, so würde sie denn wohl welken und nicht mehr den Freimut haben, ihr Haupt zu erheben. Und eben dies war ja die Besorgnis des Gottes; denn der Schoß der Lilie ist zart und bald geknickt. Aber soll der Augenblick entscheidende Bedeutung haben, wie unaussprechlich wird dann nicht seine Besorgnis! Es war ein Volk, welches sich gut auf das Göttliche verstand; dies Volk meinte, den Gott sehen bringe den Tod.[68] – Wer faßt diesen Widerspruch im Leide: sich nicht offenbaren ist ja der Liebe Tod, und sich offenbaren ist der Geliebten Tod. O, der Menschen Sinn giert gar oft nach Macht und Gewalt, und da ihre Gedanken fort und fort darnach trachten, als ob mit deren Erlangen alles klar geworden wäre, ahnen sie nicht, daß nicht bloß Freude im Himmel ist, sondern auch Leid: wie schwer es ist dem Lernenden versagen müssen, danach ihn mit ganzer Seele verlangt, und es ihm versagen müssen, eben weil er der Geliebte ist.

B. So muß denn die Einheit auf andre Weise zuwege gebracht werden. Wir wollen hier wiederum des Sokrates gedenken, denn was war seine Unwissenheit denn andres, als Ausdruck des Einsseins für die Liebe zum Lernenden? Aber dies Einssein war zugleich die Wahrheit, wie wir gesehen haben. Soll hingegen der *Augenblick* entscheidende Bedeutung haben (–)[69], so ist dies ja nicht die Wahrheit; denn der Lernende ist dem Lehrer alles schuldig. Wie denn, sokratisch gedacht, die Liebe des Lehrers lediglich die eines Betrügers wäre, wenn er den Jünger in dem Glauben ließe, er sei ihm wirklich etwas schuldig, statt daß der Lehrer ihm dazu verhülfe sich selbst genug zu sein, ebenso muß ja die Liebe des Gottes, wenn er Lehrer sein will, nicht bloß eine helfende
IV 199 sein, sondern eine gebärende, kraft deren er den Lernenden gebiert, ihn, den wir den Wiedergeborenen genannt haben, ein Wort mit welchem wir den Übergang bezeichnet haben von Nichtsein zu, ja zu Sein. Da ist denn die Wahrheit, daß der Lernende ihm alles schuldig ist; eben das aber macht das Verständnis so schwierig: daß er zu Nichts wird und doch nicht zunichte gemacht, daß er ihm alles schuldig ist und doch Freimut gewinnt, daß er die Wahrheit versteht, aber daß die Wahrheit ihn frei macht, daß er die Schuld in der Unwahrheit begreift und daß da wiederum der

Freimut in der Wahrheit den Sieg hat. Zwischen Mensch und Mensch ist es das Höchste der Helfer zu sein, das Gebären jedoch ist dem Gotte vorbehalten, dessen Liebe *gebärend* ist, nicht jene gebärende Liebe, über die Sokrates bei einer festlichen Gelegenheit so schön zu reden weiß[70]. Diese bezeichnet nämlich nicht des Lehrers Verhältnis zum Jünger, sondern des Autodidakten Verhältnis zum Schönen, sofern er, fort sehend von der verstreuten Schönheit, das an und für sich Schöne erschaut, und nun „viele schöne und herrliche Worte und Gedanken gebiert" *(πολλοὺς καὶ καλοὺς λόγους καὶ μεγαλοπρεπεῖς τίκτει καὶ διανοήματα ἐν φιλοσοφίᾳ ἀφθόνῳ)* (Symposion § 210 D); und hiervon gilt, daß er das gebiert und hervorbringt, was er schon lange Zeit in seinem Innern getragen (§ 209 C). Die Bedingung hat er dabei in sich selber, und die Hervorbringung (Geburt) ist nur ein Hervorgehen dessen was zuhanden war, weswegen der Augenblick in diesem Gebären hier wiederum im gleichen Nu von der Erinnerung verschlungen ist. Und bei dem, der dadurch geboren wird, daß er mehr und mehr abstirbt, bei dem ist es ja klar, daß man weniger und weniger sagen kann, er werde geboren, da er lediglich deutlicher und deutlicher daran erinnert wird daß er da ist; und der welcher nun die Äußerungen des Schönen selbst wiederum gebiert, der gebiert sie nicht, sondern läßt das Schöne in ihm diese aus sich gebären.

Ist die Einheit also nicht zuwege zu bringen gewesen durch ein Emporsteigen, so muß es versucht werden mit einem Herniedersteigen. Laß nun den Lernenden ein beliebiges X sein, in diesem X muß auch der Geringste ja enthalten sein; denn suchte nicht einmal Sokrates übel die Gesellschaft der guten Köpfe, wie sollte da wohl der Gott einen Unterschied machen können! Damit die Einheit zuwege gebracht werde, muß denn also der Gott diesem X[71] gleich sein. Und mithin wird er sich dem Geringsten gleich erzeigen. Aber der Geringste ist ja der, welcher andern dienstbar sein muß, mithin in des *Knechtes* Gestalt[72] wird der Gott sich zeigen. Aber diese Knechtsgestalt ist kein bloßer Umhang wie der Bettlermantel[73] des Königs, der eben deshalb auch lose flatterte und den König verriet; ist kein bloßer Umhang wie der leichte IV 200
sokratische Sommerkragen[74], der wiewohl rein aus dem Nichts gewoben dennoch birgt und verrät, sondern ist seine wahre Ge-

stalt; denn das ist der Liebe Unergründlichkeit, nicht zum Scherz, sondern im Ernst und in der Wahrheit, gleicher Art mit dem Geliebten zu werden; und das ist der entschlossenen Liebe Allgewalt, zu vermögen, was weder der König vermochte noch Sokrates, weshalb denn ihre angenommene Gestalt doch etwas wie Lug war.

Sieh, da steht er denn – der Gott. Wo? Da; kannst du ihn nicht sehen? Er ist der Gott, und dennoch hat er nicht da er sein Haupt berge[75], und er darf es nicht bei einem Menschen bergen, auf daß der sich nicht ärgere an ihm. Er ist der Gott, und dennoch ist sein Gang behutsamer, als wenn Engel ihn trügen[76], nicht damit er nicht anstößt mit seinem Fuß, sondern damit er nicht die Menschen in den Staub möge niedertreten, sofern sie sich ärgern an ihm. Er ist der Gott, und dennoch weilt sein Auge besorgt auf dem Geschlecht, da der zarte Schoß des Einzelnen so schnell wie ein Grashalm zerstoßen werden kann[77]. Welch ein Leben, eitel Liebe und eitel Leid: das Einssein der Liebe ausdrücken wollen und dann nicht verstanden werden; eines jeden Verdammnis befürchten müssen, und dennoch in Wahrheit allein auf die Art einen Einzigen retten können; eitel Leid, indessen doch Tag und Stunde ausgefüllt sind mit dem Leide des Lernenden, der sich ihm vertraut. So steht denn der Gott auf der Erde, dem Geringsten gleich kraft seiner allmächtigen Liebe. Er weiß, daß der Lernende die Unwahrheit ist – wo der nun fehl sähe, wo er umsänke und den Freimut verlöre. O, Himmel und Erde tragen mit einem allgewaltigen „Es werde", und bliebe es auch nur einen Atemhauch aus, so müßte alles versinken – wie ist das so leicht dem gegenüber, daß man die Möglichkeit des Ärgernisses des Geschlechts tragen muß, wenn man aus Liebe sein Heiland ward!

Aber die Knechtsgestalt ist kein bloßer Umhang gewesen, darum muß der Gott alles leiden, alles dulden, hungern in der Wüste, dürsten in Martern, verlassen sein im Tode, schlechthin gleich dem Geringsten – „sehet, welch ein Mensch"[78]; denn nicht des Todes Leiden ist sein Leiden, sondern dies ganze Leben ist ja eine Leidensgeschichte, und es ist die leidende Liebe, die alles hingebende Liebe, die selber in Not ist. Wunderherrliche Selbstverleugnung, ob der Lernende gleich der Geringste sei, er fragt mit Sorge: liebst du mich nun wirklich[79]? Denn er weiß selbst wie die Gefahr droht, und dennoch weiß er, daß jeder leichtere Weg ein Betrug für ihn wäre, ob der Lernende es gleich nicht verstünde.

Jede andre Art der Offenbarung wäre für die Liebe ein Betrug, IV 201 weil sie entweder erst eine Veränderung mit dem Lernenden hätte vornehmen müssen (aber die Liebe ändert nicht den Geliebten, sondern ändert sich selbst) und ihm die Notwendigkeit davon verbergen, oder leichtsinnig darüber hätte unwissend sein müssen, daß das ganze Verständnis eine Täuschung sei (dies ist die Unwahrheit des Heidentums). Jede andre Art der Offenbarung wäre für die Liebe des Gottes ein Betrug. Und[80] hätten gleich meine Augen mehr Tränen als die einer reuigen Sünderin, und wäre gleich jede meiner Tränen köstlicher als die vielen einer begnadigten Sünderin; und vermöchte ich gleich einen demütigern Platz zu finden als den zu seinen Füßen, und könnte ich gleich allda demütiger sitzen als ein Weib, dessen Herzens alleinige Wahl das Eine das not tut gewesen; und liebte ich ihn gleich redlicher als der getreue Knecht, der ihn bis zum letzten Blutstropfen hin liebt; und wäre ich gleich holdseliger in seinen Augen als die reinste unter den Frauen – wo ich ihn dann doch bitten sollte, seinen Entschluß zu ändern, sich anders zu erweisen, seiner selbst zu schonen, so würde er mich ansehen und sprechen: Mensch, was hab ich mit dir zu schaffen, weiche von dannen, denn du bist ja Satanas, ob du selbst es gleich nicht verstehst! Oder wo er ein vereinzeltes Mal seine Hand gebietend ausreckte[81], so daß es geschieht, und ich würde dann meinen ich verstünde ihn besser und liebte ihn mehr, da würde ich ihn wohl auch über mich weinen[82] sehen, und ihn sagen hören: daß du mir derart untreu werden konntest, und derart die Liebe betrüben; du liebst also nur den Allmächtigen, der das Mirakel tut, nicht den, der sich selbst erniedrigt hat, auf daß er dir gleich sei.

Aber die Knechtsgestalt ist kein bloßer Umhang gewesen, darum muß er aushauchen im Tode und die Erde wieder verlassen. Und wäre gleich meine Trauer tiefer als die der Mutter wenn das Schwert ihr durch das Herz geht[83], und wäre gleich meine Lage furchtbarer als die des Gläubigen wenn des Glaubens Kraft bricht, und wäre gleich mein Jammer rührender als der des Menschen der seine Hoffnung kreuzigt und nichts übrig behält als das Kreuz – wo ich ihn dann doch bitten sollte seiner selbst zu schonen und nicht von dannen zu gehen, da würde ich ihn wohl betrübt sehen bis in den Tod[84], betrübt freilich auch über mich, denn dies Leiden sollte mir ja dienlich sein; jedoch sein Leid wäre auch dies, daß ich ihn nicht verstehen konnte. O, ein bittrer Kelch, bitterer als Wermut, ist des Todes Vorgeschmack schon für den Sterblichen, wie dann erst für den Unsterblichen! O, welch saurer Labetrunk[85], saurer denn Essig ist, erquickt zu werden mit des Geliebten Mißverständnis! O, welch Trost in Not, schuldig zu leiden, wie dann erst unschuldig!

IV 202 So der Dichter; denn wie sollte es ihm beikommen, daß der Gott auf solch eine Weise sich offenbaren gewollt um die furchtbarste Entscheidung herbeizuführen; wie sollte es ihm beikommen leichtherzig sein Spiel zu haben mit des Gottes Schmerz, lügenhaft die Liebe fortzudichten um den Zorn hineinzudichten.

Und der Lernende, hat er kein Los und Teil an dieser Leidensgeschichte, wenn sein Los auch nicht das des Lehrers ist? Dennoch es muß so sein, und es ist die Liebe die all dies Leiden erzeugt, eben weil der Gott nicht neidisch sich selbst behält, sondern in Liebe dem Geringsten gleich sein will. Pflanzt man Eicheln in ein irden Gefäß, so wird es gesprengt; gießt man neuen Wein in alte Schläuche[86], so werden sie gesprengt; was wird erst sein, wo der Gott sich in des Menschen Gebrechlichkeit pflanzt, falls der nicht ein neuer Mensch wird und ein neues Gefäß! Aber dies Werden, wie mühselig ist es doch, und wie gleich einer schweren Geburt! Und das Verhältnis des Verstehens, wie sehr steht es doch in Gebrechlichkeit, jeden Augenblick hart am Rande des Mißverstehens, wenn die Ängste der Schuld den Frieden der Liebe stören möchten! Und das Verhältnis des Verstehens, wie sehr steht es nicht in Schrecknis; denn es ist ja nicht so schrecklich auf sein Angesicht zu fallen, indessen die Berge beben vor der Stimme des Gottes[87], wie bei ihm zu sitzen als bei seinesgleichen, und doch ist dies ja des Gottes Sorge eben auf die Art zu sitzen.

* * *

Wofern nun jemand sagen sollte: „Was du da dichtest, ist das schäbigste Plagiat, das je vorgekommen ist; denn es ist nicht mehr und nicht weniger als was ein jedes Kind weiß", so muß ich frei-

lich mit Erröten vernehmen daß ich ein Schwindler bin. Warum denn aber das schäbigste? Ein jeder Dichter, der da stiehlt, stiehlt ja von einem andern Dichter, und dergestalt sind wir ja alle gleich schäbig; ja mein Diebstahl ist vielleicht weniger schädlich, weil er leichter aufgedeckt ist. Aber wer ist denn also der Dichter? Wo ich höflich genug wäre dich, der du mir das Urteil sprichst, für den Dichter anzusehn, so würdest du vielleicht dich wieder erzürnen. Gibt es denn also keinen Dichter, wo es doch ein Gedicht gibt, das wäre ja sonderbar, ebenso wie wenn man ein Flötenspiel hörte, trotzdem daß ein Flötenspieler nicht da wäre. Oder ist vielleicht dies Gedicht einem Volksspruche gleich, zu dem man den Dichter IV 203
nicht weiß, weil es ist als hätte ihn die ganze Menschheit gedichtet; und hast du mein Plagiat etwa darum das schäbigste genannt, weil ich nicht einen einzelnen Menschen bestohlen, sondern das Geschlecht, und hochmütig, obwohl ich nur ein einzelner Mensch bin, ja sogar ein schäbiger Dieb, mir die Miene gegeben das ganze Geschlecht zu sein? Verhält es sich auf die Art, so daß ich, falls ich bei allen Menschen herumginge, und alle zwar das Gedicht kennten, aber ein jeder zugleich wüßte, er habe es nicht gedichtet, – so daß ich daraus nun schließen könnte: mithin hat das Geschlecht es gedichtet? Wäre dies nicht sonderbar? Denn wo das ganze Geschlecht es gedichtet hätte, so müßte man dies ja dahin ausdrücken, jedermann sei gleich nahe daran, es gedichtet zu haben. Dünkt dich das nicht eine schwierige Sache, in die wir hineingeraten sind, indessen das Ganze zu Anfang so leicht abgemacht zu sein schien mit deinem kurzen Zorneswort: mein Gedicht sei das schäbigste Plagiat, und mit meinem Erröten darüber das hören zu müssen. So ist es vielleicht gar kein Gedicht, oder jedenfalls ist es nicht irgend einem Menschen zu verdanken, auch nicht dem Geschlecht; und ich verstehe dich: wenn du mein Gedicht das schäbigste Plagiat genannt, so ist es darum, weil ich nicht einen einzelnen Mann bestohlen habe, auch nicht das Geschlecht, sondern die Gottheit bestohlen, oder gleichsam sie weggestohlen, und gotteslästerlich, obwohl ich nur ein einzelner Mensch war, ja sogar ein schäbiger Dieb, mir die Miene gegeben der Gott zu sein; o, Lieber, jetzt verstehe ich dich ganz, und verstehe, dein Zorn ist gerecht. Aber da wird meine Seele auch ergriffen von neuer Verwunderung, ja sie wird erfüllt von Anbetung; denn es

wäre ja auch sonderbar, wenn es ein menschliches Gedicht gewesen wäre. Es könnte dem Menschen wohl einfallen sich selbst als dem Gotte gleich zu dichten oder den Gott als ihm gleich zu dichten, nicht jedoch zu dichten, der Gott habe sich selbst als einem Menschen gleich gedichtet; denn wofern der Gott sich nichts davon merken ließe, wie sollte da der Mensch darauf verfallen, der selige Gott könne ihn nötig haben? Dies wäre ja der allerschlechteste Gedanke, oder richtiger so schlecht als Gedanke, daß er ihm nicht in den Sinn kommen könnte, ob er gleich, wenn der Gott ihm ihn anvertraut, anbetend spricht: dieser Gedanke ist nicht in meinem Herzen entsprungen[88] und befindet, es sei der wunderbarste, der wunderschönste Gedanke. Und ist das Ganze nicht wunderbar, und ist dies Wort nicht wieder ein glücklich weissagendes Wort auf meinen Lippen; denn stehen wir hier nicht, wie ich es ja sagte, und wie du es ja unwillkürlich selber sagst: bei dem *Wunderbaren*. Und indem wir dergestalt nun beide dastehen vor dem Wunderbaren, dessen feierliches Schweigen menschlicher Zank um Mein und Dein nicht zu stören vermag, dessen Ehrfurcht heischende Rede menschlichen Streit um Mein und Dein unendlich übertäubt, so vergib du es mir, daß ich in dem absonderlichen Irrtum war, ich
IV 204 hätte es gedichtet. Es war ein Irrtum, und das Gedicht ist so verschieden von jedem Menschengedicht, daß es kein Gedicht gewesen, sondern das *Wunderbare*.

Drittes Kapitel

DAS SCHLECHTHINNIGE PARADOX

(Eine metaphysische Grille)

Wiewohl Sokrates sich mit aller seiner Kraft bemühte, Menschenkenntnis zu sammeln und sich selbst zu kennen, ja wiewohl er Jahrhunderte hindurch gepriesen worden ist als der Mensch der wohl am besten den Menschen kannte, gesteht er doch, der Grund, weshalb er abgeneigt sei, über die Natur solcher Wesen wie des Pegasus und der Gorgonen nachzudenken, sei der, daß er noch nicht ganz mit sich im Reinen sei, ob er (der Menschenkenner) ein absonderlicheres Ungeheuer als Typhon sei oder ein freundlicheres

und einfacheres Wesen, welches von Natur an etwas Göttlichem Teil habe (vgl. Phaedrus § 229 E)[89]. Das scheint ein Paradox. Doch soll man vom Paradox nichts Übles denken; denn das Paradox ist des Gedankens Leidenschaft, und der Denker, der ohne das Paradox ist, er ist dem Liebenden gleich welcher ohne Leidenschaft ist: ein mäßiger Patron. Aber die höchste Potenz jeder Leidenschaft ist es stets, ihren eignen Untergang zu wollen, und so ist es auch des Verstandes höchste Leidenschaft, den Anstoß zu wollen, ganz gleich, daß der Anstoß auf die eine oder andre Weise sein Untergang werden muß. Das ist denn des Denkens höchstes Paradox: etwas entdecken wollen, das es selbst nicht denken kann. Diese Leidenschaft des Denkens ist im Grunde überall im Denken vorhanden, auch in dem des Einzelnen, insofern er denkend ja nicht bloß er selber ist. Aber auf Grund der Gewohnheit entdeckt man dies nicht. So ist auch der menschliche Gang, wie die Naturforscher erläutern, ein fortgesetztes Fallen; aber ein adretter und bedächtiger Mann, der des Morgens ins Kontor geht und mittags nach IV 205
Hause, er meint vermutlich, daß das eine Übertreibung sei, denn sein Vorwärtsschreiten ist ja die Vermittlung; wie sollte es ihm einfallen, daß er beständig falle, er der ja schnurstracks der Nase nach geht.

Jedoch damit wir dazu kommen zu beginnen, laß uns nun eine kühne Voraussetzung[90] machen; laß uns annehmen, daß wir wissen, was ein Mensch ist.* Darin haben wir ja das Kriterium der Wahrheit, das von der ganzen griechischen Philosophie *gesucht*

---

* Vielleicht scheint es eine Lächerlichkeit dieser Voraussetzung die Gestalt des Zweifels zu geben vermittelst des „Annehmens"; denn dergleichen weiß ja jedermann in unsrer theozentrischen Zeit. Ja wenn es nur so einfach damit wäre. Demokrit[91] wußte es auch; denn er definiert den Menschen folgendermaßen: „Der Mensch ist was wir alle wissen", und fährt fort: „denn wir wissen alle was ein Hund, ein Pferd, eine Pflanze ist usw., aber nichts von dem allen ist der Mensch." Wir wollen nun nicht so boshaft sein und sind auch nicht so witzig wie Sextus Empiricus, denn er schließt, wie bekannt, daraus mit Recht, der Mensch sei ein Hund; denn IV 206
der Mensch ist was wir alle wissen, und wir wissen alle was ein Hund ist, mithin — wir wollen nicht so boshaft sein; ob das Ding aber in unsrer Zeit dermaßen ins Reine gebracht sein mag, daß sie es nicht nötig hätte über sich selbst ein bißchen unruhig zu werden im Gedanken an den armen Kerl, den Sokrates, und seine Verlegenheit?

oder *bezweifelt* oder *postuliert* oder *fruchtbar gemacht* worden ist. Und ist es nicht recht merkwürdig, daß es sich so mit den Griechen verhält; ist es nicht gleichsam ein kurzer Inbegriff der Bedeutung des Griechentums, ein Epigramm, das es selbst auf sich geschrieben hat, und mit dem ihm auch besser gedient ist als mit dem mitunter recht Weitläuftigen, das mitunter über es geschrieben wird. So ist die Voraussetzung wohl wert, daß man sie annimmt, und das auch noch aus einem andern Grunde, weil wir sie bereits in den beiden vorhergehenden Kapiteln erklärt haben, indessen man, wenn man Sokrates anders erklären will als wir getan, wohl zusehen soll, daß man sich nicht in den Schlingen der älteren oder jüngeren griechischen Skepsis fange. Wofern die sokratische Theorie über die Erinnerung und darüber, daß jeglicher einzelne Mensch der Mensch ist, nicht festgehalten wird, steht Sextus Empiricus da, bereit, den Übergang, der im ‚Lernen' liegt, nicht bloß schwierig, sondern unmöglich zu machen; und Protagoras beginnt da wo er aufhörte, daß alles des Menschen Maß ist[92], so verstanden, daß er das Maß für andre ist, keineswegs sokratisch
IV 206 so, daß der Einzelne sich selbst das Maß ist, weder mehr noch weniger.

So wissen wir denn, was der Mensch ist, und diese Weisheit, deren Wert ich am wenigsten von allen gering anschlagen möchte, kann beständig reicher und bedeutungsvoller werden, und mithin auch die Wahrheit; aber da steht der Verstand auch stille – so wie Sokrates es tat[93]; denn nun wacht des Verstandes paradoxe Leidenschaft auf, die den Anstoß will, und, ohne sich selbst recht zu verstehen, ihren eignen Untergang will. Solchermaßen ist es ja mit dem Paradox der Verliebtheit. Der Mensch lebt ungestört in sich selber, da wacht das Paradox der Selbstliebe auf als Liebe zu einem andern, zu einem, den man entbehrt. (Selbstliebe liegt zugrunde oder geht zugrunde in aller Liebe, darum, falls wir uns eine Religion der Liebe denken wollen, so müßte diese ebenso epigrammatisch wie wahr nur eine Bedingung voraussetzen und als gegeben annehmen: daß man sich selbst liebe, um dann zu gebieten, daß man den Nächsten liebe als sich selbst[94].) Gleichwie nun der Liebende durch dies Paradox der Liebe verändert wird, so daß er sich beinahe nicht mehr kennt (davon zeugen ja die Dichter, die der Liebe Dolmetscher sind, davon zeugen auch die Liebenden selbst, sofern sie den Dichtern nur erlauben sie als des Wortes entbehrend zu schildern, aber nicht als der Sache), so wirkt jenes erahnte Paradox des Verstandes wieder zurück auf den Menschen und auf seine Selbsterkenntnis, so daß er, der da meinte sich selber zu kennen, nicht länger mehr mit Bestimmtheit weiß, ob er etwa ein noch absonderlicher zusammengesetztes Untier als Typhon sei, oder ob er in seinem Wesen ein milderes und göttlicheres Teil habe. *(σκοπῶ οὐ ταῦτα, ἀλλὰ ἐμαυτόν, εἴτε τι θηρίον ὢν τυγχάνω [Τυφῶνος] πολυπλοκώτερον καὶ μᾶλλον ἐπιτεθυμμένον, εἴτε ἡμερώτερόν τε καὶ ἁπλούστερον ζῶον, θείας τινὸς καὶ ἀτύφου μοίρας φύσει μετέχον.)* (Phaedrus § 230 A)[95].

Aber was ist denn dies Unbekannte, an dem der Verstand in IV 207
seiner paradoxen Leidenschaft sich stößt, und das dem Menschen sogar seine Selbsterkenntnis stört? Es ist das Unbekannte. Aber es ist ja nicht irgend ein Mensch, soweit er diesen kennt, oder irgendein ander Ding, das er kennt. So laßt uns denn dies Unbekannte d e n G o t t nennen. Es ist bloß ein Name den wir ihm damit geben. Beweisen zu wollen, daß dies Unbekannte (der Gott) da ist, kommt dem Verstande wohl kaum bei. Wofern nämlich der Gott nicht da ist, so ist es ja eine Unmöglichkeit es beweisen zu wollen, aber ist er da, so ist es ja eine Torheit es beweisen zu wollen; denn eben in dem Augenblick, wo der Beweis beginnt, habe ich es vorausgesetzt, nicht als zweifelhaft (welches ja eine Voraussetzung nicht sein kann, dieweil sie eine Voraussetzung ist), sondern als ausgemacht, dieweil ich sonst nicht beginnen würde, leicht einsehend, daß das Ganze eine Unmöglichkeit werden würde, wenn Er nicht da wäre. Meine ich hingegen mit dem Ausdruck ‚des Gottes Dasein beweisen', daß ich beweisen will, daß das Unbekannte, welches da ist, der Gott ist, dann drücke ich mich weniger glücklich aus; denn da beweise ich nichts, am allerwenigsten ein Dasein, sondern ich entwickle eine Begriffsbestimmung. Überhaupt: beweisen wollen, daß etwas da ist, ist eine schwierige Sache; ja, was noch schlimmer ist für die Mutigen, die sich daran wagen wollen: die Schwierigkeit ist eine solche, daß nicht gerade ein berühmter Name auf den wartet, der sich mit ihr beschäftigt. Die ganze Beweisführung wird beständig etwas

ganz andres, wird eine mehr äußerliche Schlußfolgerung aus dem, – wird was ich schließe aus dem, – daß ich angenommen habe, daß das in Frage Stehende da ist. So schließe ich beständig nicht auf das Dasein, sondern ich schließe aus dem Dasein, mag ich mich nun in der Welt der sinnlichen Handgreiflichkeit bewegen oder in der des Gedankens[96]. Ich beweise somit nicht, daß ein Stein da ist, sondern daß das Etwas, das da ist, ein Stein ist; das Gericht beweist, nicht daß ein Verbrecher da ist, sondern daß der Angeklagte, der ja da ist, ein Verbrecher ist. Mag man nun das Dasein ein accessorium nennen, oder das ewige prius[97], es kann niemals bewiesen werden. Wir wollen uns gut Zeit nehmen; es gibt ja für uns nicht solchermaßen Grund eilig zu sein, wie für die, welche aus Besorgnis für sich selbst, oder für den Gott, oder für etwas andres, eilig damit sein müssen, bewiesen zu haben, daß es da ist. Wenn dem so ist, so ist da allerdings Grund, eilig zu sein, besonders wenn der Betreffende sich recht aufrichtig Rechenschaft gäbe von der Gefahr, daß er selbst oder das in Frage Stehende gar nicht
IV 208 da wäre, bevor er es bewiesen hätte und nicht etwa arglistig den geheimen Gedanken hegte, daß es im Grunde doch da ist, er beweise es nun oder nicht.

Wofern[98+] einer aus Napoleons Taten Napoleons Dasein beweisen wollte, wäre das nicht höchst absonderlich, dieweil sein Dasein wohl seine Taten erklärt, aber seine Taten nicht ‚sein' Dasein beweisen: es sei denn, ich hätte das Wort ‚sein' bereits im voraus so verstanden, daß ich damit angenommen habe, daß er da ist. Jedoch Napoleon ist nur der Einzelne, und insofern findet kein schlechthinniges Verhältnis statt zwischen ihm und seinen Taten, dergestalt daß ja auch ein andrer die gleichen Taten vollbracht haben könnte. Vielleicht kommt es daher, daß ich von den Taten nicht aufs Dasein schließen kann. Nenne ich die Taten Taten Napoleons, so ist der Beweis überflüssig, da ich ihn bereits mit Namen genannt habe; ignoriere ich dies, so kann ich aus den Taten niemals beweisen, daß es Napoleons sind, wohl aber (rein ideell) beweisen, daß solche Taten die eines großen Generals sind usf. Doch zwischen dem Gott und seinen Taten ist ein schlechthinniges Verhältnis: Gott ist nicht ein Name, sondern Begriff; vielleicht kommt es daher, daß „sein Wesen das Dasein einschließt" (essentia involvit existentiam)*[99]. Taten Gottes kann denn also nur der Gott tun; ganz recht, aber welches sind denn des Gottes Taten? Unmittelbar existieren die Taten überhaupt nicht, aus denen ich sein Dasein beweisen will. Oder liegt es vielleicht gerade vor der Nase, die Weisheit in der Natur, die Güte oder Weisheit in der Weltlenkung zu sehen? Begegnen hier nicht die entsetzlichsten Anfechtungen, und ist es nicht unmöglich, mit allen diesen Anfechtungen fertig zu werden? Aber aus einer solchen Ordnung der Dinge werde ich doch nicht Gottes Dasein beweisen, und wenn ich gleich begönne, würde ich nie fertig werden, und müßte zugleich fort und fort in der Schwebe[103] leben, darum daß da plötzlich etwas so Entsetzliches geschehen könnte, daß mein bißchen Beweis verdorben würde. Mithin, was für Taten sind es, aus denen ich es beweise? Es sind die Taten, wie sie ideell betrachtet werden, d. h. so, wie sie sich nicht unmittelbar zeigen. Aber dann beweise ich es ja nicht aus den Taten, sondern ich entwickle lediglich die Idealität, die ich vorausgesetzt habe; im Vertrauen auf *sie* wage ich es sogar allen Einwänden zu trotzen, sogar denen,

IV 209 / IV 210

* So Spinoza, welcher durch Vertiefung in den Gottesbegriff mittels des Gedankens das Sein aus ihm hervorlocken will, jedoch wohl zu merken nicht als eine zufällige Eigenschaft, sondern als Wesens-Bestimmung. Dies ist an Spinoza das Tiefsinnige, aber laßt uns sehen, wie er verfährt. In den Prinzipien der Cartesianischen Philosophie, erster Teil Propositio VII Lemma I sagt er: „Je vollkommener ein Ding von Natur ist, ein desto größeres und notwendigeres Dasein schließt es ein; und umgekehrt, ein je notwendigeres Dasein ein Ding von Natur einschließt, umso vollkommener ist es." („quo res sua natura perfectior est, eo majorem existentiam et magis necessariam involvit; et contra, quo magis necessariam existentiam res sua natura involvit, eo perfectior"). Mithin je vollkommener, desto mehr Sein; je mehr Sein, desto vollkommener. Dies ist indes eine Tautologie. Diese wird noch deutlicher durch eine Anmerkung (Nota II): „Wir sprechen hier nicht von Schönheit und andern Vollkommenheiten, welche die Menschen aus Aberglaube und Unwissenheit haben Vollkommenheiten nennen wollen. Sondern unter Vollkommenheit verstehe ich allein Realität oder Sein." („quod hic non loquimur de pulchritudine et aliis perfectionibus, quas homines ex superstitione et ignorantia perfectiones vocare voluerunt. Sed per perfectionem intelligo tantum realitatem sive esse"). Er erklärt Vollkommenheit (perfectio) mit Realität, Sein (realitas, esse); mithin je vollkommener ein Ding ist, desto mehr *ist* es; aber seine Vollkommenheit ist, daß es mehr Sein (esse) in sich hat, das will also heißen, je mehr es ist, desto mehr ist es. Soviel von der Tautologie, doch nun weiter. Was hier zu vermissen ist, ist eine Begriffsunter- IV 209

die noch nicht ins Dasein getreten sind. Indem ich denn also anfange, habe ich die Idealität vorausgesetzt, und vorausgesetzt, daß es mir gelingen wird, sie zu Ende zu führen; aber was heißt das andres als daß ich es vorausgesetzt habe, daß der Gott da ist, und im Vertrauen auf ihn ist es eigentlich, daß ich anfange.

Und wie kommt nun des Gottes Dasein aus dem Beweise an den Tag? Geschieht das so ganz geradezu? Ist es damit nicht wie mit den bekannten kartesianischen Püppchen?[104] Sobald ich das Püppchen loslasse, stehts auf dem Kopfe. Sobald ich's loslasse: ich muß es also loslassen. So denn auch mit dem Beweise; solange ich am Beweise festhalte (d. i. fortfahre, der Beweisende zu sein), kommt das Dasein nicht an den Tag, wenn nicht aus anderm Grund, dann aus dem, daß ich dabei bin, es zu beweisen; aber indem ich den Beweis loslasse, ist das Dasein da. Jedoch daß ich loslasse, dies ist doch wohl auch etwas, das ist ja meine Zutat[105]; müßte er alsdann nicht auch in Anschlag gebracht werden, dieser

---

scheidung zwischen faktischem Sein und ideellem Sein. Der an und für sich nicht klare Sprachgebrauch, von mehr oder weniger Sein zu sprechen, mithin der Gradunterschied im Sein, wird noch verwirrender, wenn man jene Unterscheidung nicht macht, wenn mit andern Worten[100] Spinoza wohl tiefsinnig redet, aber es unterläßt erst einmal nach der Schwierigkeit zu fragen. In Beziehung auf faktisches Sein ist ein Reden von mehr oder weniger Sein sinnlos. Eine Fliege, wenn sie ist, hat ebensoviel Sein wie der Gott; die dumme Bemerkung, die ich hier schreibe, hat hinsichtlich des faktischen Seins ebensoviel Sein wie Spinozas Tiefsinn, denn hinsichtlich des faktischen Seins gilt die Dialektik Hamlets: Sein oder Nichtsein. Das faktische Sein ist gleichgiltig gegen die Unterschiedlichkeit aller Wesensbestimmungen, und alles, was da ist, hat ohne kleinliche Eifersucht Teil am Sein, und hat gleich sehr Teil daran[101]. Ideell verhält es sich anders, das ist ganz richtig. Jedoch sobald ich ideell von Sein spreche, spreche ich nicht mehr von Sein, sondern vom Wesen. Die höchste Idealität hat das Notwendige, darum ist es. Aber dies Sein ist sein Wesen, vermöge dessen es in den Bestimmungen des faktischen Seins nicht dialektisch werden kann, eben weil es ist; und auch in Beziehung auf etwas andres kann von ihm nicht gesagt werden es habe mehr oder weniger Sein. Dies hat man, wenn schon etwas unvollkommen, in alten Tagen so ausgedrückt: wenn Gott möglich ist, so ist er eben damit notwendig (Leibniz)[102]. Spinozas Satz ist also ganz richtig, und die Tautologie ist in der Ordnung, aber es ist ebenso gewiß, daß er die Schwierigkeit ganz und gar umgeht; denn die Schwierigkeit ist das faktische Sein zu fassen zu bekommen, und die Idealität Gottes hineinzubekommen in das faktische Sein.

kleine Augenblick, wie kurz er auch sei, – lang braucht er ja nicht zu sein, da er ein Sprung ist. Wie klein dies Moment auch sei, wenn es auch in demselben Nu ist: dieses selbe Nu, es muß in Anschlag gebracht werden. Sollte man es vergessen haben, so will ich um zu zeigen, daß es doch da ist, es benutzen um eine kleine Anekdote zu erzählen. Chrysipp machte Experimente um die Aufwärts- und Abwärtsbewegung eines Häufelschlusses (Sorites)[106] in der Qualität zum Stehen zu bringen. Dies konnte Karneades nicht in seinen Kopf bekommen, wann das geschehe, daß die Qualität wirklich zum Vorschein komme. Da sagte Chrysipp zu ihm, man könne beim Zählen einen Augenblick innehalten, und dann, und dann – dann könne man es besser verstehen. Aber Karneades antwortete: Bitte, meinethalben mußt du dich nicht genieren, du kannst nicht bloß innehalten, sondern dich sogar schlafen legen, IV 211 das hilft ebenso viel; wenn du aufwachst, fangen wir wieder an, wo du aufgehört hast. Und so ists ja auch; es hilft ebensowenig, sich von etwas wegschlafen wollen, wie sich zu etwas hinschlafen wollen.

Wer darum Gottes Dasein beweisen will (in irgendeinem andern Sinne, als daß er sich den Gottesbegriff deutlich macht, und ohne den letztlichen Vorbehalt[107], den wir aufgezeigt haben, daß das Dasein selbst hervorgeht aus dem Beweise durch einen Sprung), er beweist mangels dessen etwas andres, etwas, das zuweilen vielleicht nicht einmal eines Beweises bedürfte, und, wie der Fall auch liege, keineswegs etwas Besseres; denn wohl spricht es der Tor in seinem Herzen, es ist kein Gott[108]; wer aber in seinem Herzen oder zu den Menschen sagt: wart nun bloß noch ein Weilchen, so werde ich es beweisen, o, was für ein seltsamer Weiser ist er nicht!* Ist es nicht in dem Augenblicke, da er den Beweis beginnen soll, schlechthin in der Schwebe, ob der Gott da ist oder nicht, so beweist er es ja nicht; und ist es, wenn er anfängt, derart in der Schwebe, so kommt er niemals dazu anzufangen, teils aus Furcht davor es könne nicht glücken, da der Gott vielleicht nicht da ist, und teils weil er nichts hat womit er anfangen kann. – Im Altertum hat man sich schwerlich mit solchen Sachen abgegeben. Sokrates zum mindesten, der ja, wie es heißt, den physikotheologischen Beweis für Gottes Dasein zur Welt gebracht haben soll[110],

* Welch vortrefflicher Gegenstand für die wahnwitzige Komik![109]+

hat sich so nicht benommen. Er setzt beständig voraus, daß der Gott da ist, und unter dieser Voraussetzung sucht er nun die Natur mit dem Gedanken der Zweckmäßigkeit zu durchdringen. Wofern man ihn gefragt hätte, warum er sich so benehme, so würde er wohl erklärt haben, er hätte nicht so viel Mut, um sich auf eine solche Entdeckungsreise wagen zu dürfen, ohne sich zuvor nach rückwärts zu versichern, daß der Gott da sei. Auf das Wort des Gottes wirft er gleichsam das Netz aus, um den Gedanken der Zweckmäßigkeit zu fahen[111]; denn die Natur selber sinnt auf viele Schreckmittel und auf viele Ausflüchte, um zu stören.[112]+

Die paradoxe Leidenschaft des Verstandes stößt sich so denn beständig an diesem Unbekannten, das wohl da ist, aber auch unbekannt, und insofern nicht da ist. Weiter kommt der Verstand nicht, doch kann er es in seiner Paradoxie nicht lassen, herzu zu
IV 212 kommen und sich damit zu beschäftigen; denn sein Verhältnis zu ihm dergestalt ausdrücken wollen, daß jenes Unbekannte nicht da ist, das geht nicht an, dieweil diese Aussage eben ein Verhältnis einschließt. Aber was ist denn dies Unbekannte (denn daß es der Gott ist, bedeutet uns ja nur, daß es das Unbekannte ist)? Damit, daß man darüber sagt, es sei das Unbekannte, da man es nicht kennen könne und, sogar falls man es kennen könnte, es nicht aussagen könnte, wird die Leidenschaft nicht zufrieden gestellt, ob sie gleich das Unbekannte richtig als Grenze aufgefaßt hat; aber Grenze ist eben der Leidenschaft Marter, wenn auch zugleich ihr Anreiz. Und doch kann sie nicht weiter kommen, mag sie nun einen Ausfall via negationis oder via eminentiae wagen.[113]

Was ist denn das Unbekannte? Es ist die Grenze, zu welcher man beständig kommt, und insofern ist es, um die Bestimmung der Bewegung zu vertauschen mit der der Ruhe, das Verschiedene, das schlechthin Verschiedene. Aber das ist das schlechthin Verschiedene: wofür man kein Kennzeichen hat. Als das Schlechthin-Verschiedene bestimmt scheint es in Begriff zu sein offenbart zu werden; aber dem ist nicht so; denn die schlechthinnige Verschiedenheit kann der Verstand nicht einmal denken; denn schlechthin kann er sich selbst nicht verneinen, sondern er benützt sich selber dabei und denkt mithin die Verschiedenheit an sich selbst, die er mit sich selbst denkt; und schlechthin kann er nicht über sich selbst hinausgehen und denkt darum nur die Erhabenheit über sich selbst hinaus, die er mit sich selbst denkt. Wofern denn also das Unbekannte (der Gott) nicht bloß Grenze bleibt, so verwirrt sich der eine Gedanke über das Verschiedene durch die vielen Gedanken über das Verschiedene. Das Unbekannte ist alsdann in einer Zersplitterung, einer διασπορᾷ[114], und der Verstand hat eine Auswahl nach Gefallen unter dem was zur Hand ist und was die Einbildung ersinnen mag (das Ungeheure, das Lächerliche usw. usw.).

Aber diese Verschiedenheit läßt sich nicht greifen. Jedesmal, wenn es geschieht, ist es im Grunde Willkür[115], und zutiefst in der Gottesfurcht lauert auf wahnwitzige Weise die launenhafte Willkür, welche weiß, daß sie selbst den Gott hervorgebracht hat.
Läßt nun die Verschiedenheit sich nicht greifen, weil es kein IV 213
Kennzeichen gibt, so geht es mit der Verschiedenheit und der Gleichheit wie mit allen solchen dialektischen Gegensätzen: sie sind identisch. Die Verschiedenheit, die dem Verstande untrennlich anhängt, hat diesen verwirrt, so daß er sich selbst nicht kennt und ganz folgerichtig sich selbst mit der Verschiedenheit verwechselt. In Hinsicht auf phantastische Erfindung ist das Heidentum reich genug gewesen; was die zuletzt hervorgehobene Annahme, die das sich selber Ironisieren des Verstandes ist, anlangt, so will ich sie bloß mit ein paar Zügen herausstreichen, ohne Rücksicht darauf, ob sie geschichtlich wirklich geworden ist oder nicht. Da lebt denn ein einzelner Mensch, er sieht ganz aus wie andre Menschen, wächst auf ganz wie andre Menschen, verheiratet sich, hat einen Lebenserwerb, ist bedacht auf sein Auskommen für den morgigen Tag, wie das sich für einen Menschen gehört; denn es mag ja recht schön sein, leben zu wollen wie die Vögel unter dem Himmel, aber es ist unzulässig und kann ja auf das Traurigste enden, entweder, wenn man Ausdauer dabei hat, so, daß man umkommt vor Hunger, oder so, daß man von dem Geld und Gut andrer lebt. Dieser Mensch ist zugleich der Gott. Woher weiß ich das? Ja, wissen kann ich es nicht, denn dann müßte ich den Gott und die Verschiedenheit kennen; und die Verschiedenheit kenne ich nicht, dieweil der Verstand sie dem gleich gemacht hat, davon sie verschieden ist. Dergestalt ist der

Gott der entsetzlichste Betrüger geworden, dadurch, daß der Verstand sich selbst betrogen hat. Der Verstand hat den Gott so nahe als es möglich ist bekommen, und doch ebenso fern.

* * *

Vielleicht sagt nun einer: ‚Du bist ein Grillenfänger, das weiß ich recht gut, aber du glaubst denn wohl selber nicht, daß es mir einfallen könnte, mich um solch eine Grille zu kümmern, die so absonderlich oder so lächerlich ist, daß sie wohl noch niemand eingefallen ist, und vor allem so ungereimt ist, daß ich alles, was ich in meinem Bewußtsein habe, aus ihm ausstreichen müßte, um auf so etwas zu denken.' Allerdings mußt du das tun; aber ist es denn auch verantwortlich, alle die Voraussetzungen behalten zu wollen, die du in deinem Bewußtsein hast, und dann meinen zu wollen, du dächtest voraussetzungslos über dein Bewußtsein? Du leugnest doch wohl nicht die Folge aus dem Entwickelten, daß der Verstand, indem er das Unbekannte als das Verschiedene bestimmt, zuletzt irre geht und die Verschiedenheit mit der IV 214 Gleichheit verwechselt? Aber daraus scheint etwas andres zu folgen: daß nämlich der Mensch, falls er in Wahrheit etwas über das Unbekannte (den Gott) zu wissen bekommen[116] soll, zuerst zu wissen bekommen muß, daß es verschieden von ihm ist, schlechthin verschieden von ihm. Aus sich selbst kann der Verstand dies nicht zu wissen bekommen (da es ein Selbstwiderspruch ist, wie wir gesehen); soll er es zu wissen bekommen, so muß er es von dem Gotte zu wissen bekommen, und bekommt er es zu wissen, kann er wiederum es nicht verstehen und vermag mithin nicht, es zu wissen zu bekommen; denn wie sollte er verstehen das Schlechthin-Verschiedene? Ist dies nicht ohne weiteres deutlich, so wird es deutlicher an dem Folgesatz; denn ist der Gott schlechthin verschieden vom Menschen, so ist der Mensch schlechthin verschieden von dem Gotte, aber wie sollte der Verstand dies fassen? Hier scheinen wir vor einem Paradox zu stehen. Um auch nur zu wissen zu bekommen, daß der Gott das Verschiedene ist, braucht der Mensch den Gott und bekommt nun zu wissen, daß der Gott schlechthin verschieden ist von ihm. Aber soll der Gott schlechthin verschieden sein vom Menschen, so kann das seinen Grund nicht in dem haben, was der Mensch dem Gotte verdankt (denn insofern ist er ja mit ihm verwandt), sondern in dem was er sich selbst verdankt oder was er selbst verschuldet hat. Welches ist nun der Unterschied? Ja, was anders als die Sünde, sintemal der Unterschied, der schlechthinnige, vom Menschen selbst verschuldet sein soll. Dies haben wir im Vorhergehenden so ausgedrückt: der Mensch sei die Unwahrheit und sei es durch eigne Schuld; und wir wurden im Scherz, aber doch zum Ernste darüber einig, es sei zuviel, von einem Menschen zu verlangen, daß er dies aus sich selbst entdecken solle. Jetzt haben wir wieder das Gleiche gefunden. Der Menschenkenner wurde beinahe irre an sich selber, als er sich an dem Verschiedenen stieß; er wußte bald nicht mehr, ob er ein absonderlicheres Ungeheuer sei als Typhon oder ob da etwas Göttliches in ihm sei. Was fehlte ihm also? Das Sündenbewußtsein, welches freilich er ebensowenig einen andern Menschen lehren konnte wie ein andrer Mensch ihn, sondern der Gott allein – falls er Lehrer sein wollte. Aber das wollte der Gott ja, so wie wir es gedichtet haben, und wollte, um es zu sein, dem Einzelnen gleich sein, damit dieser ihn ganz verstehen könne. So wird das Paradox noch furchtbarer, oder ebendasselbe Paradox hat die Doppelheit an sich, durch die es sich als das unbedingte erweist, im Nein dadurch, daß es die schlechthinnige Verschiedenheit der Sünde an den Tag bringt, im Ja[117] dadurch, daß es diese schlechthinnige Verschiedenheit in der schlechthinnigen Gleichheit aufheben will.

Läßt nun ein solches Paradox sich denken? Wir wollen uns nicht übereilen, und wo der Streit geht um Beantwortung einer Frage, da wird ja nicht wie auf der Rennbahn gestritten, und da ist es nicht die Fixigkeit, sondern die Richtigkeit, welche siegt. Der Verstand denkt es wohl nicht, selbst kann er auf es nicht verfallen,
und wenn es verkündigt wird, kann er es nicht verstehen und IV 215
spürt lediglich, daß es noch sein Untergang werden wird. Insofern hat denn der Verstand viel gegen es einzuwenden, und doch, auf der andern Seite will ja der Verstand in seiner paradoxen Leidenschaft seinen eignen Untergang. Aber dieser Untergang des Verstandes ist ja das, was auch das Paradox will, und so sind sie ja doch im Verständnis miteinander; aber dies Verständnis ist nur vorhanden im Augenblick der Leidenschaft. Laßt uns das Liebesverhältnis betrachten, wenn es gleich nur ein unvollkommenes Bild

ist. Die Selbstliebe liegt zu Grunde in der Liebe, aber deren paradoxe Leidenschaft will auf dem Gipfel eben ihren eigenen Untergang. Dies will die Liebe auch, und dergestalt sind diese zwei Mächte ja im Verständnis miteinander in der Leidenschaft des Augenblicks, und diese Leidenschaft ist eben Liebesleidenschaft. Warum sollte nun der Liebende dies nicht denken können, wenn gleich der, welcher sich in Selbstliebe wider die Liebesleidenschaft sträubt, es weder fassen kann noch sich daran wagen mag, da es ja der Untergang ist. So mit der Liebe Leidenschaft. Wohl ist die Selbstliebe zugrunde gegangen, aber trotzdem ist sie nicht zunichte gemacht, sondern gefangen genommen, und ist der Liebe edelste Beute, aber sie kann wieder zum Leben kommen, und das wird der Liebe Anfechtung. So auch mit dem Verhältnis des Paradox zum Verstande, nur daß diese Leidenschaft einen andern Namen hat, oder richtiger: nur daß wir sehen müssen, einen Namen für sie zu finden.

Beilage

DAS ÄRGERNIS AM PARADOX

(Eine Gehörstäuschung)

Wofern das Paradox und der Verstand aufeinander stoßen im gemeinsamen Verständnis ihrer Verschiedenheit, so ist der Zusam-
IV 216 menstoß glücklich wie das Liebesverständnis, glücklich in der Leidenschaft, der wir annoch keinen Namen gegeben, und erst späterhin einen Namen geben werden. Geschieht der Zusammenstoß nicht im Verständnis, so ist das Verhältnis unglücklich, und diese, wenn ich so sagen darf, unglückliche Liebe des Verstandes (welche, wohl zu merken, nur jener unglücklichen Liebe gleich ist, die allein in mißverstandner Selbstliebe ihren Grund hat, weiter erstreckt sich die Entsprechung nicht, da des Zufalls Macht hier nichts vermag) könnten wir bestimmter Ärgernis nennen.

Alles Ärgernis nun ist im tiefsten Grunde leidend.* Es ist hier

* Unsre Sprache nennt den Affekt richtig ein Seelenleiden; indessen wir, wo wir das Wort Affekt brauchen, oft vornehmlich an die krampfhafte Kühnheit denken, die verblüfft, und darüber vergessen, daß es sich um ein Leiden handelt. So z. B. bei Hochmut, Trotz usw.

wie mit jener unglücklichen Liebe; sogar dann wenn die Selbstliebe (und scheint es nicht bereits ein Widerspruch, daß Liebe zu sich selbst Leiden ist?) sich kund macht in der tollkühnsten Handlung, in verblüffendem Tun, sie ist leidend, sie ist verwundet, und der Schmerz der Wunde erzeugt diese scheinhafte Kraftäußerung, welche wie Handeln aussieht und leicht täuschen kann, vor allem weil die Selbstliebe dies mehr als alles andre versteckt. Sogar dann, wenn sie den Gegenstand der Liebe hinunterstößt, sogar dann wenn sie selbstquälerisch sich zu verhärteter Gleichgiltigkeit erzieht, und sich selbst peinigt um Gleichgiltigkeit zu erzeigen, sogar dann, sogar dann wenn sie sich einem siegjauchzenden Leichtsinn ergibt darüber daß es gelingt (diese Gestalt täuscht am meisten), sogar dann ist sie leidend. So auch mit dem Ärgernis; es mag sich ausdrücken wie es wolle, und ob es gleich frohlockend den Triumph der Gleichgiltigkeit feire, es ist allezeit leidend, möge der Ärgernis Nehmende zerknirscht dasitzen und nahezu bettlergleich auf das Paradox starren, in seinem Leiden zu Stein werdend, oder möge er sich wappnen mit Hohn, und mit dem Pfeil des Witzes zu zielen wissen sogar wie von ferne – er ist dennoch leidend und hat nicht die Ferne; möge das Ärgernis kommen und dem Ärgernis Nehmenden den letzten Tropfen Trost und Freude stehlen, oder ihn stark machen – das Ärgernis ist dennoch leidend; es hat mit dem Stärkeren gestritten, und mit seiner Kraft ist es ebenso bestellt wie im Leiblichen mit der dessen, dem der Rücken gebrochen ist, was ja eine eigentümliche Art von Geschmeidigkeit verleiht.

Mittlerweile können wir gut und gern zwischen dem leidenden und dem handelnden Ärgernis unterscheiden, ohne indes zu vergessen: das leidende ist stets soweit handelnd, daß es nicht ganz
und gar es mag, sich zunichtemachen zu lassen (denn Ärgernis ist IV 217
immer eine Handlung, nicht eine Begebenheit), und das handelnde ist stets so schwach, daß es nicht vermag, sich von dem Kreuze loszureißen, an das es genagelt ist, oder den Pfeil herauszureißen, durch den es verwundet ist.*

* Der Sprachgebrauch zeigt es seinerseits, daß alles Ärgernis leidend ist. Man sagt „geärgert sein", was beinahe nichts als das Zuständliche ausdrückt, jedoch man braucht als gleichsinnig damit auch „Ärgernis n e h m e n" (Einheit von handelnd sein und leidend sein). Griechisch

Jedoch eben weil das Ärgernis dergestalt leidend ist, gehört die Entdeckung, wenn man so sagen will, nicht dem Verstande, sondern dem Paradox; denn so wie die Wahrheit das Kennzeichen ihrer selbst und des Verkehrten (index sui et falsi)[119] ist, so ist es auch das Paradox, und das Ärgernis versteht nicht sich selber*, sondern wird verstanden vom Paradox. Während daher das Ärgernis, wie es auch sich ausdrücken möge, von andrer Stelle her laut wird, ja vom entgegengesetzten Rande her, bleibt es dennoch das Paradox, das in ihm widerhallt, und dies ist allerdings eine Gehörstäuschung. Ist aber das Paradox Kennzeichen und Richter seiner selbst und des Verkehrten (index et judex sui et falsi), so darf das Ärgernis betrachtet werden als mittelbare Probe auf die Richtigkeit des Paradoxes; denn das Ärgernis ist die verkehrte Berechnung, ist die Folge der Unwahrheit, dadurch das Paradox von sich abstößt. Der Ärgernis Nehmende spricht nicht aus seinem Eignen[121], er spricht aus dem was des Paradoxes ist, ebenso wie der, welcher Zerrbilder zeichnet, nicht selber etwas erfindet, sondern lediglich in der Verkehrung einen andern nachbildet. Je tiefere Leidenschaft der Ausdruck des Ärgernisses hat (es sei im Handeln oder im Leiden), umso mehr zeigt es sich, wie viel das Ärgernis dem Paradox verdankt. Das Ärgernis ist also nicht die Erfindung des Verstandes, weit davon; denn alsdann hätte der Verstand auch das Paradox erfinden können müssen; nein, mit dem Ärger-
IV 218 nis entsteht das Paradox; ja, entsteht es, hier haben wir wiederum den Augenblick, worum sich ja alles dreht. Laß uns kurz wiederholen. Wofern wir den Augenblick nicht annehmen, kehren wir zu Sokrates zurück, und ihn wollten wir ja gerade verlassen um etwas zu entdecken. Wird der Augenblick gesetzt, so ist das Paradox da; denn in seiner am stärksten abgekürzten Gestalt kann man das Paradox den Augenblick nennen; vermöge des Au-

---

heißt es: *σκανδαλίζεσθαι*. Dies Wort kommt von *σκάνδαλον* (Anstoß) und bedeutet somit Anstoß nehmen. Hier zeigt sich zugleich deutlich die Richtung; das Ärgernis stößt nicht an, sondern nimmt den Anstoß, ist mithin leidentlich, wiewohl soweit tätig, daß es selbst nimmt. Daher hat der Verstand das Ärgernis nicht selbst erfunden; denn das paradoxe sich Stoßen, welches der für sich allein bleibende Verstand erzeugt[118], entdeckt weder das Paradox noch das Ärgernis.

* Somit ist der sokratische Satz richtig, daß alle Sünde Unwissenheit sei[120]; sie versteht sich nicht in der Wahrheit; aber daraus folgt nicht, daß sie ja recht gut sich selbst in der Unwahrheit wollen kann.

genblicks wird der Lernende die Unwahrheit; der Mensch, der sich selber gekannt hat, wird ratlos betreffs seiner selbst, und erhält anstelle von Selbsterkenntnis Sündenbewußtsein usw.; denn sobald nur wir den Augenblick setzen, geht alles von selbst.

Psychologisch betrachtet wird nun das Ärgernis höchst mannigfaltige Abstufungen zeigen innerhalb der Bestimmungen des mehr Tätigen und des mehr Leidentlichen. Auf eine Schilderung hiervon einzugehen, entspricht nicht dem Zweck gegenwärtiger Überlegung; dahingegen ist es von Wichtigkeit festzuhalten, daß alles Ärgernis nach seinem Wesen ein Mißverstehen des Augenblicks ist, denn es ist ja Ärgernis am Paradox, und das Paradox wiederum ist der Augenblick.

Die Dialektik des Augenblicks ist nicht schwierig. Sokratisch gesehen ist er nicht zu sehen oder zu unterscheiden, er ist nicht da, ist nicht gewesen, wird nicht kommen; dafür ist ja der Lernende selbst die Wahrheit, und der Augenblick der Veranlassung ist nur ein Spiel, einem Zwischentitel gleich, der wesentlich nicht mit zum Buche gehört; und der Augenblick der Entscheidung ist eine Torheit[122]; denn soll die Entscheidung gesetzt werden, so (vgl. das Vorhergehende) wird der Lernende zur Unwahrheit, jedoch eben dies macht ein Beginnen in dem Augenblick notwendig. Der Ausdruck Ärgernis ist, daß der Augenblick Torheit ist, das Paradox Torheit ist; welches der Anspruch des Paradoxes darauf ist daß der Verstand das Absurde sei, nun jedoch vermöge eines Widerhalls aus dem Ärgernis herausschallt. Oder der Augenblick soll beständig kommen, man sieht sich die Sache an, und der Augenblick soll das Ansehnliche sein; da aber das Paradox den Verstand zu dem Absurden gemacht hat, so ist die Ansehnlichkeit des Verstandes kein Kennzeichen.

Das Ärgernis bleibt somit außerhalb des Paradoxes, und der Grund ist: „weil es absurd ist" (quia absurdum)[123]. Jedoch der Verstand hat das nicht entdeckt, es ist vielmehr das Paradox, welches dies entdeckt hat, und nun dem Ärgernis Zeugnis abnimmt. Der Verstand sagt, das Paradox sei das Absurde, doch dies ist nur eine verzerrte Abbildung, denn das Paradox ist ja das Paradox, „weil es absurd ist" (quia absurdum). Das Ärgernis bleibt außerhalb des Paradoxes und behält die Wahrscheinlichkeit, indessen das Paradox das ganz Unwahrscheinliche ist. Es ist wiederum nicht der Verstand, der dies entdeckt, er plappert vielmehr nur dem Paradox nach, wie wunderlich es auch scheinen möge; denn das Paradox sagt es selbst[124]: „Komödien und Romane und Lügen müssen wahrscheinlich sein; aber wie sollte ich wohl wahrscheinlich sein?" Das Ärgernis bleibt außerhalb des Paradoxes, was Wunder, da das Paradox das Wunder ist? Dies hat der Verstand nicht entdeckt, im Gegenteil, es ist das Paradox welches dem Verstande den Platz auf dem Verwunderungsstuhl anweist und ihm erwidert: nun worüber wunderst du dich, es ist gerade wie du sagst, und das Wunderliche ist, daß du glaubst, es sei ein Einwand; jedoch „die Wahrheit in eines Heuchlers Munde ist mir lieber als wenn ich sie von einem Engel hörte oder einem Apostel"[125]. Wenn der Verstand um seiner Herrlichkeit willen sich brüstet, im Vergleich mit dem Paradox, welches das Erbärmlichste und Verächtlichste sei, so hat der Verstand das nicht erfunden, sondern das Paradox selbst ist der Erfinder, der dem Verstande alles überläßt was glänzt, sogar die „glänzenden Laster" (vitia splendida)[126]. Wenn der Verstand sich des Paradoxes erbarmen will und ihm zu einer Erklärung verhelfen, so findet sich das Paradox wohl nicht darein, findet es aber in der Ordnung, daß der Verstand das tut; denn „sind unsre Philosophen nicht dazu da, die übernatürlichen Dinge alltäglich und trivial zu machen"[127]? Wenn der Verstand das Paradox nicht in seinen Kopf bekommen kann, so hat der Verstand dies nicht erfunden, sondern das Paradox selbst, welches paradox genug dazu gewesen ist ohne alle Scheu den Verstand für einen „Klotz und Stein"[128] zu erklären, der zuhöchst „Ja und Nein" zur gleichen Sache sagen kann, was „keine gute Theologie" ist[129]. So ist es mit dem Ärgernis. Alles was es über das Paradox spricht, hat es von diesem gelernt, ob es gleich selbst es erfunden haben will, indem es sich eine Gehörstäuschung zunutze macht.

* *
*

Doch nun sagt vielleicht einer: „Es ist wirklich langweilig mit dir; denn da haben wir wieder die gleiche Geschichte, alle die Äußerungen, die du dem Paradox in den Mund legst, gehören dir gar nicht." – „Wie sollten sie mir gehören, sie gehören ja dem Paradox." – „Du kannst dir deine Sophisterei sparen, du verstehst

schon was ich meine, jene Äußerungen gehören nicht dir, sondern
sind allbekannt und jedermann weiß, wem sie gehören." – „O,
Lieber, was du da sagst, verdrießt mich nicht, wie du vielleicht
glaubst, nein es macht mir außerordentliches Vergnügen; denn ich
gestehe es, es grauste mir, wie ich sie niederschrieb, ich erkannte
mich selbst nicht wieder, daß ich, der ich sonst recht ängstlich und
furchtsam bin, mich getraute so etwas zu sagen. Jedoch wofern die IV 220
Äußerungen nicht von mir sind, möchtest du dann nicht sagen,
wem sie gehören?" – „Nichts ist leichter. Die erste ist von Tertullian, die zweite von Hamann, die dritte von Hamann, die vierte
von Lactanz und oft wiederholt, die fünfte von Shakespeare in
einer Komödie, welche ‚Ende gut alles gut' heißt, 2. Akt, 5. Szene,
die sechste von Luther, die siebente ist eine Erwiderung von
König Lear. Du siehst, ich weiß Bescheid, und weiß dich mit dem
Diebessack zu fassen." – „Ei, freilich sehe ich das; aber sage mir
bitte nun, ob nicht alle diese Männer vom Verhältnis eines Paradoxen zum Ärgernis gesprochen haben, und merke darauf bitte,
daß sie ja nicht die gewesen sind welche sich ärgerten, sondern
eben die, welche am Paradox festhielten, und dennoch reden sie
als wären sie solche die sich geärgert hätten, und das Ärgernis
kann keinen Ausdruck erfinden, der bezeichnender wäre. Ist es
nicht sonderbar, daß das Paradox dergestalt dem Ärgernis gleichsam das Brot vor dem Munde wegnimmt und es zu einer brotlosen
Kunst macht, die für ihre Bemühung schlechterdings keinen Lohn
hat, und ebenso schnurrig ist, wie wenn ein Opponent in der Zerstreutheit den Urheber der Thesen nicht angriffe, sondern verteidigte. Scheint dir dies nicht so? *Ein* Verdienst jedoch bleibt
dem Ärgernis, daß es die Verschiedenheit deutlicher aufzeigt;
denn in jener glücklichen Leidenschaft, der wir noch keinen
Namen gegeben, ist ja die Verschiedenheit in gutem Einverständnis mit dem Verstand. Es gehört Verschiedenheit dazu um in
einem Dritten eins zu werden; aber die Verschiedenheit war eben
die, daß der Verstand sich aufgab, und daß das Paradox sich hingab („halb zog sie ihn, halb sank er hin"[130]), und das Verständnis
liegt in jener glücklichen Leidenschaft, die ihren Namen schon IV 221
noch bekommen wird, und dies letzte ist ja das Geringste an der
Sache, ob auch mein Glück keinen Namen hat – wenn ich nur
glücklich bin, mehr begehre ich nicht."

Viertes Kapitel

DAS VERHÄLTNIS DES GLEICHZEITIGEN JÜNGERS

So ist denn also der Gott als Lehrer hervorgetreten (denn nunmehr führen wir unsre Dichtung fort)[131+]; er hat die Knechtsgestalt angenommen; denn an seiner Statt einen andern zu senden, einen Hochbetrauten, könnte ihn nicht befriedigen, ebenso wenig wie es jenen edlen König befriedigen könnte, an seiner Statt den höchstbetrauten Mann in seinem Reiche zu senden. Jedoch der Gott hatte zugleich noch einen andern Grund; denn zwischen Mensch und Mensch ist ja das sokratische Verhältnis das Höchste, das Wahrste. Mithin wofern der Gott nicht selbst käme, bliebe alles sokratisch, wir bekämen nicht den Augenblick und sähen das Paradox uns entgleiten. Des Gottes Knechtsgestalt ist mittlerweile nicht umgehängt sondern wirklich, ist kein vorgespiegelter Leib, sondern ein wirklicher, und von der Stunde an, da er durch den allmächtigen Ratschluß seiner allmächtigen Liebe Knecht ward, hat der Gott sich sozusagen selbst in seinem Entschluß gefangen, und muß nun dabei bleiben (auf daß wir törlich reden) er wolle nun oder er wolle nicht. Er kann denn also nicht selbst sich verraten; er hat nicht, wie jener edle König, die Möglichkeit, plötzlich zu zeigen, daß er dennoch der König ist, und allerdings dies ist am Könige keineswegs eine Vollkommenheit (daß er diese Möglichkeit hat), sondern zeigt lediglich seine Ohnmacht und seines Entschlusses Ohnmacht, daß er in Wirklichkeit nicht vermag das zu werden was er gewollt. Indessen also der Gott keinen an seiner Statt wird senden können, vermöchte er es sehr wohl einen voraus zu senden, damit der den Lernenden aufmerksam mache. Dieser Vorläufer kann natürlich nichts davon wissen, was der Gott lehren wird; denn die Gegenwart des Gottes ist ja im Verhältnis zu
IV 222 seiner Lehre nicht das Zufällige, sondern das Wesentliche, und die Gegenwart des Gottes in Menschengestalt, ja in geringer Knechtsgestalt, ist ja gerade die Lehre, und der Gott muß ja selbst die Bedingung mitgeben (vgl. Kapitel I), ansonst kann der Lernende schlechterdings nichts verstehen. Durch solch einen Vorläufer kann also der Lernende aufmerksam werden, mehr aber auch nicht.

Jedoch der Gott nahm die Knechtsgestalt nicht auf sich um mit den Menschen seinen Spott zu treiben; seine Absicht kann also nicht sein auf die Art durch die Welt zu gehen, daß kein einziger Mensch es zu wissen bekäme. Er wird also freilich etwas über sich zu verstehen geben, obzwar keinerlei sich anbequemendes Verständlichmachen dem wesentlich hilft, welcher die Bedingung nicht empfängt, weshalb es denn auch dem Gotte nur wider Willen abgenötigt wird, und somit den Lernenden ebenso gut fern halten wie näher heranziehen kann. Er erniedrigte sich selbst und nahm Knechtsgestalt an, aber er ist ja nicht gekommen um als Knecht in eines einzelnen Manns Dienste zu leben, seine Arbeit verrichtend ohne bei seinem Herrn oder seinen Mitknechten etwas darüber verlauten zu lassen, wer er sei; solch eine Bosheit dürften wir ja dem Gotte nicht beilegen. Daß er in der Knechtsgestalt war, will denn also bloß heißen, er war ein geringer Mensch, war der geringe Mann, der weder durch weiche Kleider[132] noch durch andre irdische Vorzüge sich vor der Mehrzahl der Menschen auszeichnete, war nicht von andern Menschen zu unterscheiden, auch nicht in den Augen der unzähligen Legionen von Engeln, die er hinter sich ließ, als er sich selbst erniedrigte. Ob er aber gleich der geringe Mann wäre, werden seine Sorgen dennoch nicht denen gleich sein welche die Menschen gemeiniglich haben; er wird seines Weges wohl gehen, ohne Sorge darum, irdisch Gut zu tauschen und teilen wie der es ist, dem nichts gehört und der nichts begehrt, ohne Sorge um seine Nahrung, wie der Vogel unter dem Himmel es ist, ohne Sorge um Haus und Heim, wie der es ist, der eine Zuflucht, ein Nest nicht besitzt und nicht sucht; ohne Sorge darum den Toten irdisch Geleit zu geben, ohne das Haupt zu wenden nach dem, was sonst menschliche Aufmerksamkeit auf sich zieht, nicht gebunden an irgendein Weib, von ihr gefangen um ihr zu gefallen, vielmehr nichts suchend als die Liebe des Jüngers[133]. Alles dies erscheint freilich schön, indes ist es denn auch gehörig; erhebt er sich dadurch nicht über das was sonst für die Menschen gilt; denn ist es recht daß ein Mensch sorglos sei wie der Vogel und nicht einmal wie der hierhin und dorthin fliegt nach dem Futter, da er doch sogar bedacht sein sollte auf den morgenden Tag? Den Gott anders dichten können wir nicht, aber was beweist eine IV 223
Dichtung; ist es zulässig derart unstet umherzustreichen und ein-

zukehren, wo der Abend kommt? Die Frage ist ja, darf ein Mensch dergleichen ausdrücken, denn sonst hat der Gott das Menschliche nicht verwirklicht. Ja falls er es vermag, darf er es auch tun; wenn er sich derart in des Geistes Dienst verlieren kann, daß es ihm nie einfiele um Essen und Trinken zu sorgen, wenn er sicher ist, der Mangel werde ihn nicht zerstreuen, die Not werde ihm seinen Leib nicht betäuben, und ihn bereuen lassen, daß er nicht erst die Kinderlehre verstanden, ehe er mehr verstehen wollte, ja dann darf er es wahrlich auch, und seine Größe ist herrlicher als der Lilie stille Sicherheit[134].

Schon mit dieser erhabenen Verlorenheit an sein Werk wird der Lehrer also die Aufmerksamkeit der Menge auf sich ziehen, und unter der Menge wiederum wird wohl der Lernende sich finden, und so einer wird wohl wiederum zunächst dem niederen Teil des Volkes zugehören; denn die Weisen und Gelehrten werden ihm wohl vorerst spitzfindige Fragen vorlegen, ihn zu Kolloquien laden, oder einer Prüfung unterwerfen, und ihm dann wiederum eine feste Stellung und einen Unterhalt sichern.

So lassen wir denn den Gott umhergehen in der Stadt, in welcher er aufgetreten ist (welche das ist, ist gleichgiltig); allein die Verkündigung seiner Lehre ist ihm seine eine Lebensnotwendigkeit, ist ihm seine Speise, sein Trank[135]; die Menschen lehren ist seine Arbeit und um die Lernenden sich kümmern ist ihm Ruhe von seiner Arbeit; Freunde hat er nicht und auch keine Verwandtschaft, sondern der Lernende ist ihm Bruder und Schwester[136]. Es läßt sich nun leicht erklären, daß sich alsbald ein Gerücht zusammenwebt, welches die neugierige Menge in seinem Netze fängt. Überall wo der Lehrer sich zeigt, schart sich der Haufe um ihn, neugierig ihn zu sehen, neugierig ihn zu hören, begierig andern erzählen zu können, sie hätten ihn gehört und gesehen. Ist diese neugierige Menge der Lernende? Keinewegs. Oder falls ein einzelner von den wohlbestallten Lehrmeistern jener Stadt heimlich zu dem Gotte käme[137], um im Streit der Rede die Kraft mit ihm zu messen, ist dies der Lernende? Keineswegs; falls der Haufe oder jener Lehrmeister etwas l e r n t, so ist der Gott lediglich, in rein sokratischem Sinne, die Veranlassung.

Das Auftreten des Gottes ist nun die Tagesneuigkeit auf dem Markte, in den Häusern, in der Ratsversammlung, im Palast des

Herrschers, ist Veranlassung zu mancher törichten und müßigen Rede, vielleicht auch Veranlassung zu ernstlichem Nachdenken – aber für den Lernenden ist die Tagesneuigkeit keine Veranlassung zu etwas anderm, auch keine Veranlassung dazu, mit sokratischer IV 224
Redlichkeit sich in sich selbst zu vertiefen, nein, sie ist das Ewige, ist der Ewigkeit Anfang. Des Tages Neuigkeit ist der Ewigkeit Anfang! – hätte der Gott sich in einer Herberge gebären lassen, in Lumpen sich wickeln, in eine Krippe sich legen lassen, ist dann der Widerspruch größer als wenn des Tages Neuigkeit des Ewigen Windel ist, ja so wie in dem angenommenen Falle dessen wirkliche Gestalt, in der Art daß der A u g e n b l i c k wirklich die Entscheidung der Ewigkeit ist! Wofern der Gott nicht die Bedingung mitgibt um es zu verstehen, wie sollte dann der Lernende darauf verfallen; aber dies daß der Gott selbst die Bedingung mitgibt, haben wir ja im Vorhergehenden entwickelt als das was aus dem A u g e n b l i c k folgt, und gezeigt, daß der Augenblick das Paradox ist, und daß wir ohne dieses nicht weiter kommen, sondern zurück zu Sokrates.

Wir wollen sofort hier darauf achtgeben, daß es deutlich werde, daß auch für den gleichzeitigen Jünger es die Frage nach einem geschichtlichen Ausgangspunkt gibt; denn geben wir hier nicht acht, so wird die Schwierigkeit unübersteiglich an einer späteren Stelle (Kap. V), wenn von dem Verhältnis desjenigen Jüngers gehandelt wird, den wir den Jünger zweiter Hand nennen. Einen geschichtlichen Ausgangspunkt für sein ewiges Bewußtsein erhält ja auch der Gleichzeitige; denn er ist ja eben gleichzeitig mit dem Geschichtlichen, welches nicht der Augenblick der Veranlassung sein will, und dies Geschichtliche will ihn auf andre Art interessieren als bloß historisch, will ihm Bedingung seiner ewigen Seligkeit sein, ja, (laßt uns die Folgen in umgekehrter Richtung ziehen), ist dem nicht so, so ist jener Lehrer nicht der Gott, sondern bloß ein Sokrates, welcher, wo er sich nicht wie Sokrates benimmt, noch nicht einmal ein Sokrates ist.

Wie kommt nun der Lernende zum Einverständnis mit diesem Paradox, denn wir sagen nicht, er solle das Paradox verstehen, sondern nur er solle verstehen, daß dies das Paradox ist? Wie dies geschieht, haben wir bereits gezeigt, es geschieht, wenn der Verstand und das Paradox in dem Augenblick glücklich aufeinander stoßen, wenn der Verstand sich selbst beiseite schafft und das Paradox sich selbst hingibt; und das Dritte, in welchem es geschieht (denn es geschieht ja nicht durch den Verstand, welcher verabschiedet ist, auch nicht durch das Paradox, welches sich hingibt, – mithin *in* etwas), ist jene glückliche Leidenschaft, der wir nunmehr einen Namen geben wollen, wenn es uns eben auch nicht auf den Namen ankommt. Wir wollen sie *Glaube* nennen. Diese Leidenschaft muß denn wohl jene besprochene Bedingung sein, welche das Paradox mitgibt. Laßt uns dies nicht vergessen: wofern das Paradox die Bedingung nicht mitgibt, ist der Lernende in ihrem Besitz; aber ist er im Besitz der Bedingung, so ist er ja eben damit selbst die Wahrheit, und der Augenblick nur der der Veranlassung (vgl. Kapitel I).

IV 225 Der gleichzeitige Lernende hat es nun leicht genug jegliche geschichtliche Aufklärung zu erhalten. Laßt uns jedoch nicht vergessen, daß er hinsichtlich der Geburt des Gottes dennoch in der gleichen Lage sein wird, wie der Jünger zweiter Hand, dergestalt, daß wo wir die unbedingte Genauigkeit des historischen Wissens scharf geltend machen wollen, nur ein einziger Mensch vollständig unterrichtet sein wird, nämlich das Weib, von dem er sich gebären ließ. Geschichtlicher Augenzeuge zu werden, damit also hat es der Lernende leicht, das Unglück ist indes, daß das Wissen von einem geschichtlichen Umstande, ja das Wissen von ihnen allen mit der Verläßlichkeit des Augenzeugen, keineswegs den Augenzeugen zum Jünger macht, was man ja daraus ersehen kann, daß dies Wissen für ihn nichts andres bedeutet als die historische Tatsache[138]. Hier zeigt sich sogleich, daß das im konkreteren Sinne Geschichtliche gleichgiltig ist; wir können in Beziehung darauf die Unwissenheit eintreten lassen und die Unwissenheit gleichsam ein Stück nach dem andern zunichtemachen lassen, geschichtlich das Geschichtliche zunichtemachen lassen; falls nur der Augenblick noch übrig bleibt, als Ausgangspunkt für das Ewige, ist das Paradox zugegen. Wofern da ein Gleichzeitiger gewesen, welcher sogar seinen Schlaf auf die kürzeste Zeit beschränkt hätte um jenem Lehrer zu folgen, dem er untrennlicher folgte, als der kleine Fisch welcher dem Hai folgt, wofern er hundert Spione in seinem Dienste hätte, die allenthalben jenen Lehrer belauerten, und mit denen er selbst jeden Abend Besprechung hielte, so daß er jenes Lehrers

Personenbeschreibung bis in das Geringfügigste hinein kennte,
wüßte was er gesagt, wo er sich aufgehalten eine jede Stunde am
Tage, weil sein Eifer ihn auch das Unbedeutendste als wichtig an-
sehen ließ, wäre ein solcher Gleichzeitiger der Jünger? Keineswegs.
Er könnte seine Hände waschen, falls jemand ihn historischer Un-
zuverlässigkeit zeihen würde, aber mehr auch nicht. Wofern ein
andrer sich um nichts als die Lehre gekümmert hätte, die jener
Lehrer gelegentlich vortrug, wofern jedes lehrende Wort das aus
seinem Munde ging ihm wichtiger gewesen wäre als das tägliche
Brot, wofern er sich hundert andre hielte, die jeden Buchstaben
auffingen, auf daß nichts umkomme[139]; wofern er sorgfältig mit
diesen Besprechung hielte um die verläßlichste Darstellung der
Lehre zuwege zu bringen, wäre er deshalb der Jünger? Keines-
wegs, ebensowenig wie Plato etwas andres als eben Sokrates-
jünger[140] war. Wofern da ein Gleichzeitiger gewesen, der sich in
fremden Landen aufgehalten hätte, und erst heimkehrte, als jener
Lehrer von seinem Leben nur noch einen Tag oder zwei übrig
hatte, wofern jener Gleichzeitige abermals durch Geschäfte abge- IV 226
halten würde, jenen Lehrer zu sehen, und erst dazu käme beim
Allerletzten, als er den Geist aufgeben wollte, wäre diese ge-
schichtliche Unwissenheit dem im Wege daß er der Jünger sein
könnte, wenn der Augenblick für ihn die Entscheidung der Ewig-
keit war? Für jenen ersten Gleichzeitigen wäre jenes Leben nur
eine geschichtliche Begebenheit gewesen; für den zweiten wäre
jener Lehrer die Veranlassung gewesen, daß er sich selbst verstand,
und er wird jenen Lehrer vergessen können (vgl. Kapitel I); denn
einem ewigen Verständnis seiner selbst gegenüber ist ein Wissen
vom Lehrer ein zufälliges und geschichtliches Wissen, eine Sache
des Gedächtnisses. Solange das Ewige und das Geschichtliche eins
außerhalb des andern stehen, ist das Geschichtliche nur Veran-
lassung. Spräche denn also jener eifrig Lernende, welcher es doch
nicht dazu brachte Jünger zu sein, sehr viel und sehr laut davon,
was er jenem Lehrer verdanke, so daß seine Lobrede beinahe kein
Ende fände und ihre Vergoldung beinahe nicht mehr einzuschätzen
wäre, und erzürnte er also sich über uns, wo wir ihm zu erklären
suchten, jener Lehrer sei nur die Veranlassung gewesen, dann
würde wohl weder seine Lobrede noch sein Zorn unsrer Über-
legung dienlich sein, denn beides hat den gleichen Grund, daß er,

ohne den Mut auch nur zum bloßen Verstehen zu haben, es nicht an Vorwitzigkeit hat fehlen lassen wollen um weiter zu gehen. Damit daß man, wie er, fabelt und posaunt, betrügt man nur sich selbst und andre, insofern man sich selbst und andre davon überführt, man habe wirklich Gedanken – sintemal man sie einem andern verdanke. Indes obwohl Höflichkeit sonst kein Geld kostet, so ist jenes Höflichkeit doch teuer bezahlt; denn die begeisterte Danksagung, die vielleicht sogar nicht ohne Tränen ist und nicht ohne daß sie andre zu Tränen rührt, ist ein Mißverständnis; denn die Gedanken, die so einer hat, verdankt er denn sicher keinem andern, und das Geschwätz verdankt er auch keinem andern. Ach, wie manchen hat es gegeben, der so höflich war, Sokrates gar so viel verdanken zu wollen, und dies ungeachtet dessen daß er ihm schlechterdings nichts verdankte! Denn wer Sokrates aufs beste versteht, der versteht gerade, daß er Sokrates nichts schuldig ist, und das will Sokrates am liebsten, und imstande gewesen sein das zu wollen ist schön; wer aber glaubt Sokrates gar so viel schuldig zu sein, der kann ziemlich sicher sein, daß Sokrates ihn mit Vergnügen von der Zahlung befreit, da er wohl nicht ohne Betrübnis erfahren mag, daß er dem Betreffenden irgendwelches Betriebskapital übergeben haben solle damit zu wuchern. Verhält sich hingegen das Ganze nicht sokratisch, wie wir ja annehmen, so ist der Jünger jenem Lehrer *alles* schuldig (welches man Sokrates unmöglich schuldig sein kann, da er ja, wie er selbst sagt, nicht zu *gebären* vermochte), und dies Verhältnis läßt sich nicht damit ausdrücken daß man fabelt und posaunt, sondern allein in jener glücklichen Leidenschaft, die wir den Glauben nennen, deren Ge-
IV 227 genstand das Paradox ist, aber das Paradox macht gerade das Widersprechende eins, ist die Ewigsetzung des Geschichtlichen und die Geschichtlichsetzung des Ewigen. Jeder der das Paradox anders versteht behalte die Ehre es erklärt zu haben, eine Ehre die er dadurch gewonnen daß er sich nicht daran genügen lassen wollte es zu verstehen.

Man sieht denn leicht (wenn anders es nötig ist darzulegen, was darin liegt, daß der Verstand verabschiedet ist), daß Glaube keine Erkenntnis ist; denn alles Erkennen ist entweder Erkennen des Ewigen und läßt dann das Zeitliche und das Geschichtliche als das Gleichgiltige ausgeschlossen sein, oder es ist das rein geschichtliche Erkennen; und kein Erkennen kann zum Gegenstande haben dies Absurde, daß das Ewige das Geschichtliche ist. Wenn meinem Erkennen Spinozas Lehre einsichtig wird[141], so bin ich in dem Augenblick ihres Erkennens nicht mit Spinoza beschäftigt, sondern mit seiner Lehre, indessen ich zu andrer Zeit historisch mit ihm beschäftigt bin; der Jünger hingegen verhält sich gläubig zu jenem Lehrer dergestalt daß er ewiglich beschäftigt ist mit seinem geschichtlichen Dasein.

Nehmen wir nun an, es verhalte sich so wie wir angenommen (und ohne das kehren wir ja zu dem Sokratischen zurück), daß jener Lehrer selbst die Bedingung mitgibt, so wird nicht die Lehre Gegenstand des Glaubens, sondern der Lehrer; denn darin eben liegt das Sokratische, daß der Lernende, weil er selbst die Wahrheit ist und die Bedingung hat, den Lehrer von sich abstoßen kann; ja darin eben lag des Sokrates Kunst und Heroismus den Menschen dazu zu helfen daß sie das tun konnten. Der Lehrer muß denn also den Glauben beständig bei sich festhalten. Damit aber der Lehrer die Bedingung geben könne, muß er der Gott sein, und damit er den Lernenden in deren Besitz setze, muß er der Mensch sein. Dieser Widerspruch ist abermals der Gegenstand des Glaubens, und ist das Paradox, der Augenblick. Daß der Gott ein für alle Mal dem Menschen die Bedingung gegeben habe, ist die ewige sokratische Voraussetzung, welche mit der Zeit nicht feindlich zusammenstößt, aber kein gemeinsames Maß[142] mit den Bestimmungen der Zeitlichkeit hat; sondern der Widerspruch ist, daß er in dem Augenblick die Bedingung empfängt, welche, da sie eine Bedingung für das Verständnis der ewigen Wahrheit ist, eben damit die ewige Bedingung ist. Verhält es sich anders, so stehen wir bei der sokratischen Erinnerung.

Man sieht denn leicht (wenn anders es nötig ist darzulegen, was daraus folgt, daß der Verstand verabschiedet ist), daß der Glaube kein Willensakt ist; denn alles menschliche Wollen ist immer nur vermögend innerhalb der Bedingung. So z. B. falls ich den Mut habe es zu wollen, werde ich das Sokratische verstehen, d. h. mich selbst verstehen, weil ich sokratisch gesehen im Besitz der Bedingung bin, und daher es wollen kann. Bin ich jedoch nicht im Besitz der Bedingung (und das nehmen wir ja an um nicht zum

IV 228 Sokratischen zurückzukehren), so hilft all mein Wollen ja dennoch zu nichts, wenn gleich, sobald die Bedingung gegeben ist, ja wiederum gilt was sokratisch gegolten hat.

Der gleichzeitige Lernende, er ist nun im Besitz eines Vorteils, welchen, ach, sicherlich der Spätere, um doch etwas zu tun, ihm höchlich mißgönnen wird. Der Gleichzeitige kann hingehen und jenen Lehrer betrachten – und alsdann darf er seinen Augen glauben? Ja warum nicht, aber darf er darum auch glauben daß er der Jünger ist? Keineswegs, falls er seinen Augen glaubt, ist er gerade betrogen; denn der Gott läßt sich ja nicht unmittelbar erkennen. So kann er ja seine Augen verschließen? Ganz recht, aber, solchenfalls, was nützt es ihm dann, daß er gleichzeitig ist? Und falls er seine Augen verschließt, dann wird er sich wohl den Gott vorstellen. Kann er dies aber aus sich selbst, so ist er ja im Besitz der Bedingung. Und das was er sich vorstellt wird ja wohl eine Gestalt sein, die sich der Seele innerm Auge zeigt; sieht er diese nun, so wird die Knechtsgestalt ihn verstören, sobald er das Auge auftut. Laß uns weiter gehen: jener Lehrer stirbt ja, nun wohl, so ist er denn tot, was tut alsdann der, welcher gleichzeitig mit ihm gewesen? Vielleicht hat er sein Bild abgezeichnet, vielleicht hat er sogar eine ganze Folge solcher Bilder, welche jede Veränderung darstellen und genau wiedergeben, die im Alter und vermöge der Gemütsverfassung in der äußeren Erscheinung jenes Lehrers vor sich gegangen sein mögen; wenn er sie dann betrachtet und sich dessen vergewissert, so habe er ausgesehen, darf er alsdann seinen Augen glauben? Ja warum nicht, aber ist er darum der Jünger? Keineswegs. Aber so kann er sich ja den Gott vorstellen. Aber der Gott läßt sich nicht vorstellen, eben darum ist er ja in der Knechtsgestalt gewesen; dennoch war die Knechtsgestalt kein Trug, denn wäre dem so, so wäre jener Augenblick nicht der Augenblick, sondern eine Zufälligkeit, eine bloße Erscheinung, die als Veranlassung unendlich schwindet im Vergleich mit dem Ewigen. Und hätte der Lernende aus sich selber die Vorstellung, so wäre er ja selbst im Besitz der Bedingung, und hätte also nur die Erinnerung daran nötig, sich den Gott so vorzustellen wie er es sehr wohl vermochte, ob er gleich nichts davon wußte. Ist dem aber so, dann schwindet im gleichen Augenblick dies Erinnertwerden einem Atome gleich in der ewigen Möglichkeit, die in seiner Seele gewesen, und jetzt wirklich wird, aber als Wirklichkeit abermals ewig sich selbst vorausgesetzt hat.

Auf welche Weise wird also der Lernende Gläubiger oder Jünger? Wenn der Verstand verabschiedet ist und der Lernende die Bedingung empfängt. Wann empfängt er diese? In dem Augenblick. Diese Bedingung, was bedingt sie? Daß er das Ewige versteht. Solch eine Bedingung aber muß ja eine ewige Bedingung sein. – Mithin in dem Augenblick empfängt er die ewige Bedingung, und das weiß er daher, daß er sie in dem Augenblick empfangen hat; denn andernfalls besinnt er sich lediglich darauf, daß er sie von IV 229
Ewigkeit her gehabt. In dem Augenblick empfängt er die Bedingung, und empfängt sie von jenem Lehrer selbst. Alles Fabeln und Posaunen darüber, daß er obgleich er die Bedingung nicht vom Lehrer erhielt, dennoch schlau genug gewesen das Inkognito des Gottes zu entdecken: daß er es an sich selber spüren können, denn ihm war so wunderlich jedes Mal wenn er jenen Lehrer gesehen; daß da so etwas in jenes Lehrers Stimme und Miene gewesen usw. usw. – ist Altweibertratsch, mit dem man nicht Jünger wird, sondern lediglich des Gottes spottet.* Jene Gestalt wäre kein Inkognito, und wenn der Gott mit seinem allmächtigen Ratschluß, der gleichsam seine Liebe ist, dem Geringsten gleich sein will, so soll kein Wirtshaushalter so wenig wie ein Professor der Philosophie sich einbilden, daß er Pfiffikus genug dazu sei etwas zu merken, wo der Gott selbst die Bedingung nicht geben will. Und wenn der Gott in der Knechtsgestalt die Hand der Allmacht ausreckt, so soll der, der erstaunt darauf gafft, sich nicht einbilden, er sei deshalb der Jünger, weil er erstaunt ist, und weil er andre um sich sammeln kann, die ihrerseits sich erstaunen über seine Erzählung. Wofern der Gott selbst nicht die Bedingung mitgibt, so hat der Lernende schon von Anbeginn an gewußt, wie es sich mit dem Gotte ver-

---

* Jede Bestimmung, die den Gott unmittelbar kenntlich sein lassen will, ist allerdings ein Meilenstein der Annäherung, zählt jedoch nicht zu, sondern ab, nicht hin zum Paradox, sondern rückwärts vom Paradox fort, rückwärts vorbei an Sokrates und der sokratischen Unwissenheit. Darauf achte man gut, auf daß es einem in der Welt des Geistes nicht gehe wie jenem Wandrer, dem ein Engländer auf seine Frage, ob dieser Weg nach London führe, ein „ja, er tut's" antwortete, der aber trotzdem nicht nach London gelangte, weil der Engländer verschwiegen hatte, daß er kehrt machen müsse, da er gerade dabei sei von London fort zu gehen.

hält, wenn er gleich nichts davon wußte, daß er es wußte, und jenes andre ist nicht das Sokratische, sondern steht unendlich tief darunter.

Indes ist für den Jünger die äußerliche Gestalt (nicht das Einzelne an ihr) nicht gleichgiltig. Sie ist, was der Jünger gesehen und mit seinen Händen betastet hat[143]; aber die Gestalt ist nicht auf die Art wichtig, daß er darum aufhörte ein Gläubiger zu sein, falls es ihm widerführe, daß er eines Tags den Lehrer auf der Straße sähe und ihn nicht alsogleich erkennte, oder wohl gar ein Stück Weges neben ihm her ginge ohne darauf aufmerksam zu werden daß er es sei[144]. Sondern die Bedingung es zu sehen gab dem Jünger der Gott, und tat ihm das Auge des Glaubens auf. Das Sehen der äußerlichen Gestalt jedoch ist ein schrecklich Ding gewesen: mit ihm umgehen wie mit einem von uns, und in einem jeden Augenblick, da der Glaube nicht zugegen war, nichts als die Knechtsgestalt sehen. Wenn dann der Lehrer vom Jünger weg-
IV 230 gestorben ist, so kann das Gedächtnis freilich die Gestalt erzeugen, aber darum ist es nicht daß er glaubt, sondern weil er vom Lehrer die Bedingung empfangen, darum sieht er abermals in dem verläßlichen Bilde der Erinnerung den Gott. So also der Jünger, welcher wissend davon ist, daß er ohne die Bedingung nichts gesehen hätte, da das erste was er verstanden dies war, daß er selber die Unwahrheit sei.

Aber alsdann ist der Glaube ja ebenso paradox wie das Paradox? Allerdings; wie sollte er sonst am Paradox seinen Gegenstand haben und glücklich sein in seinem Verhältnis zu ihm? Der Glaube selbst ist ein Wunder, und alles was vom Paradox gilt, gilt auch vom Glauben. Innerhalb dieses Wunders aber verhält sich wieder alles sokratisch, jedoch dergestalt daß das Wunder niemals aufgehoben wird, welches darin besteht, daß die ewige Bedingung gegeben ist in der Zeit. Alles verhält sich sokratisch; denn das Verhältnis zwischen dem einen Gleichzeitigen und dem andern Gleichzeitigen, sofern sie beide Gläubige sind, ist durchaus sokratisch, keiner von beiden verdankt dem andern etwas, sondern beide alles dem Gotte.

* * *

Vielleicht sagt da einer: „So hat denn also der Gleichzeitige schlechtweg keinen Vorzug dadurch, daß er gleichzeitig ist; und doch, falls wir das annehmen was du über des Gottes Hervortreten angenommen hast, liegt es ja so nahe, das gleichzeitige Geschlecht selig zu preisen, daß es gesehen hat und gehört." – „Ja, es liegt wahrlich nahe, so nahe denke ich, daß jenes Geschlecht wohl auch sich selig gepriesen hat[145]; dies hätten wir denn anzunehmen, denn sonst wäre jenes Geschlecht ja nicht selig, und unsre Lobpreisung drückt nur aus, daß man unter den gleichen Umständen, indem man anders gehandelt hätte, hätte selig werden können. Ist dem aber so, dann kann die Lobpreisung ja recht unterschiedlich sein, wenn wir es näher bedenken; ja zuguterletzt mag sie vielleicht ganz und gar zweideutig werden. Nimm an, so wie wir es ja auch in alten Chroniken lesen, daß ein Kaiser seine Hochzeit acht Tage hintereinander feierte mit einer Festlichkeit die niemals ihresgleichen gesehen, so daß die Luft die man einatmete von Wohlgeruch geschwängert war, derweilen das Ohr sie ständig erbeben spürte von Saitenspiel und Sang, um den Genuß dessen zu verherrlichen was da köstlich in reichstem Überfluß geboten ward, Tag und Nacht, denn die Nacht war hell wie der Tag vom Scheine der Fackeln, aber mochte man sie nun sehen in des Tages Licht oder im Fackelglanz, die Fürstin war lieblicher und holdseliger als irgendein irdisches Weib, und das Ganze war eine Verzauberung, wunderreicher als des kühnsten Wunsches noch kühnere Erfüllung – laßt uns annehmen, dies sei geschehen, und wir müßten uns begnügen mit der nüchternen Nachricht davon daß es geschehen, warum sollten wir da nicht, menschlich gesprochen, die Gleichzeitigen glücklich preisen? IV 231
Die Gleichzeitigen, das will also heißen, die welche gesehen haben und gehört und zugriffen mit ihren Händen; denn sonst, was hilft es gleichzeitig sein? Der kaiserlichen Hochzeit Herrlichkeit und des Genusses Überfluß waren ja unmittelbar zu sehen und zu greifen, so daß wenn jemand in strengerem Sinne gleichzeitig gewesen ist, er es wohl auch gesehen hat und sein Herz sich daran hat freuen lassen. Aber wofern nun die Herrlichkeit eine andre wäre, so daß sie nicht unmittelbar zu sehen wäre, was hülfe es da der Gleichzeitige sein; man ist ja darum noch nicht gleichzeitig mit der Herrlichkeit. Solch einen Gleichzeitigen könnte man denn wohl nicht selig nennen oder

seine Augen und Ohren preisen, da er nicht gleichzeitig wäre und nichts sähe und nichts hörte von der Herrlichkeit, etwas das freilich seinen Grund nicht darin hätte daß Zeit und Gelegenheit (unmittelbar verstanden) ihm versagt gewesen, sondern in etwas anderm, daran es mangeln konnte und wenn seine Anwesenheit auch in höchstem Maße begünstigt worden wäre von Gelegenheit zum Sehen und Hören, und wenn er sie auch (unmittelbar verstanden) nicht ungenützt gelassen hätte. Aber was will dies nun heißen, daß man gleichzeitig sein kann ohne doch gleichzeitig zu sein, daß man mithin gleichzeitig sein kann, und dennoch, obwohl man diesen Vorteil (unmittelbar verstanden) nutzt, der Nicht-Gleichzeitige sein; was will dies andres heißen, als daß man überhaupt nicht unmittelbar gleichzeitig sein kann mit solch einem Lehrer, solch einer Begebenheit, so daß der wirkliche Gleichzeitige nicht vermöge der unmittelbaren Gleichzeitigkeit der wirkliche Gleichzeitige ist, sondern vermöge von etwas anderm. Mithin: der Gleichzeitige kann dessen ungeachtet der Nicht-Gleichzeitige sein; der wirkliche Gleichzeitige ist dies nicht vermöge der unmittelbaren Gleichzeitigkeit, somit muß auch der (im unmittelbaren Sinne) Nicht-Gleichzeitige der Gleichzeitige sein können durch jenes andre, durch das der Gleichzeitige der wirkliche Gleichzeitige wird. Aber der (im unmittelbaren Sinne) Nicht-Gleichzeitige, das ist ja der Spätere, mithin muß der Spätere der wirkliche Gleichzeitige sein können. Oder heißt dies der Gleichzeitige sein und ist dies der Gleichzeitige den wir preisen, wenn einer sagen kann: ich aß und trank vor seinen Augen, und jener Lehrer lehrte in unsern Gassen[146], ich sah ihn zu vielen Malen, es war ein unansehnlicher Mann von geringer Herkunft, und nur ein paar Einzelne glaubten in ihm das Außerordentliche zu finden, davon konnte ich nichts entdecken, obgleich ich doch, wenn es darum geht mit ihm gleichzeitig zu sein, dies gewesen bin trotz einem. Oder heißt dies gleichzeitig sein, ist dies der Gleichzeitige, daß der Gott einem, wenn dieser dermaleinst in einem andern Leben mit ihm zusammenträfe, und sich nun auf seine Gleichzeitigkeit berufen wollte, erwidern muß: ‚ich kenne dich nicht'. Und somit wäre dies ja in Wahrheit ebenso wahr wie, daß jener Gleichzeitige den Lehrer nicht gekannt hatte, etwas das nur der Gläubige (d. h.: der nicht
IV 232 unmittelbar Gleichzeitige) tut, welcher vom Lehrer selbst die Be-

dingung empfangen hat, und darum ihn kannte gleichwie er gekannt war[147]." – „Halt nun einen Augenblick ein; wo du so in einem fort sprichst, so kann ich kein einziges Wort anbringen; denn du redest ja als wenn du für den Doktorgrad disputiertest, ja du redest wie ein Buch, und was recht unglücklich für dich ist, wie ein ganz bestimmtes Buch; denn es sind dir nun abermals, ganz gleich ob mit deinem Wissen oder ohne dein Wissen, ein paar Worte mit unterlaufen, welche nicht dir gehören, auch nicht von dir dem Redenden in den Mund gelegt sind, sondern allbekannt sind, nur daß du die Einzahl brauchst statt der Mehrzahl. Die Bibelworte (denn es sind Bibelworte) lauten folgendermaßen: wir aßen und tranken vor seinen Augen und er lehrte in unsern Gassen – wahrlich ich kenne euer nicht[148]. Doch das mag nun hingehn; indes schließt du nicht allzuviel, wenn du daraus, daß jener Lehrer dem Einzelnen antwortet: ich kenne dich nicht, den Schluß ziehst, er sei nicht mit dem Lehrer gleichzeitig gewesen und habe den Lehrer nicht gekannt? Wofern jener Kaiser, von dem du sprichst, einem, der behauptete mit seiner herrlichen Hochzeit gleichzeitig gewesen zu sein, erwidern wollte: ich kenne dich nicht, hätte jener Kaiser damit dargetan, daß der andere nicht gleichzeitig gewesen sei?" – „Keinesfalls hätte jener Kaiser das dargetan, er hätte höchstens dargetan, daß er ein Tor sei, der sich noch nicht einmal wie Mithridates[149] damit begnügte den Namen eines jeden Soldaten zu kennen, sondern sämtliche Gleichzeitige kennen und mit seinem Kennen entscheiden wollte ob der Einzelne gleichzeitig gewesen sei oder nicht. Der Kaiser war ja unmittelbar kenntlich, und darum kann der Einzelne den Kaiser gut und gern gekannt haben, auch wenn der Kaiser ihn nicht gekannt hatte; aber jener Lehrer, von dem wir reden, war ja nicht unmittelbar kenntlich, sondern erst wenn er selbst die Bedingung gab. Wer die Bedingung empfangen hat, hat sie von ihm selbst empfangen, und mithin muß jener Lehrer einen jeden kennen, der ihn kennt, und der Einzelne kann den Lehrer nur dadurch kennen, daß er selber von ihm gekannt wird. Ist es nicht solchermaßen, und siehst du vielleicht alsbald was wir damit zugleich gesagt haben? Wenn der Gläubige der Gläubige ist und der ist welcher den Gott deshalb kennt, weil er die Bedingung von dem Gotte selbst erhält, so muß der Spätere ganz und gar im gleichen Sinne von dem Gotte selbst

die Bedingung empfangen, und kann sie nicht aus zweiter Hand empfangen, – da, falls es sich so verhalten sollte, die zweite Hand der Gott selbst sein müßte, – und solchenfalls ist ja von dieser zweiten Hand überhaupt nichts gesagt. Erhält aber der Spätere die
IV 233 Bedingung von Gott selbst[150], so ist er der Gleichzeitige, der wirkliche Gleichzeitige, welches ja allein der Gläubige ist und welches jeder Gläubige ist." – „Freilich sehe ich dies ein, jetzt wo du es sagst, und ich erblicke bereits die weitverzweigten Folgen, wenn es mich auch wundert, daß ich nicht selbst darauf verfallen bin, und würde viel darum geben, der zu sein, welcher das herausbekommen hat." – „Jedoch ich würde mehr darum geben, wenn ich es ganz verstanden hätte; denn dies beschäftigt mich mehr als wer es ersonnen hat. Aber ganz habe ich es noch nicht verstanden, wie ich bei einer sogleich folgenden Gelegenheit zeigen werde, allwo ich mich denn deines Beistandes vertröste, sintemal du alsogleich das Ganze verstanden hast. Wofern du dagegen es mir gestattest, will ich hier an dieser Stelle das geben, was die Rechtsgelehrten eine Zweitschrift[151] nennen über das was ich selbst bisher entwickelt und verstanden habe. Und auf Grund der Ausfertigung dieser Zweitschrift siehe du selbst nach deinem Rechte, und nimm seiner wahr; denn ich rufe dich mit selbiger auf es zu tun bei Strafe ungehörter Abweisung und ewigen Stillschweigens[152]. Die unmittelbare Gleichzeitigkeit kann nur die Veranlassung sein. a) Sie kann die Veranlassung dazu sein, daß der Gleichzeitige ein geschichtliches Wissen erhält. In dieser Hinsicht ist der, welcher mit jener kaiserlichen Hochzeit gleichzeitig ist, glücklicher daran als der mit dem Lehrer Gleichzeitige; denn dieser Letztere erhält nur die Gelegenheit die Knechtsgestalt zu sehen, und zuhöchst die eine oder andre absonderliche Tat, von der er nicht mit Sicherheit wissen kann, ob er sie bewundern solle, oder sich darüber entrüsten, daß er selbst zum Narren gehalten ist, da er jenen Lehrer wohl nicht einmal bewegen wird sie nochmals zu wiederholen, auf die Art wie ein Tausendkünstler dies tut, womit denn dieser den Zuschauern Gelegenheit gibt dem Zusammenhang der Sache besser auf die Spur zu kommen. b) Sie kann die Veranlassung dazu sein, daß der Gleichzeitige sich sokratisch in sich vertieft, womit dann jene Gleichzeitigkeit schwindet als ein Nichts im Vergleich mit dem Ewigen, das er in sich selbst entdeckt. c) Endlich (und dies ist

ja unsre Annahme, damit wir nicht zum Sokratischen zurückkehren) sie wird die Veranlassung dazu, daß der Gleichzeitige als die Unwahrheit von dem Gotte die Bedingung empfängt und nunmehr die Herrlichkeit sieht mit den Augen des Glaubens. Ja selig solch ein Gleichzeitiger! Aber solch ein Gleichzeitiger ist ja nicht Augenzeuge (in unmittelbarem Sinne), sondern als gläubig ist er der Gleichzeitige, in der Autopsie des Glaubens. Aber in dieser Autopsie wiederum ist jeder (in unmittelbarem Sinne) Nicht-Gleichzeitige der Gleichzeitige. Wofern denn ein Späterer, vielleicht sogar mit Rührung über seine eigne Schwärmerei, der (in unmittelbarem Sinne) Gleichzeitige zu sein begehrt, so zeigt er, daß er ein Betrüger ist, wie der falsche Smerdes[153] daran kenntlich, daß IV 234 er keine Ohren hat – nämlich nicht die des Glaubens, möge er auch noch so lange Eselsohren haben, mit denen man, wiewohl (in unmittelbarem Sinne) gleichzeitig, hinhorcht, bis daß man nicht gleichzeitig wird. Besteht ein Späterer darauf von der Herrlichkeit zu fabeln, daß man (in unmittelbarem Sinne) gleichzeitig ist, und fort und fort von dannen zu wollen, so muß man ihn freilich laufen lassen, aber wo du ihm nachblickst, so wirst du an seinem Gange wie auch an dem Wege, den er einschlägt, leicht erkennen, daß er nicht zum Schrecknis des Paradoxes geht, sondern von dannen springt wie ein Tanzmeister um noch rechtzeitig zu jener kaiserlichen Hochzeit zu kommen. Und gebe er auch seinem Reiseunternehmen einen heiligen Namen und predige er auch Gemeinschaftlichkeit mit andern, so daß sie scharenweis die Wanderung antreten, er entdeckt dennoch schwerlich das heilige Land (in unmittelbarem Sinne), da es sich weder auf der Landkarte noch auf Erden finden läßt, sondern seine Reise ist ein Scherz gleich dem Spiele: mitzugehen zu Großmutters Tür[154]. Und gönne er sich auch keine Ruhe bei Nacht und Tag, und laufe er auch geschwinder als ein Pferd die Läufe und ein Mann die Lügenzunge rührt, er läuft dennoch nur mit der Leimstange[155], ohne zu wissen, was er tut, wie der Vogelfänger; denn kommt der Vogel nicht zu ihm, mit der Leimstange nach ihm laufen hilft wahrlich nichts. – Nur in einer einzigen Hinsicht könnte ich versucht sein den (in unmittelbarem Sinne) Gleichzeitigen glücklicher zu preisen als den Späteren. Nehmen wir nämlich an, Jahrhunderte seien verlaufen zwischen jener Begebenheit und dem Leben des Späteren, so wird ja wohl unter den Menschen viel Geredes über diese Sache aufgekommen sein, so viel törichten Geredes, daß die unwahren und verwirrten Gerüchte, welche der (in unmittelbarem Sinne) Gleichzeitige über sich ergehen lassen mußte, die Möglichkeit des rechten Verhältnisses schlechterdings nicht so schwierig machten, und das um so mehr als nach menschlicher Wahrscheinlichkeit der hundertjährige Widerhall, gleich dem Widerhall in unsern Kirchen, es nicht bloß um den Glauben schallen und hallen läßt, sondern den Glauben zum bloßen Schalle und Halle macht, etwas das doch nicht geschehen konnte in der ersten Generation, wo der Glaube sich in seiner ganzen Ursprünglichkeit gezeigt haben muß, vermöge seines Widerspiels leicht zu unterscheiden von allem andern."

IV 235

Zwischenspiel

Hat das Vergangene größere Notwendigkeit als das Zukünftige?

oder

Ist das Mögliche damit daß es wirklich geworden ist notwendiger geworden als es gewesen ist?

* * *

Mein lieber Leser! Wir nehmen nunmehr an, jener Lehrer habe sich gezeigt, sei gestorben und begraben, und es gehe da eine Zeit hin zwischen dem vierten und dem fünften Kapitel. Derart kommt es auch in einer Komödie vor, daß zwischen zwei Akten ein Zeitraum von mehreren Jahren liegt. Um dies Vergehen von Zeit anzudeuten, läßt man denn zuweilen das Orchester eine Symphonie spielen oder etwas andres dieser Art, um die Zeit, damit daß man sie ausfüllt, zu verkürzen. Auf ähnliche Weise hab auch ich daran gedacht die Zwischenzeit damit auszufüllen daß ich die aufgestellte Frage überlege. Wie lange die Zwischenzeit währen soll, magst du selber bestimmen, aber wenn es dich so bedünkt, so wollen wir Ernstes und Scherzes halben annehmen, es seien genau achtzehnhundertunddreiundvierzig Jahre abgelaufen. Du siehst denn, daß ich mir um der Illusion willen reichlich Zeit nehmen muß, denn eine Zeit von achtzehnhundertunddreiundvierzig Jahren ist eine seltene Gunst, die mich wohl baldigst in eine Verlegenheit bringen wird entgegengesetzt der, in der unsre Philosophen sich befinden, denen die Zeit im allgemeinen nicht mehr als bloße Andeutungen gestattet; entgegengesetzt der, in der die IV 236 Geschichtsschreiber sich befinden, welche nicht der Stoff sondern die Zeit im Stiche läßt. Wenn du mich denn ein bißchen umständlich findest, weil ich immerzu das selbe sage – „über die selbe Sache“[156] wohl zu merken – so mußt du bedenken, es ist um der Illusion willen, und so wirst du mir meine Umständlichkeit wohl verzeihen, und sie dir auf eine ganz anders befriedigende Weise erklären, als mit der Vermutung, ich könne mir die Meinung gestatten, daß diese Sache allerdings der Überlegung bedürfe, auch der deinen, dieweil ich dich im Verdacht hätte, du möchtest dich selbst in dieser Hinsicht nicht ganz verstehen; und dies ungeachtet dessen daß ich keinerwege bezweifle, du habest die neueste Philosophie durchaus verstanden, und dir zu eigen gemacht, welche ebenso wie die neueste Zeit an einer sonderbaren Zerstreutheit zu leiden scheint, vermöge deren die Ausführung verwechselt wird mit der Überschrift; denn wer wäre so wunderherrlich und so wunderherrlich groß, als die neueste Philosophie und die neueste Zeit es sind – in Überschriften[157+].

* *
*

§ 1.

Werden

Wie verändert sich das, was da wird; oder welches ist die Veränderung (Bewegung, κίνησις)[158] des Werdens? Alle andere Veränderung (Verwandlung, ἀλλοίωσις) setzt voraus, daß das, mit dem die Veränderung vorgeht, da ist, selbst dann wenn die Veränderung die ist, aufzuhören da zu sein. Nicht so mit dem Wer-

den; denn wofern das Werdende nicht an sich unverändert bleibt in der Veränderung des Werdens, so ist das Werdende nicht *dies* Werdende, sondern ein andres, und die Frage verschuldet einen Übergang in eine andre Bestimmung (*μετάβασις εἰς ἄλλο γένος*), indem der Fragende im gegebenen Fall entweder in die Veränderung des Werdens eine andre hineinschaut, die ihm die Frage verwirrt, oder aber in dem Werdenden sich irrt und deshalb nicht in den Stand kommt zu fragen. Wenn ein Entwurf, indem er wird,
IV 237 an sich selbst eine Veränderung erfährt, so ist es nicht dieser Entwurf der da wird; wird er hingegen ohne daß er eine Veränderung erfährt, welches ist dann die Veränderung des Werdens? Diese Veränderung bezieht sich denn also nicht auf das Wesen sondern auf das Sein, und ist Übergang von nicht da sein zu da sein. Aber dieses Nicht-Sein, welches das Werdende verläßt, muß ja auch da sein; denn sonst „bliebe das Werdende nicht unverändert im Werden" außer insofern es gar nicht gewesen wäre, womit denn die Veränderung des Werdens wiederum aus einem andern Grunde schlechthin verschieden von jeder andern Veränderung würde, da es gar keine Veränderung wäre; denn jede Veränderung hat stets ein Etwas vorausgesetzt. Aber ein solches Sein, welches dennoch ein Nicht-Sein ist, das ist ja die Möglichkeit; und ein Sein, welches Sein ist, das ist ja das wirkliche Sein, oder die Wirklichkeit; und die Veränderung des Werdens ist der Übergang von Möglichkeit zu Wirklichkeit.

Kann das Notwendige werden? Werden ist eine Veränderung, aber das Notwendige kann überhaupt nicht verändert werden, da es ständig sich zu sich selbst verhält, und sich auf eine und die selbe Art zu sich selbst verhält. Alles Werden ist ein *Leiden*, und das Notwendige kann nicht leiden, nicht das Leiden der Wirklichkeit leiden, welches darin besteht, daß das Mögliche (nicht bloß das Mögliche, welches ausgeschlossen wird, sondern sogar das Mögliche, welches aufgenommen wird) sich als ein Nichts erweist in dem Augenblick da es wirklich wird; denn durch die Wirklichkeit ist die Möglichkeit *vernichtet*. Alles, was da wird, zeigt eben durchs Werden, daß es nicht notwendig ist; denn das einzige das nicht werden kann, ist das Notwendige, denn das Notwendige *ist*.

Ist denn Notwendigkeit nicht Einheit von Möglichkeit und

Wirklichkeit[159]? – Was sollte das wohl heißen? Möglichkeit und Wirklichkeit sind nicht im Wesen verschieden sondern im Sein; wie sollte wohl aus dieser Verschiedenheit eine Einheit gebildet werden, welche Notwendigkeit wäre, was nicht Seinsbestimmung, sondern Wesensbestimmung ist, da es des Notwendigen Wesen ist zu sein. Solchenfalls würden ja Möglichkeit und Wirklichkeit, dadurch daß sie zu Notwendigkeit werden, zu einem schlechthin andern Wesen werden, was keine Veränderung ist, und würden dadurch daß sie zu Notwendigkeit oder das Notwendige werden, das einzige werden, welches das Werden ausschließt, was ebenso
unmöglich wie sich selbst widersprechend ist. (Der aristotelische IV 238
Satz[160] „es ist möglich“, „es ist möglicherweise nicht“, „es ist nicht möglich“. – Die Lehre von falschen und richtigen Sätzen (Epikur) greift hier störend ein, da auf Wesen, nicht auf Sein reflektiert wird, und folglich auf diesem Wege nichts erreicht wird hinsichtlich der Bestimmung des Zukünftigen)[161].

Die Notwendigkeit steht ganz für sich; schlechterdings nichts wird mit Notwendigkeit, ebensowenig wie die Notwendigkeit wird, oder etwas damit, daß es wird, das Notwendige wird. Schlechterdings nichts ist da weil es notwendig ist, aber das Notwendige ist da weil es notwendig ist, oder weil das Notwendige ist. Das Wirkliche hat nicht mehr Notwendigkeit als das Mögliche, denn das Notwendige ist schlechthin verschieden von beiden (die Lehre des Aristoteles von den zwei Arten des Möglichen in Beziehung auf das Notwendige. Der Fehler liegt darin daß er mit dem Satz beginnt: daß alles Notwendige möglich ist. Um nun der Folge zu entgehen daß er Widersprechendes, ja Selbstwidersprechendes über das Notwendige aussagen muß, hilft er sich damit, zwei Arten des Möglichen zu bilden, anstatt sich klar zu machen daß sein erster Satz unrichtig ist, da man dem Notwendigen nicht Möglichkeit beilegen kann.)

Die Veränderung des Werdens ist die Wirklichkeit, der Übergang geschieht durch die Freiheit. Kein Werden ist notwendig;
weder ehe es wurde, denn alsdann kann es nicht werden; noch IV 239
nachdem es geworden ist, denn alsdann ist es nicht geworden.

Alles Werden geschieht durch Freiheit, nicht aus Notwendigkeit; nichts Werdendes wird aus einem Grunde; alles aber aus einer Ursache. Jegliche Ursache entspringt letztlich in einer freiwirkenden Ursache. Das Täuschende der Zwischenursachen ist daß das Werden notwendig scheint; ihre Wahrheit ist, daß sie als selber geworden, letztgiltig zurückweisen auf eine freiwirkende Ursache. Selbst eine naturgesetzliche Folge erklärt nie die Notwendigkeit eines Werdens, sobald letztgiltig auf Werden reflektiert wird. Mit den Äußerungen der Freiheit ist es ebenso, sobald man sich von ihren Äußerungen nicht beirren läßt, sondern auf ihr Werden reflektiert.

§ 2.

Das Geschichtliche

Alles was geworden ist, ist eben damit geschichtlich; denn selbst wenn sich über es geschichtlich nichts weiter aussagen läßt, das entscheidende Prädikat des Geschichtlichen läßt sich doch aussagen: daß es geworden ist. Dasjenige, dessen Werden das simultane Werden ist (das Nebeneinander[162], der Raum), hat keine andre Geschichte als diese; aber selbst auf diese Art betrachtet (en masse), abgesehen von dem was eine geistreichere Betrachtung[163] im besonderen Sinne Naturgeschichte nennt, hat die Natur Geschichte.

Aber das Geschichtliche ist das Vergangene (denn das Gegenwärtige in seiner Grenzberührung mit dem Zukünftigen ist noch nicht geschichtlich geworden); wie kann man also sagen, daß die Natur, obzwar unmittelbar gegenwärtig, geschichtlich ist, es sei denn man denke an jene geistreichere Betrachtung? Die Schwierigkeit entspringt daraus, daß die Natur zu abstrakt ist um in strengerem Sinne dialektisch zu sein in Richtung auf die Zeit. Es ist dies die Unvollkommenheit der Natur, daß sie in einem andern Sinne nicht Geschichte hat, und ihre Vollkommenheit, daß sie dennoch eine Andeutung davon hat (die nämlich, daß sie geworden ist, und das ist das Vergangene; daß sie da ist, das Gegenwärtige), indessen es des Ewigen Vollkommenheit ist, keine Geschichte zu haben, als das Einzige, das da ist, und dennoch schlechthin keine Geschichte hat.

IV 240 Jedoch das Werden kann eine Verdoppelung in sich enthalten, d. h.: eine Möglichkeit des Werdens innerhalb seines eignen Werdens. Hier liegt das Geschichtliche in strengerem Sinn, welches dialektisch ist in Richtung auf die Zeit. Das Werden, das hier das Gemeinsame mit dem Werden der Natur ist, ist eine Möglichkeit, eine Möglichkeit, die für die Natur ihre ganze Wirklichkeit ist. Aber dies eigentliche geschichtliche Werden liegt doch innerhalb eines Werdens, das muß beständig festgehalten werden. Das besondere geschichtliche Werden wird durch eine bedingt freiwirkende Ursache, welche wiederum letztgiltig hinweist auf eine schlechthin freiwirkende Ursache.

§ 3.

Das Vergangene

Was immer geschehen ist, ist geschehen, kann nicht wieder zurückgerufen werden; somit auch nicht umgeändert werden (der Stoiker Chrysipp – der Megariker Diodor)[164]. Ist diese Unveränderlichkeit die der Notwendigkeit? Die Unveränderlichkeit des Vergangenen ist zuwegegebracht worden durch eine Veränderung, durch die Veränderung des Werdens, aber solch eine Unveränderlichkeit schließt ja nicht alle Veränderungen aus, da sie sie nicht ausgeschlossen hat; denn alle Veränderung ist ja (dialektisch in Richtung auf Zeit) allein dadurch ausgeschlossen, daß sie jeden Augenblick ausgeschlossen ist. Will man das Vergangene als notwendig betrachten, so geschieht das indem man vergißt, daß es geworden ist; sollte aber solch eine Vergeßlichkeit etwa vielleicht gleichfalls notwendig sein?

Was da geschehen ist, ist solchermaßen geschehen, wie es geschehen ist, ist somit unveränderlich; aber ist diese Unveränderlichkeit die der Notwendigkeit? Die Unveränderlichkeit des Vergangenen ist, daß sein wirkliches So-sein nicht anders werden
kann; folgt aber daraus, daß sein mögliches Wie-sein nicht anders IV 241
hätte werden können. Dahingegen ist es die Unveränderlichkeit des Notwendigen, daß es ständig sich zu sich selbst verhält, und sich auf eine und die selbe Art zu sich selbst verhält, jegliche Veränderung ausschließt, sich nicht mit der Unveränderlichkeit des Vergangenen begnügt, welche, wie gezeigt, nicht bloß in Richtung auf eine frühere Veränderung, aus der sie hervorgeht, dialektisch

ist, sondern sogar dialektisch sein muß in Richtung auf eine höhere Veränderung, die sie aufhebt (z. B. die der Reue, die eine Wirklichkeit aufheben will).

Das Zukünftige ist noch nicht geschehen; *deshalb* aber ist es nicht weniger notwendig als das Vergangene, da das Vergangene durch sein Geschehensein nicht notwendig wurde, sondern im Gegenteil durch sein Geschehensein zeigte, daß es nicht notwendig sei. Wäre das Vergangene notwendig geworden, so könnte man daraus keinen Schluß in entgegengesetzter Richtung ziehen hinsichtlich des Zukünftigen, es würde vielmehr daraus folgen, daß das Zukünftige gleichfalls notwendig sei. Wofern die Notwendigkeit auf einem einzigen Punkte eintreten könnte, so würde nicht mehr die Rede sein vom Vergangenen und vom Zukünftigen. Das Zukünftige voraussagen wollen (prophezeien) und die Notwendigkeit des Vergangenen verstehen wollen, ist ganz und gar das Gleiche, und nur die Mode macht, daß einem Geschlecht das eine beifallswürdiger scheint als das andre. Das Vergangene ist ja ein Gewordenes; das Werden ist die Veränderung der Wirklichkeit durch die Freiheit. Wofern nun das Vergangene notwendig geworden wäre, würde es nicht mehr der Freiheit zugehören, d. h.: nicht mehr dem zugehören, dadurch es geworden ist. Um die Freiheit wäre es dann übel bestellt[165]+, es stünde mit ihr zugleich zum Lachen und zum Weinen, da sie die Schuld an etwas trüge, das ihr nicht zugehörte, zur Welt brächte was die Notwendigkeit verschlänge, und die Freiheit selber würde eine Einbildung, und nicht minder auch das Werden; die Freiheit würde Hexerei, das Werden blinder Lärm.*

* Die prophezeiende Generation verschmäht das Vergangene, will nicht das Zeugnis der Schriften hören; die Generation, welche darauf aus ist die Notwendigkeit des Vergangenen zu verstehen, läßt sich nicht gerne nach dem Zukünftigen fragen. Beider Verhalten ist durchaus folgerichtig; denn jede von beiden würde am Gegenteil Gelegenheit erhalten zu der Einsicht, wie töricht ihr Verhalten sei. Die absolute Methode[166]+, welche Hegels Erfindung ist, ist schon in der Logik eine schwierige Sache, ja eine gleißende Tautologie, welche dem wissenschaftlichen Aberglauben zu Diensten gewesen ist mit mancherlei Zeichen und wunderlichen Taten.
IV 243 In den historischen Wissenschaften ist sie eine fixe Idee, und der Satz, die Methode beginne sogleich damit konkret zu werden, da die Geschichte ja die konkrete Fülle der Idee sei, hat Hegel zwar Veranlassung gegeben eine seltene Gelehrsamkeit zu zeigen, eine seltene Macht den Stoff zu

§ 4. IV 242

Die Auffassung des Vergangenen

Die Natur, als die Bestimmung des Raums, ist nur unmittelbar da. Alles was dialektisch ist in Richtung auf die Zeit hat eine Doppeltheit in sich, daß es, nachdem es gegenwärtig gewesen, als ein Vergangenes bestehen kann. Das eigentliche Geschichtliche ist stets das Vergangene (es ist vorüber; ob es Jahre her ist oder Tage, macht keinen Unterschied), und hat als vergangen Wirklichkeit; denn es ist gewiß und verläßlich, daß es geschehen ist; aber daß es geschehen ist, ist wiederum eben seine Ungewißheit,
welche die Auffassung fort und fort verhindern soll das Ver- IV 243
gangene hinzunehmen, als wäre es von Ewigkeit her so gewesen. Allein in diesem Widereinander von Gewißheit und Ungewißheit, welches das kritische Zeichen[168] des Gewordenen ist und somit auch das des Vergangenen, ist das Vergangene verstanden; bei

---

gestalten, worin durch ihn reichlich Bewegung gekommen ist, hat aber auch veranlaßt, daß der Sinn des Lernenden zerstreut wurde, daß er, vielleicht gerade aus Ehrerbietung und Bewunderung über China und Persien, die Denker des Mittelalters, Griechenlands Philosophen, die vier weltgeschichtlichen Monarchien (eine Entdeckung, die schon Geert Westphaler[167] nicht entgangen ist und nun auch das Mundwerk so manchen späteren hegelischen Geert Westphalers in Bewegung setzt), es vergäße nachzuprüfen, ob nun auch am Ende, am Ziel der Wanderung durch das Zauberland sich das zeige, was am Anfang in einem fort versprochen, was ja auch die Hauptsache war, wofür alle Herrlichkeit der Welt kein Ersatz sein könnte, und was da allein für die dumpfe Spannung, in der man gehalten worden war, entschädigen könnte — die Richtigkeit der Methode. Warum doch wurde man sogleich konkret, warum begann man sogleich in concreto zu experimentieren, oder ließe sich etwa in der leidenschaftslosen Kürze der Abstraktion, die kein Zerstreuungs-, kein Zaubermittel hat, die Frage noch nicht beantworten, was es heißen wolle, daß die Idee konkret wird, was Werden ist, wie man sich zu dem Gewordenen verhält usw., ebenso wie schon in der Logik es sich hätte beantworten lassen, was Übergang heißen will, ehedenn man dazu überging drei Bände zu schreiben, in denen man den Übergang nachwies an den kategorischen Bestimmungen, und den Aberglauben staunen machte, und die Stellung dessen so mißlich sein ließ, welcher mit Freuden dem überlegenen Geist viel schuldig sein möchte und danken für das was er schuldig ist, jedoch darüber nicht vergessen kann was Hegel selbst für die Hauptsache halten mußte.

andersartigem Verständnis hat die Auffassung sowohl sich selber mißverstanden (daß sie Auffassung ist) wie auch ihren Gegenstand (daß etwas dergleichen ein Gegenstand für Auffassung werden konnte). Jede Auffassung des Vergangenen, die es zweckdienlich verstanden haben will indem sie es konstruiert, hat lediglich zweckdienlich mißverstanden. (Eine Theorie der Manifestation[169], die an die Stelle der Konstruktion tritt, täuscht beim ersten Augenschein, aber im nächsten Augenblick hat man wieder die nachträgliche Konstruktion und die notwendige Manifestation.) Das Vergangene ist nicht notwendig, da es ward; wurde nicht notwendig dadurch daß es ward (ein Widerspruch), und wird noch weit weniger notwendig mittels irgend einer Auffassung. (Der Abstand in der Zeit gibt Anlaß, daß des Geistes Sinn getäuscht wird, ebenso wie der Abstand im Raume Anlaß gibt zur Sinnestäuschung. Der Gleichzeitige sieht nicht die Notwendigkeit des Werdenden, aber wenn da Jahrhunderte zwischen dem Werden liegen und dem Betrachter – so sieht der die Notwendigkeit, dem gleich, welcher in der Entfernung das Viereckige rund sieht.) Würde das Vergangene mittels der Auffassung notwendig werden, so gewönne das Vergangene was die Auffassung verlöre, da sie etwas andres auffaßte, und das ist eine kümmerliche Auffassung. Wofern das was aufgefaßt wird in der Auffassung sich verwandelt, so verwandelt sich die Auffassung in Mißverständnis. Ein Wissen vom Gegenwärtigen verleiht diesem keine Notwendigkeit, ein Vorauswissen des Zukünftigen verleiht diesem keine Notwendigkeit (Boethius)[170]+, ein Wissen von dem Vergangenen verleiht diesem keine Notwendigkeit; denn alles Auffassen so wie alles Wissen hat nichts herzugeben.

Wer das Vergangene auffaßt, Historico-philosophus, ist daher ein rückwärts gewandter Prophet (Daub)[171]. Daß er Prophet ist bedeutet gerade, daß der Gewißheit vom Vergangenen die Ungewißheit zugrunde liegt, welche für dieses durchaus im gleichen Sinne wie für das Zukünftige besteht, die Möglichkeit (Leibniz[172] – die möglichen Welten), und aus dieser kann es unmöglich mit
IV 244 Notwendigkeit h e r v o r g e h e n, „denn es ist notwendig, daß das Notwendige sich selber voraussetze" (nam necessarium se ipso prius sit, necesse est)[173]. Der Historiker steht also vor dem Vergangenen wiederum, indem er von jener Leidenschaft bewegt wird,

die der leidenschaftliche Sinn für Werden ist, d. h.: von der Bewunderung[174]. Bewundert der Philosoph schlechterdings nichts (und wie sollte man auch außer vermöge einer neuen Art von Widerspruch darauf verfallen eine notwendige Konstruktion zu bewundern), so hat er eben deshalb nichts mit dem Geschichtlichen zu schaffen; denn überall wo das Werden mit im Spiele ist (und das ist es ja in dem Vergangenen), da kann die Ungewißheit die das gewisseste Gewordene hat (das ist die Ungewißheit des Werdens) sich allein ausdrücken in dieser des Philosophen würdigen, für ihn notwendigen Leidenschaft (Plato – Aristoteles). Mag auch das Gewordene das Allergewisseste sein, mag auch die Bewunderung im voraus ihr Einverständnis geben, indem sie sagt: „wäre dies nicht geschehen, so müßte man es dichten" (Baader), auch alsdann ist die Leidenschaft der Bewunderung mit sich selbst in Widerspruch, falls sie dem Gewordenen Notwendigkeit anlügen und sich selbst zum Narren halten will. – Schon das Wort sowie auch der Begriff: Methode, zeigt hinreichend, daß das Voranschreiten, von dem hier die Rede sein kann, teleologisch ist; aber in jedem solchen gibt es jeden Augenblick eine Pause (hier steht die Bewunderung in pausa und harrt des Werdens), die Pause des Werdens und der Möglichkeit, eben weil das Ziel[175] außerhalb liegt. Ist nur *ein* Weg möglich, so ist das Ziel nicht außerhalb, sondern im Fortschreiten selbst, ja in seinem Rücken, so wie beim immanenten Fortschreiten.

Soviel über die Auffassung des Vergangenen. Dabei ist jedoch vorausgesetzt, daß die Kenntnis vom Vergangenen gegeben ist; auf welche Weise wird sie erworben? Unmittelbar kann das Historische nicht wahrgenommen werden, weil es die *Trughaftigkeit* des Werdens an sich hat. Der unmittelbare Eindruck einer Naturerscheinung oder eines Ereignisses ist nicht der Eindruck des Historischen; denn unmittelbar kann das *Werden* nicht wahrgenommen werden, sondern lediglich das Gegenwärtigsein; aber das Gegenwärtigsein des Historischen hat das Werden an sich, sonst ist es nicht das Gegenwärtigsein des Historischen.

Die unmittelbare Sinneswahrnehmung und das unmittelbare Erkennen kann nicht trügen. Schon damit zeigt es sich, daß das Historische nicht ihr Gegenstand sein kann, weil das Historische jene
Trughaftigkeit an sich hat, die dem Werden eigen ist. Im Verhält- IV 245

nis zum Unmittelbaren ist nämlich Werden ein Trugwerk, dadurch das, was am festesten steht, zweifelhaft gemacht wird. So zum Beispiel wenn der Wahrnehmende einen Stern erblickt, wird der Stern ihm in dem Augenblick zweifelhaft, da er sich bewußt werden wird, daß der Stern geworden ist. Es ist gleich als wenn die Reflexion den Stern den Sinnen entzöge. Soviel ist denn klar, daß das Organ für das Historische in Gemäßheit zu diesem gebildet sein muß, jene Angemessenheit an sich haben muß, kraft deren es fort und fort aus seiner eigenen Gewißheit die Ungewißheit aufhebt, die der Ungewißheit des Werdens gemäß ist, welche eine zwiefache ist: die Nichtigkeit des Nicht-Seienden, und die zunichtegemachte Möglichkeit, die zugleich das Zunichtemachen jeder andern Möglichkeit ist. Von solcher Beschaffenheit ist nun eben der Glaube; denn in der Gewißheit des Glaubens ist als das Aufgehobene fort und fort gegenwärtig die Ungewißheit, welche auf jegliche Weise der des Werdens entspricht. Solchermaßen glaubt der Glaube was er nicht sieht; er glaubt nicht, daß der Stern da ist, denn das sieht man, sondern er glaubt, daß der Stern geworden ist. In Beziehung auf ein Ereignis gilt das Gleiche. Das Geschehene läßt sich unmittelbar erkennen, aber daß es geschehen ist, keinerwege, auch nicht daß es geschieht, und geschehe es gleich wie man sagt gerade vor der Nase. Die Trughaftigkeit des Geschehenen ist daß es geschehen ist, worin der Übergang liegt aus Nichts, aus Nicht-Sein und aus dem mannigfaltigen möglichen Wie. Der unmittelbare Sinn, die unmittelbare Erkenntnis ahnt nichts von der Unsicherheit, mit welcher der Glaube seinem Gegenstande sich naht, aber auch nichts von der Gewißheit, die aus der Ungewißheit sich entwickelt.

Die unmittelbare Wahrnehmung und Erkenntnis kann nicht trügen. Dies zu verstehen ist von Wichtigkeit, um den Zweifel zu verstehen, und um mittels seiner wieder dem Glauben die rechte Stelle zu geben. Jener Gedanke liegt nun der griechischen Skepsis[176] zugrunde, wie wunderlich das auch scheinen möge. Es ist indes nicht so schwer zu verstehen, oder zu verstehen, welches Licht dies auf den Glauben wirft, wenn man nicht ganz und gar verwirrt ist durch den hegelischen Zweifel an allem[177], wider den man wahrlich nicht predigen soll; denn was die Hegelianer darüber sagen, ist so beschaffen, daß es am ehesten einen bescheidenen

Zweifel daran nahe legt, inwieweit es wohl richtig damit zugehe, daß sie an irgend etwas gezweifelt haben. Die griechische Skepsis war sich zurückziehend („Urteilsenthaltung“, *ἐποχή*); sie zweifelten nicht vermöge der Erkenntnis, sondern vermöge des Willens IV 246
(sich nicht hinnehmen lassen – *μετριοπαθεῖν*). Hieraus folgt nun, daß der Zweifel allein durch die Freiheit zu beheben ist, durch einen Willensakt, etwas das jeder griechische Skeptiker verstehen würde, dieweil er sich selbst verstanden hat; jedoch er wollte seine Skepsis nicht beheben, eben weil er zweifeln w o l l t e. Dabei muß man ihn nun lassen, nicht aber ihm die Albernheit nachsagen, er meine, daß man mit Notwendigkeit zweifle, und überdies, was noch alberner ist, daß bei dieser Annahme der Zweifel behoben werden könne. Der griechische Skeptiker verneint nicht die Richtigkeit des Sinns oder der unmittelbaren Erkenntnis, aber, sagt er, der Irrtum hat einen ganz andern Grund, er entspringt aus dem Schluß, den ich ziehe. Vermag ich es bloß mich des Schließens zu enthalten, so werde ich niemals getäuscht. So z. B. wo der Sinn mir in der Entfernung einen Gegenstand rund zeigt, welcher in der Nähe viereckig aussieht, oder wo er mir einen Stab im Wasser gebrochen zeigt, wiewohl er gerade ist wenn man ihn heraushebt, so hat der Sinn mich schlechterdings nicht getäuscht, sondern ich bin erst dann getäuscht, wenn ich einen Schluß ziehe auf den Stab oder jenen Gegenstand. Daher hält der Skeptiker sich dauernd in der Schwebe[178], und dieser Zustand war das was er w o l l t e. Sofern also die griechische Skepsis die untersuchende, in Zweifel ziehende, forschende Philosophie *(φιλοσοφία ζητητική, ἀπορητική, σκεπτική)* genannt worden ist, so drücken diese Bezeichnungen nicht das Eigentümliche der griechischen Skepsis aus, welche die Erkenntnis stets nur brauchte um diese Sinnesart, die ihr die Hauptsache war, zu umschirmen, und darum auch das verneinende Ergebnis der Erkenntnis nicht thetisch *(θετικῶς)* aussagen wollte um sich nicht zu fangen darin, einen Schluß gezogen zu haben. Die Sinnesart war ihnen die Hauptsache. („Als Ziel nennen die Skeptiker die Urteilsenthaltung, der schattengleich die Unerschütterlichkeit folgt“, *τέλος δὲ οἱ σκεπτικοί φασι τὴν ἐποχήν, ᾗ σκιᾶς τρόπον ἐπακολουθεῖ ἡ ἀταραξία* (Diog. L. IX 107).)* –

* Daß die unmittelbare Wahrnehmung und Erkenntnis nicht trügen kann, schärfen sowohl Plato wie Aristoteles ein[179]+. Später Cartesius[180], der

IV 247 Im Gegensatz hierzu zeigt es sich nun leicht, daß der Glaube keine Erkenntnis ist, sondern ein Freiheitsakt, eine Willensäußerung. Er glaubt das Werden, und hat denn also in sich die Ungewißheit aufgehoben, welche der Nichtigkeit des Nicht-Seienden entspricht; er glaubt an das So-sein des Gewordenen, und hat denn also in sich das mögliche Wie-sein des Gewordenen aufgehoben, und ohne daß er die Möglichkeit eines andern So-seins leugnete, ist dem Glauben dennoch das So-sein des Gewordenen das Gewisseste.

Sofern nun das, was durch den Glauben das Geschichtliche wird und als das Geschichtliche Gegenstand des Glaubens wird (das eine entspricht dem andern), unmittelbar da ist und unmittelbar aufgefaßt wird, täuscht es nicht. Der Gleichzeitige möge denn freilich seine Augen usw. brauchen, indes recht auf den Schluß achtgeben. Unmittelbar kann er nicht erkennen, daß es geworden ist, aber auch mit Notwendigkeit kann er nicht erkennen, daß es geworden ist; denn der erste Ausdruck des Werdens ist gerade das Abbrechen des Zusammenhangs. In dem Augenblick da der Glaube glaubt, daß es geworden ist, geschehen ist, macht er das Geschehene und Gewordene zweifelhaft im Werden, und sein So-sein zweifelhaft im möglichen Wie-sein des Werdens. Des Glaubens Schluß ist nicht Schluß sondern Entschluß, und daher ist der Zweifel ausgeschlossen. Wenn der Glaube schließt: dies ist da, mithin ist es geworden, so könnte dies erscheinen als ein Schluß aus dem Bewirkten auf die Ursache. Indes verhält es sich nicht ganz auf die Art, und selbst wenn dem so wäre, muß man sich erinnern, daß der Erkenntnisschluß von der Ursache auf das Bewirkte geht, oder richtiger vom Grund zur Folge (Jacobi)[181]. Es verhält sich nicht ganz auf die Art, denn unmittelbar kann ich nicht wahr-
IV 248 nehmen oder erkennen, daß das, was ich unmittelbar wahrnehme und erkenne, ein Bewirktes ist, denn unmittelbar ist es nur. Daß es ein Bewirktes ist, glaube ich; denn um von ihm auszusagen,

---

IV 247 ganz ebenso wie die griechischen Skeptiker sagt, der Irrtum entspringe aus dem Willen, der sich mit dem Ziehen von Schlüssen übereilt. Dies läßt auch ein Licht über den Glauben fallen; indem er sich entschließt zu glauben, wagt er die Gefahr, daß es ein Irrtum sein könnte, aber dennoch will er glauben. Anders glaubt man nie; will man die Gefahr nicht wagen, so will man mit Gewißheit wissen, daß man schwimmen kann ehe man ins Wasser geht.

daß es ein Bewirktes sei, muß ich es bereits zweifelhaft gemacht haben in der Ungewißheit des Werdens. Jedoch entschließt der Glaube sich hierzu, so ist der Zweifel behoben; im gleichen Augenblick ist das Gleichgewicht und die Gleichgiltigkeit des Zweifels behoben nicht vermöge Erkenntnis, sondern vermöge Willens. Dergestalt ist der Glaube annähernd das am meisten Bestreitbare (denn im Glauben ist die Ungewißheit des Zweifels, die stark und unüberwindlich im Zweideuten, Zwei-meinen (dis-putare)[182] ist, untergegangen), und das am wenigsten Bestreitbare in kraft seiner neuen Qualität. Der Glaube ist das Gegenteil des Zweifels. Glaube und Zweifel sind nicht zwei Arten der Erkenntnis, die sich in Zusammenhang miteinander bestimmen lassen, denn sie sind beide keine Erkenntnisakte, sie sind einander entgegengesetzte Leidenschaften. Glaube ist Sinn für Werden, und Zweifel ist Einspruch wider jeden Schluß, der über die unmittelbare Wahrnehmung und die unmittelbare Erkenntnis hinausgehen will. Der Zweifler leugnet z. B. nicht das eigne Dasein, sondern er zieht keinen Schluß; denn er will sich nicht täuschen. Insofern er die Dialektik gebraucht um fort und fort das einander Entgegengesetzte als gleich wahrscheinlich hinzustellen, ist es doch nicht vermöge ihrer, daß er seine Skepsis aufrecht erhält, es sind bloß Außenwerke, menschliche Anbequemungen; er hat daher kein Ergebnis, nicht einmal ein verneinendes (denn das heißt die Erkenntnis anerkennen), sondern kraft des Willens entschließt er sich einzuhalten und sich zurückzuhalten (sich des Urteils enthaltende Philosophie, *φιλοσοφία ἐφεκτική*) von jedem Schluß.

Wer mit dem Geschichtlichen nicht gleichzeitig ist, hat anstelle der Unmittelbarkeit des Sinns und der Erkenntnis (welche indes das Geschichtliche nicht aufzufassen vermögen) den Bericht der Gleichzeitigen, zu dem er sich auf gleiche Art verhält, wie die Gleichzeitigen zur Unmittelbarkeit; denn mag das Erzählte auch im Bericht eine Veränderung erfahren haben, er kann ihn nicht in der Art hinnehmen, daß er eine eigne Zustimmung zu ihm nicht gibt und ihn für historisch erklärt, ohne daß er ihn in das für sich Unhistorische verwandelt[183]. Die Unmittelbarkeit des Berichts, d. h.: dies, daß der Bericht da ist, ist das unmittelbar Gegenwärtige, aber das Geschichtliche an diesem Gegenwärtigen ist, daß

es geworden ist, und an dem Vergangenen, daß es ein Gegenwärtiges dadurch gewesen ist, daß es ward. Sobald der Spätere nun das Vergangene glaubt (nicht dessen Wahrheit; denn das ist Sache der Erkenntnis, die sich auf das Wesen bezieht, nicht auf Sein;
IV 249 sondern glaubt, daß es ein Gegenwärtiges dadurch gewesen daß es ward), ist die Unsicherheit des Werdens darin; und diese Unsicherheit des Werdens (die Nichtigkeit des Nicht-Seienden – das mögliche Wie-sein des wirklichen So-seins) muß für ihn ebenso sein wie für den Gleichzeitigen, sein Gemüt muß in der Schwebe sein ebenso wie das des Gleichzeitigen. Er hat also keine Unmittelbarkeit mehr für sich, aber auch keine Notwendigkeit des Werdens, sondern allein das *So-sein des Werdens*. Der Spätere glaubt denn zwar kraft der Aussage des Gleichzeitigen, jedoch allein in dem gleichen Sinne wie der Gleichzeitige kraft der unmittelbaren Wahrnehmung und Erkenntnis, aber zu glauben vermag der Gleichzeitige kraft dieser nicht, und somit denn auch der Spätere nicht kraft des Berichts.

* *
*

Das Vergangene wird solchermaßen keinen Augenblick notwendig, sowenig wie es notwendig gewesen ist, als es ward, oder sich als notwendig erzeigt hat für den Gleichzeitigen der es glaubte, d. h.: glaubte, daß es geworden war; denn Glaube und Werden entsprechen einander, und betreffen die aufgehobenen Bestimmungen des Seins: das Vergangene und das Zukünftige; und das Gegenwärtige nur insofern es unter der aufgehobenen Bestimmung des Seins gesehen wird als dasjenige, das geworden ist; indessen Notwendigkeit das Wesen betrifft, und dies so daß die Bestimmung des Wesens gerade ist: Werden ausschließen. Die Möglichkeit, aus der das Mögliche, welches das Wirkliche ward, hervorgegangen ist, begleitet fort und fort das Gewordene, und bleibt bei dem Vergangenen und lägen selbst Jahrtausende dazwischen; sobald der Spätere wiederholt, daß es geworden sei (und das tut er indem er es glaubt), wiederholt er dessen Möglichkeit, gleichgiltig ob hier nun die Rede sein kann von genaueren Vorstellungen über diese Möglichkeit oder nicht.

Beilage

ANWENDUNG

Was hier gesagt worden, gilt von dem unmittelbar Geschichtlichen, dessen Widerspruch allein ist, daß es geworden ist, dessen Widerspruch* allein der des Werdens ist; denn man darf sich hier IV 250
abermals nicht täuschen lassen, so als ob es leichter zu verstehen wäre, daß etwas geworden ist, nachdem es geworden ist, als bevor es geworden ist; denn wer dies meint, versteht noch nicht, daß es geworden ist, er hat lediglich die Wahrnehmung und die Unmittelbarkeit der Erkenntnis betreffs des Gegenwärtigen, worin das Werden nicht enthalten ist.

Wir wollen nun zurückkehren zu unsrer Dichtung und zu unsrer Annahme, daß der Gott g e w e s e n s e i. Im Verhältnis zum unmittelbar Geschichtlichen gilt es, daß es nicht geschichtlich werden kann für die unmittelbare Wahrnehmung oder Erkenntnis, für den Gleichzeitigen ebensowenig wie für den Späteren. Mit jener geschichtlichen Tatsache (die der Inhalt unsrer Dichtung ist) hat es nun eine eigne Bewandtnis, da sie nicht eine unmittelbar geschichtliche Tatsache ist, sondern eine Tatsache die in einem Selbstwiderspruch sich gründet (was hinreicht um zu zeigen, daß kein Unterschied ist zwischen dem unmittelbar Gleichzeitigen und dem Späteren; denn gegenüber einem Selbstwiderspruch und dem Wagnis, das mit der Zustimmung dazu sich verknüpft, ist die unmittelbare Gleichzeitigkeit schlechterdings keine Begünstigung). Jedoch es ist eine geschichtliche Tatsache, und allein für den Glauben. Der Glaube wird hier also vorerst in unmittelbarer und allgemeiner Bedeutung genommen, vom Verhältnis zum Geschichtlichen; nächstdem aber muß der Glaube in durchaus besonderem Sinne genommen werden, dergestalt daß dies Wort nur ein ein-

---

* Das Wort Widerspruch darf hier nicht in dem verflüchtigten Sinne genommen werden, in welchem Hegel[184] sich selbst, andern und dem Widerspruche eingebildet hat, daß dieser Macht habe etwas hervorzu- IV 250
bringen. So lange nichts geworden ist, ist der Widerspruch nichts als der Drang in der Bewunderung, deren Trieb (nisus) nicht des Werdens Trieb; wenn es geworden ist, ist der Widerspruch abermals vorhanden als der Trieb der Bewunderung in der Leidenschaft, welche das Werden nacherzeugt.

ziges Mal vorkommen kann, d. h.: viele Male, aber lediglich in einem einzigen Verhältnis. Ewig verstanden *glaubt* man nicht, daß der Gott da ist, ob man gleich annimmt daß er da ist. Es ist ein mißverständlicher Sprachgebrauch. Sokrates glaubte nicht, daß der Gott da sei. Was er von dem Gotte wußte, dazu gelangte er vermöge der Erinnerung, und das Dasein des Gottes war ihm in keiner Weise etwas Geschichtliches. Ob seine Gotteserkenntnis sehr unvollkommen war im Vergleich mit der dessen, welcher, unsrer Annahme gemäß, von dem Gotte selbst die Bedingung empfängt, geht uns hier nichts an; denn der Glaube hat nicht mit
IV 251 dem Wesen zu schaffen sondern mit dem Sein, und die Annahme, daß der Gott da ist, bestimmt den Gott ewig, nicht geschichtlich. Das Geschichtliche ist, daß der Gott *geworden* ist (für den Gleichzeitigen), daß er ein Gegenwärtiges gewesen ist dadurch, daß er *geworden* ist (für den Späteren). Hierin aber liegt eben der Widerspruch. Unmittelbar kann denn also niemand mit dieser geschichtlichen Tatsache gleichzeitig werden (vgl. das Vorhergehende); sondern sie ist der Gegenstand des Glaubens, da es um Werden geht. Es ist hier nicht die Frage um die Wahrheit davon, sondern ob man dem zustimmen will, daß der Gott geworden ist, etwas, dadurch des Gottes ewiges Wesen in die dialektischen Bestimmungen des Werdens hineinkonjugiert wird.

So bleibt denn jene geschichtliche Tatsache stehen; hat keinen unmittelbaren Gleichzeitigen, da sie historisch in erster Potenz ist (Glaube in allgemeinem Sinne); hat keinen unmittelbaren Gleichzeitigen in zweiter Potenz, da sie in einem Widerspruch sich gründet (Glaube in besonderem Sinne). Aber diese letzte Gleichheit unter denen, die dem zeitlichen Verhältnis nach am meisten von einander verschieden sind, verschlingt die Verschiedenheit, welche für die dem zeitlichen Verhältnis nach Verschiedenen hinsichtlich des ersten Verhältnisses besteht. Jedes Mal daß der Glaube diese Tatsache zu einem Gegenstande des Glaubens werden läßt, sie geschichtlich werden läßt für sich, wiederholt er die dialektischen Bestimmungen des Werdens. Mögen gleich noch so viele Jahrtausende vergehen, möge jene Tatsache gleich noch so viele Folgen nach sich ziehen, sie wird um des willen nicht in höherem Maße notwendig (und die Folgen selbst werden, in letztgiltiger Betrachtung, nur bedingt notwendig, denn ihr Grund liegt in jener freiwirkenden Ursache), ganz zu schweigen von der allergrößten Verkehrung, daß sie notwendig werden sollte auf Grund ihrer Folgen, da ja Folgen ihren Grund in einem andern zu haben pflegen, nicht aber es zu begründen. Sähe der Gleichzeitige oder der früher Lebende gleich noch so viel an Vorbereitungen, noch so viel an Winken, an Symptomen, jene Tatsache wäre dennoch nicht notwendig, da sie geworden ist, d. h.: jene Tatsache ist als ein Zukünftiges ebensowenig notwendig, wie sie als ein Vergangenes notwendig ist.

Fünftes Kapitel IV 252

DER JÜNGER ZWEITER HAND

„Mein lieber Lescr! Da laut unsrer Annahme achtzehnhundertunddreiundvierzig Jahre zwischen dem gleichzeitigen Jünger und dieser unsrer Unterredung liegen, scheint hinreichend Veranlassung zu sein nach einem Jünger zweiter Hand zu fragen, da dies Verhältnis wohl oft sich wiederholt haben muß. Die Frage scheint denn also unabweislich ebenso wie auch der Anspruch der Frage auf eine Erklärung der Schwierigkeiten, die vielleicht sich zeigen mögen, wenn es gilt den Jünger zweiter Hand fertig zu bestimmen nach seiner Gleichheit und Ungleichheit mit dem gleichzeitigen Jünger. Sollen wir aber die Frage nicht dessen ungeachtet zuerst doch überlegen, ob sie auch ebenso richtig sei wie sie gleich bei der Hand sei? Sollte es sich nämlich zeigen, daß die Frage unrichtig ist oder daß man derart nicht fragen darf, ohne zu fragen wie ein Narr, und mithin ohne Recht, den der Narrheit zu zeihen, welcher Verstand genug hat nicht antworten zu können; – dann scheinen die Schwierigkeiten ja beseitigt zu sein." – „Unleugbar; denn wo man nicht fragen darf, da soll einem die Antwort wohl keine Ungelegenheit bereiten, und die Schwierigkeit ist ungemein leicht geworden." – „Das folgt daraus doch nicht; denn nimm nun an, die Schwierigkeit läge in der Einsicht, daß man derart nicht fragen darf. Oder hast du das vielleicht allbereits eingesehen; war es am Ende das was du meintest als du in unsrer letzten Unterredung (Kap. IV) äußertest: du habest mich verstanden samt allen

Folgerungen aus meiner Aussage, indessen ich mich selbst noch nicht ganz verstanden hatte?" – „Das ist keineswegs meine Mei-
IV 253 nung gewesen, so wenig als es meine Meinung ist daß die Frage sich abweisen läßt, und das umso weniger weil sie sogleich eine neue Frage in sich enthält, ob da nicht ein Unterschied sei unter den vielen, die in der Bestimmung: ‚der Jünger zweiter Hand' umfaßt sind; mit andern Worten, ob es richtig ist, einen so ungeheuren Zeitabschnitt in zwei so ungleiche Stücke zu teilen: der Gleichzeitige – der Spätere." – „Du meinst, es müsse geredet werden dürfen von einem Jünger fünfter Hand, siebenter Hand usw.; aber würde nun auch, um dir nachzugeben, davon geredet, folgte denn daraus, daß die Rede von allen diesen Verschiedenheiten, wofern sie nicht in sich zwiespältig wäre, nicht unter Eins zusammengefaßt werden solle in Gegenüberstellung gegen die Bestimmung: der gleichzeitige Jünger? Oder würde die Rede richtig verfahren, wenn sie ebenso vorginge wie du, so daß sie einfältig genug wäre das zu tun, was zu tun du listig genug gewesen, nämlich die Frage nach dem Jünger zweiter Hand sich verwandeln zu lassen in eine ganz andre Frage, wodurch du Gelegenheit fändest, mich, anstatt meinen Vorschlag anzunehmen oder abzulehnen, mit einer neuen Frage zum Narren zu halten? Indes da du vermutlich nicht wünschst diese Unterredung fortzusetzen, aus Furcht sie möchte in Sophisterei und Zänkerei ausarten, so will ich sie abbrechen; aber aus der Erörterung, so wie ich sie nun vorzulegen gedenke, wirst du ersehen, daß Rücksicht genommen ist auf die Äußerungen, die zwischen uns vorgefallen sind."

§ 1.

Der Jünger zweiter Hand in seiner Verschiedenheit von sich selbst

Hier geht mithin die Reflexion nicht auf das Verhältnis des sekundären Jüngers zum gleichzeitigen, sondern die Verschiedenheit, auf welche die Reflexion geht, ist von der Art, daß die Gleichheit des untereinander Verschiedenen einem andern gegenüber nicht aufgehoben wird; denn die Verschiedenheit, die bloß von sich selbst verschieden ist, bleibt ja innerhalb der Gleichheit

mit sich selbst. Auf Grund dessen ist es auch keinerlei Willkür da, wo man will, abzubrechen; denn der bedingte Unterschied ist hier kein Häufelschluß (sorites)[185], aus welchem die Qualität vermöge eines Handstreichs zum Vorschein kommen soll, sofern der Unterschied innerhalb der bestimmten Qualität liegt. Ein Häufelschluß würde nur dann zum Vorschein kommen, wenn man das gleichzeitig Sein in schlechtem Sinne dialektisch machen würde, z. B. dadurch daß man zeigte, daß in einem gewissen Sinne schlechterdings niemand gleichzeitig sei, denn niemand könne gleichzeitig sein mit allen Momenten; oder dadurch daß man fragte, wann denn die Gleichzeitigkeit aufhöre, wo die Nicht-Gleichzeitigkeit
beginne, ob es nicht eine hin und her zu handelnde Grenzmark IV 254
gebe, von welcher der marktende Verstand sagen könnte: bis zu einem gewissen Maß usw. usw. Aller solche unmenschliche Tiefsinn führt zu nichts, oder in unsrer Zeit vielleicht dazu, für echt spekulativ angesehen zu werden, da jener verachtete Sophismus, weiß der Teufel wie das so gekommen ist, zu dem kümmerlichen Geheimnis der echten Spekulation geworden ist, und das im Altertum als negativ betrachtete: „Bis zu einem gewissen Maße" (die parodierende Verträglichkeit die alles vermittelt ohne kleinlich zu sein) das Positive geworden ist, und das was das Altertum das Positive nannte, die Leidenschaft der begrifflichen Unterscheidung[186], eine Torheit geworden ist.

Gegensätze zeigen sich nun am kräftigsten indem man sie zusammenstellt, und deshalb greifen wir hier heraus die erste Generation sekundärer Jünger und die letzte (die welche die gegebene Zeitspanne von achtzehnhundertunddreiundvierzig Jahren begrenzt), und fassen uns so kurz wie möglich; denn wir reden ja nicht historisch, sondern algebraisch, und wünschen niemanden mit den Zauberreizen der Mannigfaltigkeit zu zerstreuen oder zu verführen. Dahingegen mahnen wir beständig, in und mit der Verschiedenheit die dem Gleichzeitigen gegenüber bestehende Gleichheit in der Verschiedenheit festzuhalten (erst im folgenden Paragraphen werden wir näher sehen, daß die Frage nach dem Jünger zweiter Hand, wesentlich verstanden, eine unrichtige Frage ist), desgleichen dies, daß die Verschiedenheit nicht so ins Kraut schießen darf, daß sie alles verwirrt.

a.

Die erste Generation sekundärer Jünger

Diese hat nun (bedingtermaßen) den Vorteil, der unmittelbaren Gewißheit näher zu sein, näher daran zu sein sich einen genauen und zuverlässigen Bericht über die Ereignisse zu verschaffen von Leuten, deren Verläßlichkeit man auf andere Weise nachprüfen kann. Diese unmittelbare Gewißheit haben wir im vierten Kapitel schon ausgerechnet. Ihr etwas näher zu sein ist nun freilich ein Trug; denn wer der unmittelbaren Gewißheit nicht so nahe ist, daß er unmittelbar gewiß ist, der ist ihr schlechthin fern. Jedoch wollen wir diese bedingte Verschiedenheit (welche der ersten Generation sekundärer Jünger im Verhältnis zu den späteren Generationen eigen ist) in Anschlag bringen; wie hoch sollen wir sie veranschlagen? Wir können sie ja doch nur veranschlagen im Verhältnis zu dem Vorteil den der Gleichzeitige hat; aber wir haben
IV 255 ja schon im vierten Kapitel gezeigt, daß dessen Vorteil (die unmittelbare Gewißheit in strengem Sinne) zweideutig ist (anceps – gefährdet), und werden dies im folgenden Paragraphen fernerhin tun. – Oder falls da in der nächsten Generation ein Mensch gelebt hätte, der mit eines Tyrannen Macht die Leidenschaft eines Tyrannen verband, und er hätte es sich einfallen lassen sich nur um dies Eine zu kümmern, daß für diesen Punkt die Wahrheit an den Tag gebracht werde, würde er deswegen der Jünger werden? Gesetzt, er bemächtige sich aller noch lebenden gleichzeitigen Zeugen und derer, die ihnen am nächsten stünden, er lasse sie jeden einzeln aufs genaueste verhören, lasse sie einsperren gleich jenen siebzig Übersetzern[187], sie aushungern um sie zu zwingen die Wahrheit zu sagen, lasse sie auf die hinterlistigste Weise einander gegenüberstellen, bloß deswegen um sich mit jeglichem Mittel eine verläßliche Unterrichtung zu sichern – wäre er mittels dieser Unterrichtung der Jünger? Müßte der Gott nicht eher über ihn lächeln, weil er auf diese Weise sich erzwingen möchte was sich für Geld nicht kaufen, aber auch mit Gewalt nicht nehmen läßt? Selbst wenn jene Tatsache, von der wir sprechen, eine schlichte geschichtliche Tatsache wäre, die Schwierigkeit dürfte gleichwohl nicht ausbleiben, falls er eine schlechthinnige Übereinstimmung in allen Klei-

nigkeiten zuwegebringen wollte, und das müßte ihm von ungeheurer Wichtigkeit sein, weil die Glaubensleidenschaft, d. h.: die Leidenschaft, die so angespannt ist wie der Glaube es ist, eine verkehrte Richtung auf das nichts als Geschichtliche hin erhalten hätte. Es ist hinlänglich bekannt, daß die redlichsten und wahrheitsliebendsten Menschen am allerehesten sich in Widersprüche verwickeln, wenn sie einer inquisitorischen Behandlung und der vorgefaßten Meinung eines Inquisitors ausgesetzt werden, während es allein einem verworfenen Verbrecher vorbehalten bleibt, vermöge der Genauigkeit, die von einem bösen Gewissen eingeschärft wird, bei seinem Lügen sich nicht zu widersprechen. Davon abgesehen aber, jene Tatsache, von der wir sprechen, ist ja keine schlichte geschichtliche Tatsache, was also hülfe es ihm alles? Falls er einen umständlichen Bericht fertig bringen sollte, welcher bis auf den Buchstaben und bis auf die Minute übereinstimmte – so wäre er ohne jeden Zweifel betrogen. Er hätte sogar eine größere Gewißheit erhalten als der Gleichzeitige, welcher gesehen hat und gehört, denn dieser müßte doch leicht entdecken, daß er zuweilen nicht gesehen habe und zuweilen fehlgesehen habe und desgleichen beim Hören, und müßte ja fort und fort dessen eingedenk sein, unmittelbar sehe und höre er nicht den Gott, sondern sehe er einen Menschen von ärmlichem Aussehen, der von sich sage, daß
er der Gott sei, mit andern Worten, er müßte fort und fort dessen IV 256
eingedenk sein, daß jene Tatsache in einem Widerspruch gegründet sei. Wäre da jenem Menschen gedient mit der Verläßlichkeit seines Berichtes? Ja in historischem Betracht, sonst jedoch nicht; denn alles Reden von des Gottes irdischer Anmut (wo er doch nur in der Knechtsgestalt war – ein einzelner Mensch, so wie einer von uns – des Ärgernisses Gegenstand), von seiner unmittelbaren Göttlichkeit (wo doch die Göttlichkeit keine unmittelbare Bestimmung ist, und der Lehrer in dem Lernenden zuvor die tiefste Selbstreflexion, das Bewußtsein der Sünde, entwickeln mußte, als Bedingung des Verstehens), von der unmittelbaren Wunderherrlichkeit seines Wirkens (wo doch die Wunderherrlichkeit nicht unmittelbar da ist, sondern nur für den Glauben ist, sofern der welcher nicht glaubt, von der Wunderherrlichkeit nichts sieht) ist hier wie allerwege Galimathias, ein Versuch, das Nachdenken mit Gerede hintanzuhalten.

Diese Generation hat bedingt den Vorteil, daß sie dem Beben[188] jener Tatsache näher liegt. Dies Beben und sein Nachzittern trägt dazu bei die Aufmerksamkeit zu wecken. Die Bedeutung solch einer Aufmerksamkeit (die ja auch Ärgernis werden kann) haben wir im vierten Kapitel bereits in Anschlag gebracht. Möge es nun ein Vorteil sein ihr (im Vergleich mit den Späteren) etwas näher zu sein, der Vorteil steht doch nur in Entsprechung zu dem zweifelhaften Vorteil, den dies für den Gleichzeitigen hat. Der Vorteil ist ganz und gar dialektisch ebenso wie die Aufmerksamkeit. Der Vorteil ist aufmerksam zu werden, möge man nun sich ärgern oder glauben. Die Aufmerksamkeit ist nämlich keineswegs parteiisch für den Glauben, so als ob der Glaube vermöge einer einfachen Folge aus der Aufmerksamkeit hervorginge. Der Vorteil ist, in einen solchen Zustand zu kommen, daß die Entscheidung sich deutlicher zeigt. Das ist ein Vorteil, und dieser Vorteil ist der einzige, der etwas zu bedeuten hat, ja so viel daß er fürchterlich ist und keineswegs eine annehmliche Bequemlichkeit. Wofern jene Tatsache niemals aus alberner Unachtsamkeit in menschlichen Schlendrian eingegangen ist, wird eine jede Generation das gleiche Verhältnis zum Ärgernis aufweisen wie die erste; denn man kommt jener Tatsache mit keinerlei Unmittelbarkeit näher. Werde man soviel man will zu jener Tatsache erzogen und gezogen[189], es hilft nichts. Dahingegen kann es freilich, zumal wenn der Erzieher bereits seinerseits auf die Art wohlunterrichtet ist, einem dazu helfen ein wohlabgerichteter Schwätzer zu werden, in dessen Sinn von Ärgernis keine Ahnung wäre, noch auch der Glaube eine Stätte hätte.

IV 257

b.

Die letzte Generation

Diese liegt nun weit ab von jenem Beben, hat hingegen die Folgen, um sich daran zu halten, hat den Wahrscheinlichkeitsbeweis daraus wie es ausgefallen ist; hat die Folgen unmittelbar vor sich, mit denen jene Tatsache nun wohl alles umspannt haben mag, hat den Wahrscheinlichkeitsbeweis nahe genug, von dem jedoch kein unmittelbarer Übergang zum Glauben besteht, da, wie gezeigt, der Glaube keineswegs parteiisch für die Wahrscheinlichkeit ist, was vom Glauben zu sagen ja üble Nachrede wäre.* Wofern jene Tatsache als das schlechthinnige Paradox zur Welt gekommen ist, hilft alles was später ist nicht, denn das bleibt in alle Ewigkeit Folge eines Paradoxes, und mithin letztgiltig eben so IV 258

* Überhaupt ist der Gedanke (wie immer er auch im einzelnen näher zu bestimmen sei) einen Wahrscheinlichkeitsbeweis an das Unwahrscheinliche anknüpfen zu wollen, (etwa um zu beweisen — daß es wahrscheinlich ist? aber damit ist ja der Begriff verschoben; oder um zu beweisen — daß es unwahrscheinlich ist? Aber es ist ja ein Widerspruch, dazu die Wahrscheinlichkeit zu brauchen,) wenn er ernst gemeint ist, so albern, daß man sein Vorkommen für unmöglich halten sollte; als gespaßiges Spiel hingegen, wie mich bedünkt, über die Maßen kurzweilig, und in diesem eilfertigen Kehrdichum sich zu betätigen, recht unterhaltsam. — Ein edler Mensch will der Menschheit einen Dienst tun mit einem Wahrscheinlichkeitsbeweis, um ihr in das Unwahrscheinliche hineinzuhelfen. Dies gelingt über alle Maßen; gerührt nimmt er Glückwunsch und Danksagung entgegen, nicht allein von den Angeseheneren, welche den Beweis richtig zu würdigen wissen, sondern auch vom gemeinen Mann — ach und jener edle Mensch hat gerade alles verspielt. — Oder da ist ein Mann der eine Überzeugung hat; der Gehalt dieser Überzeugung ist das Ungereimte, das Unwahrscheinliche. Selbiger Mann ist beträchtlich eitel. Man verfährt nun folgendermaßen. So gelassen und freundschaftlich wie möglich bekommt man ihn dahin mit seiner Überzeugung herauszurücken. Da er keinen Unrat ahnt, legt er sie scharf dar. Wenn er fertig ist, fällt man über ihn her auf eine Art, die seine Eitelkeit so sehr reizt wie nur möglich. Er wird verlegen, betroffen, schämt sich vor sich, „daß er etwas Ungereimtes annehmen könne". Anstatt ganz ruhig zu entgegnen: „Verehrtester, Sie sind ein Narr; es ist ungereimt, und es soll so sein allen Einwänden zum Trotz, die ich weit schneidender durchdacht habe als irgend ein anderer sie mir darlegen kann, wenn ich freilich auch mich für das Unwahrscheinliche entschieden habe", sucht er einen Wahrscheinlichkeitsbeweis zu führen. Nun ist man ihm behilflich, man läßt sich überwinden, und endet etwa folgendermaßen: „O, jetzt sehe ich es, es ist das Wahrscheinlichste von der Welt". Man umarmt ihn; treibt man den Scherz sehr weit, so küßt man ihn, dankt wegen der besseren Belehrung[190], schaut ihm beim IV 258
Fortgehen noch einmal in das romantische Auge, und scheidet von ihm als Freund und Milchbruder für Leben und Tod, den man aus gleichgestimmter Seele heraus in alle Ewigkeit verstanden hat. — Solch ein Spaß ist gerechtfertigt; denn wäre der Mann nicht eitel gewesen, so wäre ich zum Narren geworden an dem redlichen Ernst seiner Überzeugung. — Was Epikur[191] über das Verhältnis des Einzelnen zum Tode sagt (wiewohl seine Betrachtung ein recht mäßiger Grund des Trostes ist), das gilt von dem Verhältnis zwischen Wahrscheinlichkeit und Unwahrscheinlichkeit: wenn ich bin, ist er (der Tod) nicht, und wenn er (der Tod) ist, so bin ich nicht.

unwahrscheinlich wie das Paradox, es sei denn man wolle annehmen, daß Folgen (welche ja etwas Abgeleitetes sind) rückwirkende Kraft bekommen um das Paradox umzuschaffen, etwas das ebensowenig angenommen werden könnte, wie daß ein Sohn rückwirkende Kraft bekäme seinen Vater umzuschaffen. Selbst wenn man die Folge rein logisch dächte, mithin unter der Form der Immanenz, es bleibt doch wahr, daß die Folge lediglich zu bestimmen ist als mit der Ursache eins und gleicher Art; aber am allerwenigsten eine umschaffende Macht besitzen kann. Daß man die Folgen für sich hat, ist denn also ein eben so zweifelhafter Vorteil, wie daß man die unmittelbare Gewißheit hat, und wer die Folgen unmittelbar hinnimmt, ist betrogen, gerade so wie der, welcher die unmittelbare Gewißheit für den Glauben nimmt.

Der Vorteil der Folgen scheint darin zu liegen, daß jene Tatsache klein bei klein *natürlichgemacht* worden wäre. Ist dies der Fall (d. h.: läßt dies sich denken), so ist die spätere Generation sogar unmittelbar vor der gleichzeitigen im Vorteil (und ein Mensch müßte denn wohl recht albern sein, wenn er es vermöchte, in diesem Sinne von der Folge zu reden und gleichwohl zu phantasieren über die Glückseligkeit, mit jener Tatsache gleichzeitig zu sein), und kann sich jene Tatsache höchst ungeniert aneignen ohne etwas von der Zweideutigkeit der Aufmerksamkeit zu merken, aus welcher das Ärgernis ebenso gut an den Tag kommen kann wie der Glaube. Jene Tatsache nimmt indes auf keinerlei Abrichtung Rücksicht, ist zu stolz als daß sie einen Jünger begehrte, der mitmachen will, kraft des glücklichen Ausfalls, dessen die Sache teilhaftig ward, verschmäht es naturalisiert[192] zu werden unter der Protektion eines Königs oder eines Professors; sie ist und bleibt das Paradox und läßt sich nicht erspekulieren.
IV 259 Jene Tatsache ist allein für den Glauben. Der Glaube kann nun freilich einem Menschen zur *andern Natur* werden, aber der Mensch, dem er zur andern Natur wird, muß doch wohl eine *erste Natur* gehabt haben, dieweil der Glaube zur andern, zur zweiten ward. Soll jene Tatsache *natürlichgemacht* werden, so läßt sich dies in Beziehung auf das Individuum dahin ausdrücken, daß das Individuum mit dem Glauben geboren wird, d. h.: mit seiner andern Natur. Beginnen wir unsre Erörterung auf die Art, so beginnt zugleich aller mögliche Galimathias zu frohlocken;

denn nunmehr ist der ja losgelassen und nicht mehr zu halten.
Dieser Galimathias muß natürlich erfunden worden sein indem
man weiter gegangen ist, denn in der sokratischen Anschauung ist
da wahrlich ein guter Sinn gewesen, wenn wir sie gleich verlassen
haben um das früher Projektierte zu entdecken, und solch ein
Galimathias würde es wohl für eine tiefe Kränkung halten, daß er
nicht etwa sehr viel weiter gekommen sein solle als das Sokra-
tische. Selbst in einer Seelenwanderung ist doch Sinn, aber gebo-
ren werden mit seiner andern Natur, einer andern Natur die sich
zurückbezieht auf eine in der Zeit gegebne geschichtliche Tatsache,
das ist ein wahres non plus ultra von Narretei. Sokratisch ver-
standen, ist das Individuum dagewesen ehedenn es ins Dasein trat
und erinnert sich seiner selbst, so daß die Erinnerung die Präexi-
stenz ist (nicht Erinnerung an die Präexistenz); die Natur (die
eine; denn hier ist nicht die Rede von erster und andrer, zweiter
Natur) ist bestimmt in Zusammenhang mit sich selbst. Hier hin-
gegen ist alles vorlings[193] und geschichtlich, dergestalt daß mit
dem Glauben geboren werden im Grunde ebenso annehmbar ist
wie geboren werden im Alter von vierundzwanzig Jahren. Könnte
man wirklich ein Individuum vorzeigen, das mit dem Glauben ge-
boren ist, so wäre das ein sehenswürdigeres Ungetüm als das, da-
von der Barbier im „Übergeschäftigen"[194] erzählt, daß es in den
„neuen Buden" geboren worden sei, mag es gleich Barbieren und
Übergeschäftigen als ein allerliebstes kleines Wesen erscheinen, als
der höchste Triumph der Spekulation. – Oder wird vielleicht das
Individuum mit beiden Naturen auf einmal geboren, wohl zu mer-
ken nicht zwei solchen Naturen die zusammengehören um die ge-
wöhnliche menschliche Natur zu bilden[195], sondern mit zwei voll-
ständigen menschlichen Naturen, von denen die eine ein dazwi-
schenliegendes Geschichtliches voraussetzt. Solchenfalls ist alles,
was wir im ersten Kapitel als Projekt dargelegt haben, verworren,
wir stehen noch nicht einmal beim Sokratischen, sondern bei einer
Konfusion, die auch Sokrates nicht imstande wäre zu beheben. Es
wird eine Wirrsal vorlings, die viel gemeinsam hat mit der von
Apollonius von Tyana[196] erfundenen Wirrsal rücklings. Er be- IV 260
gnügte sich nämlich nicht wie Sokrates sich seiner selbst zu erin-
nern als seiend ehedenn er ins Dasein trat (die Ewigkeit und der
Zusammenhang des Bewußtseins ist im Sokratischen der Tiefsinn

und der Gedanke), sondern war behende darin, weiter zu gehen, er erinnerte sich nämlich, wer er gewesen ehedenn er er selbst ward. Wofern jene Tatsache natürlichgemacht worden ist, ist die Geburt nicht mehr die Geburt, sondern sie ist zugleich die Wiedergeburt, dergestalt daß der, der niemals gewesen, wiedergeboren wird – indem er geboren wird. – Im individuellen Leben wird das dahin ausgedrückt, daß das Individuum mit dem Glauben geboren wird; beim Geschlecht muß man das Gleiche dahin ausdrücken, daß das Geschlecht nach dem Eintreten jener Tatsache ein ganz andres geworden ist, und dessen ungeachtet in Zusammenhang mit dem ersten bestimmt ist[197]. Solchenfalls hätte das Geschlecht einen neuen Namen anzunehmen; denn so wie wir ihn in unserm Projekt verstanden haben, als eine Geburt innerhalb einer Geburt (eine Wiedergeburt), hat der Glaube freilich nichts Unmenschliches, er würde jedoch sehr wohl ein abenteuerliches Ungetüm werden, falls es so wäre wie wir die Einwendung es haben wollen lassen.

Der Vorteil, den die Folge hat, ist auch noch aus einem andern Grund ein zweifelhafter Vorteil, insofern als sie nicht eine schlichte Folge aus jener Tatsache ist. Laßt uns den Vorteil, den die Folgen haben, auf das Höchstmaß veranschlagen, daß jene Tatsache die Welt ganz und gar umgeschaffen, selbst das Allerunbedeutendste durchdrungen hat mit seiner Allgegenwärtigkeit – wie ist das zugegangen? Es ist doch nicht mit einem Schlage geschehen, sondern nach und nach, und wie denn nach und nach? Doch wohl dadurch, daß jede einzelne Generation von neuem in ein Verhältnis zu jener Tatsache gekommen ist? Diese Zwischenbestimmung muß also nachgeprüft werden, sodaß die ganze Stärke der Folgen nur durch eine Umkehrung einem zugute kommen kann. Oder kann nicht etwa ein Mißverständnis gleichfalls Folgen haben, kann eine Unwahrheit nicht etwa gleichfalls wirkungskräftig sein? Und ist es nicht so geschehen mit jener Generation? Würden nun auch sämtliche Generationen ohne weiteres der letzten die ganze Herrlichkeit der Folgen anvertrauen – so sind ja doch die Folgen ein Mißverständnis. Oder ist etwa Venedig nicht über dem Meere erbaut, selbst wenn es so dicht bebaut würde, daß zuletzt eine Generation wäre, die davon gar nichts merkte, und wäre es nicht ein trauriges Mißverständnis, wenn diese letzte

Generation sich irrte, bis die Balken zu modern begönnen und die Stadt versänke? Aber Folgen, die auf ein Paradox gebaut sind, sind ja, menschlich gesprochen, über dem Abgrunde erbaut, und der Gesamtgehalt der Folgen, welcher dem Einzelnen nur überge- IV 261
ben wird unter der Übereinkunft, daß es inkraft eines Paradoxes sei, ist ja nicht hinzunehmen als fester Grundbesitz, da das Ganze in der Schwebe ist.

c.

Vergleich

Wir wollen das hier Entwickelte nicht weiter verfolgen, sondern es jedem für sich überlassen sich darein einzuüben, von den verschiedensten Seiten her auf den Gedanken zurückzukommen, seine Einbildungskraft dazu zu brauchen um die allerbesondersten Fälle bedingter Verschiedenheiten und bedingter Situationen herauszufinden, und alsdann die Rechnung zu machen. Solchermaßen ist das Mehr oder Minder[198] begrenzt und möge innerhalb der Grenze unumschränkt schalten und walten. Das Mehr oder Minder ist des Lebens Mannigfaltigkeit und webt fort und fort seinen buntfarbenen Teppich; es gleicht jener einen Parze die da spann; aber dann gilt es, daß der Gedanke, als die andre Parze, darauf achte den Faden abzuschneiden, etwas das, um vom Bilde fortzusehen, jedes Mal geschehen muß, wenn die Quantität zur Qualität werden möchte.

Die erste Generation sekundärer Jünger hat also den Vorteil, daß die Schwierigkeit vorhanden ist; denn wenn ich das Schwierige mir aneignen soll, so ist es jederzeit ein Vorteil, eine Erleichterung, daß es mir schwer gemacht wird. Sollte etwa die letzte Generation, wenn sie die erste betrachtet und sie unter dem Entsetzen beinahe hinsinken sieht, es sich einfallen lassen zu sagen: „es ist nicht zu begreifen; denn das Ganze ist nicht so schwer daß man es nicht packen und damit loslaufen könnte"; so gäbe es wohl einen der antwortete: „Bitte recht sehr, lauf nur, aber du solltest doch nachsehen, ob das, damit du läufst, wirklich das ist, davon die Rede ist; und darüber streiten wir ja nicht, daß es leicht genug ist mit einem Winde zu laufen."

Die letzte Generation hat den Vorteil der Leichtigkeit, aber sobald sie entdeckt, daß diese Leichtigkeit eben der Mißstand ist, der die Schwierigkeit gebiert, so wird diese Schwierigkeit der Schwierigkeit des Entsetzens entsprechen, und das Entsetzen wird sie mit der gleichen Ursprünglichkeit ergreifen wie die erste Generation sekundärer Jünger.

IV
262

§ 2.

Die Frage nach dem Jünger zweiter Hand

Bevor wir zur Untersuchung selbst übergehen, wollen wir sogleich einige Betrachtungen aufzeigen, welche Richtung geben. a) Sieht man jene Tatsache für eine schlichte geschichtliche Tatsache an, so hat gleichzeitig sein seine Giltigkeit, und es ist ein Vorteil gleichzeitig zu sein (dies näher so verstanden wie im vierten Kapitel angegeben), oder so nahe wie möglich zu sein, oder sich der Verläßlichkeit der Gleichzeitigen versichern zu können usw. Jede geschichtliche Tatsache ist nur eine bedingte Tatsache, und deshalb ist es in der Ordnung, daß die Macht des Bedingten, die Zeit, über das bedingte Schicksal der Menschen hinsichtlich Gleichzeitigkeit entscheidet; denn mehr ist es nicht, und nur Kinderei oder Albernheit kann es über seinen Wert erheben zum Unbedingten. – b) Ist jene Tatsache eine ewige Tatsache, so ist eine jede Zeit ihr gleich nahe; aber wohl zu merken nicht im Glauben; denn der Glaube und das Geschichtliche entsprechen einander ganz und gar, und es ist daher bloß Anbequemung an einen minder genauen Sprachgebrauch, daß ich das Wort „Tatsache“[199] benutze, welches aus dem Geschichtlichen genommen ist. – c) Ist jene Tatsache eine absolute Tatsache, oder um sie noch genauer zu bestimmen, ist sie das, was wir aufgestellt haben, so ist es ein Widerspruch, daß die Zeit das Verhältnis der Menschen zu ihr sollte aufteilen können, das heißt, in entscheidendem Sinne aufteilen; denn was immer durch die Zeit wesentlich aufteilbar ist, ist eben damit nicht das Unbedingte, denn daraus würde folgen, daß das Unbedingte selber ein bestimmter Fall im Leben sei, ein Status in Beziehung auf andres, indessen es, wiewohl durch alle Fälle des Lebens hindurch deklinierbar, dennoch stets das selbe ist, und bei fortwährendem Verhältnis zu anderm, dennoch stets status absolutus[200] bleibt. Aber die absolute Tatsache ist dennoch zugleich geschichtlich. Achten wir nicht hierauf, so ist unser ganzes hypothetisches Reden zunichtegemacht; denn dann reden wir bloß von einer ewigen Tatsache. Die absolute Tatsache ist eine geschichtliche Tatsache und als solche der Gegenstand des Glaubens. Das Geschichtliche daran muß denn freilich betont werden, aber nicht auf die Art, daß es entscheidend für die Individuen absolut würde; denn dann stehen wir bei a (obgleich es, auf die Art verstanden, ein Widerspruch ist, denn eine schlichte geschichtliche Tatsache ist IV 263 keine absolute Tatsache und hat keine Macht zu irgend einer absoluten Entscheidung); aber das Geschichtliche darf auch nicht fortgenommen werden, denn dann haben wir nur eine ewige Tatsache. – Wenn nun denn das Geschichtliche beim Gleichzeitigen für ihn Veranlassung wird, Jünger zu werden, wohl zu merken dadurch daß er von dem Gotte selber die Bedingung empfängt (denn ansonst reden wir sokratisch), so wird der Bericht der Gleichzeitigen für einen jeden Späteren Veranlassung Jünger zu werden, wohl zu merken dadurch daß er von dem Gotte selbst die Bedingung empfängt.

Nunmehr fangen wir an. Von dem Gotte selbst empfängt die Bedingung, wer vermöge der Bedingung der Jünger wird. Verhält es sich dergestalt (und das haben wir ja im Vorhergehenden entwickelt, allwo gezeigt worden ist, daß die unmittelbare Gleichzeitigkeit nur die Veranlassung ist, jedoch, wohl zu merken, nicht auf die Art, daß die Bedingung nun ohne weiteres in dem wäre, der veranlaßt wird), wie wird alsdann wohl Platz für jene Frage nach dem Jünger zweiter Hand? Denn wer das, was er hat, von dem Gotte selber hat, der hat es doch offenbar aus erster Hand; und wer es nicht von dem Gotte selber hat, der ist nicht Jünger.

Laßt uns annehmen, es verhalte sich anders, die gleichzeitige Generation von Jüngern habe von dem Gotte die Bedingung empfangen, und nun hätten die folgenden Generationen die Bedingung von diesen zu empfangen; was würde daraus folgen? Wir wollen die Aufmerksamkeit nicht zerstreuen indem wir an die historische Kleinherzigkeit denken, mit welcher man vermutlich unter neuem Widerspruch und zu neuer Verwirrung (denn fängt man damit erst an, so ist der Wirrwarr nicht zu erschöpfen) dem

Bericht jener Gleichzeitigen nachforschen würde, als ob darauf es ankäme. Nein, soll der Gleichzeitige dem Späteren die Bedingung mitgeben, so kommt dieser dazu an ihn zu glauben. Von ihm empfängt er die Bedingung und damit wird der Gleichzeitige für den Späteren der Gegenstand des Glaubens; denn der, von welchem der Einzelne die Bedingung empfängt, eben der ist eben damit (vgl. das Vorhergehende) des Glaubens Gegenstand und ist der Gott.

Eine derartige Sinnlosigkeit wird doch wohl hinreichen, den Gedanken von dieser Annahme zurückzuscheuchen. Empfängt hingegen der Spätere die Bedingung gleichfalls von dem Gotte, so wird das Sokratische abermals zurückkehren, wohl zu merken innerhalb der gänzlichen Verschiedenheit, welche jene Tatsache und des Einzelnen (des Gleichzeitigen und des Späteren) Verhältnis zu dem Gotte ist. Jene Sinnlosigkeit hingegen läßt sich nicht denken, und das in einem andern Sinne, als wenn wir von jener Tatsache und von des Einzelnen Verhältnis zu dem Gotte sagen, daß dies sich nicht denken lasse. Unsre hypothetische Annahme jener Tatsache und des Verhältnisses des Einzelnen zu dem Gotte enthält keinen Selbstwiderspruch, und der Gedanke kann mithin sich damit be-
IV 264 schäftigen als mit dem, was das Absonderlichste von allem ist.
Jener sinnlose Folgesatz hingegen enthält einen Selbstwiderspruch, der sich nicht damit begnügt eine Ungereimtheit festzustellen, wie unsre hypothetische Annahme es ist, sondern innerhalb dieser Ungereimtheit bringt sie einen Selbstwiderspruch hervor, daß nämlich für den Gleichzeitigen der Gott der Gott sei; aber der Gleichzeitige wiederum der Gott für den Dritten. Unser Projekt ist nur insofern weiter als Sokrates gegangen, als wir den Gott in ein Verhältnis zum Einzelnen setzten, wer aber dürfte wohl Sokrates sich nahen mit solch einem Geschwätz, daß ein Mensch in seinem Verhältnis zu einem andern Menschen ein Gott sei? Nein, wie der eine Mensch sich zum andern verhält, das hat Sokrates verstanden mit einem Heldenmut, den zu verstehen es bereits Unerschrockenheit braucht. Dennoch gilt es das gleiche Verständnis zu erwerben innerhalb der jetzt angenommenen Formation, daß der eine Mensch, sofern er gläubig ist, dem andern nichts schuldet, sondern alles dem Gotte. Daß dies Verständnis nicht leicht ist, insbesondre nicht leicht dauernd festzuhalten ist (denn es ein für alle Mal zu

verstehen ohne die konkreten Einwendungen mitzudenken d. h.: sich einzubilden, daß man es verstanden habe, das ist nicht schwierig), sieht man wohl ohne Mühe ein; und wer damit beginnt sich in diesem Verstehen einzuüben, wird sicherlich oft genug sich über einem Mißverständnis ertappen, und wo er sich mit andern einlassen will, da gebe er wohl acht. Aber hat man es verstanden, so wird man auch verstehen, daß von einem Jünger zweiter Hand die Rede nicht ist und nicht sein kann; denn ein Gläubiger (und nur der ist ja der Jünger) hat ständig die *Autopsie* des Glaubens, und sieht nicht mit andrer Augen, und sieht nur das Gleiche, was jeder Gläubige sieht – mit den Augen des Glaubens.

Was kann denn also der Gleichzeitige für den Späteren tun? a) Er kann dem Späteren erzählen, daß er selbst jener Tatsache geglaubt habe; und das ist eigentlich gar keine Mitteilung (dies ist darin ausgedrückt, daß es keine unmittelbare Gleichzeitigkeit gibt, und daß die Tatsache in einem Widerspruch gegründet ist), sondern bloß Veranlassung. Wenn ich nämlich sage: dies oder das ist geschehen, so erzähle ich geschichtlich; jedoch wenn ich sage: „ich glaube und habe geglaubt, daß dies geschehen ist, *dem zum Trotz daß es dem Verstande eine Torheit ist und dem menschlichen Herzen zum Ärgernis*“[201], so habe ich im gleichen Augenblick gerade alles getan um irgendeinen andern daran zu hindern, daß er sich in unmittelbarem Zusammenhang mit mir bestimme, um mir alle Teilhaberschaft zu verbitten, da jeder Einzige sich haargenau auf die gleiche Weise gebaren muß. b) Er kann auf diese Weise den
Inhalt der Tatsache erzählen, einen Inhalt, welcher doch nur für IV 265
den Glauben ist, ganz und gar im gleichen Sinne wie die Farben nur sind für das Gesicht und der Schall für das Gehör. In dieser Form vermag er es zu tun; in jeder andern Form redet er lediglich in den Wind, und verleitet vielleicht den Späteren sich in Zusammenhang mit Gerede zu bestimmen.

In welchem Sinne kann die Glaubwürdigkeit des Gleichzeitigen dem Späteren wichtig sein? Nicht in Rücksicht darauf ob jener nun wirklich den Glauben gehabt, so wie er es von sich selber bezeugt habe. Das geht den Späteren gar nichts an, hilft ihm zu nichts, tut nichts ab und tut nichts zu für ihn, daß er den Glauben bekommt. Allein

der, welcher selber von dem Gotte die Bedingung empfängt (dies ist durchaus dem gemäß was vom Menschen gefordert wird, daß er nämlich seinen Verstand aufgeben solle, und ist anderseits die einzige Autorität, die dem Glauben gemäß ist), allein er glaubt. Will er etwa glauben (d. h.: sich einbilden daß er glaubt), dieweil viele rechtschaffene Leute auf dem Berge[202] geglaubt haben (d. h.: gesagt haben, sie hätten den Glauben; denn Weiteres kann ein Mensch bei dem andern nicht nachprüfen; und duldete, trüge, litte jener andre gleich alles um des Glaubens willen; wer draußen steht vermag nicht weiter zu kommen als zu dem was der andere von sich selber sagt, denn die Unwahrheit kann genau ebenso weit gehen wie die Wahrheit – für das Auge des Menschen – nicht für das Gottes)[203], so ist er ein Narr, und es ist, aufs Wesentliche gesehen, zufällig, ob er vermöge seiner Meinung und eines vielleicht verbreiteten Dafürhaltens betreffs dessen was rechtschaffene Leute glauben, glaubt, oder ob er einem Münchhausen glaubt. Soll die Glaubwürdigkeit des Gleichzeitigen ihm wichtig sein (ach, und dessen kann man sicher sein, daß es eine Sache ist, welche ungeheure Sensation erregen wird und Anlaß dazu geben, daß Folianten geschrieben werden; denn dieser trügliche Schein von Ernst, zu überlegen, ob der oder jener glaubwürdig sei, statt, ob man selbst den Glauben habe, ist eine vortreffliche Gewandung für die Behaglichkeit des Sinns und europäischen Stadtklatsch), so muß es sein in Hinblick auf das Geschichtliche. Auf welches Geschichtliche? Jenes Geschichtliche, welches ganz allein für den Glauben Gegenstand werden kann, und welches der eine dem andern nicht mitteilen kann, d. h.: welches der eine dem andern zwar mitteilen kann, aber, wohl zu merken, nicht dergestalt daß der andre es glaubt, indessen er, wenn er es in der Gestalt des Glaubens mitteilt, eben das Seine tut um den andern daran zu hindern daß er es unmittelbar hinnehme. Wäre die Tatsache, von der wir sprechen, eine schlichte geschichtliche Tatsache, so wäre die Genauigkeit des Geschichtsschreibers von großer Wichtigkeit. Hier ist dies nicht der Fall; denn aus den allerfeinsten Einzelheiten kann man dennoch den Glauben nicht herausdestillieren.
IV 266 Das Geschichtliche, daß der Gott in menschlicher Gestalt gewesen ist, ist die Hauptsache, und die übrigen geschichtlichen Einzelheiten sind noch nicht einmal so wichtig, wie wenn da von einem Men-

schen die Rede wäre, anstatt von dem Gotte. Die Rechtsgelehrten sagen, daß ein Kapitalverbrechen alle geringeren verschlinge – so steht es mit dem Glauben, seine Absurdität verschlingt ganz und gar den Kleinkram. Unstimmigkeiten, die sonst störend wirken müßten, stören hier nicht und tun nichts zur Sache. Dahingegen tut es viel zur Sache, ob jemand dank einer kleinlichen Rechnerei den Glauben an den Meistbietenden losschlagen will; denn es tut so viel zur Sache, daß er niemals zum Glauben kommt. Selbst wenn die gleichzeitige Generation nichts anderes hinterlassen hätte als die Worte: „Wir haben geglaubt daß der Gott anno so und so sich gezeigt hat in der geringen Gestalt eines Knechts, unter uns gelebt und gelehrt hat, und alsdann gestorben ist" – das ist mehr als genug. Das gleichzeitige Geschlecht hat getan was nötig war; denn diese kleine Anzeige, dies weltgeschichtliche N. B. reicht zu, um Veranlassung zu werden für den Späteren; und der umständlichste Bericht kann doch in alle Ewigkeit kein Mehr für den Späteren werden.

Wünscht man das Verhältnis des Späteren zum Gleichzeitigen so kurz als möglich auszudrücken, ohne jedoch die Richtigkeit aufzuopfern um der Kürze willen, so darf man sagen: der Spätere glaubt v e r m i t t e l s t des Berichts des Gleichzeitigen (des Berichts der Veranlassung) inkraft der Bedingung, die er selber empfängt von dem Gotte. – Der Bericht des Gleichzeitigen ist für den Späteren Veranlassung, ebenso wie die unmittelbare Gleichzeitigkeit dies ist für den Gleichzeitigen; und wofern der Bericht ist, was er sein soll (des Gläubigen Bericht), so wird er eben die gleiche Zweideutigkeit der Aufmerksamkeit veranlassen, wie der Gleichzeitige selbst sie erfahren hat veranlaßt durch die unmittelbare Gleichzeitigkeit. Ist der Bericht nicht von solcher Art, so ist er e n t w e d e r von einem Historiker und handelt eigentlich nicht vom Gegenstand des Glaubens (wie wenn ein gleichzeitiger Geschichtsschreiber, der nicht gläubig gewesen, dies oder das erzählt); o d e r von einem Philosophen, und handelt nicht vom Gegenstand des Glaubens. Der Gläubige hingegen gibt den Bericht gerade in der Art, daß niemand ihn unmittelbar hinnehmen kann; denn das Wort: „ich glaube es (trotz dem Verstande und meiner eignen Ausdeutungsgabe) ist ein recht bedenkliches Aber"[204].

Es gibt keinen Jünger zweiter Hand. Aufs Wesentliche gesehen,

sind der erste und der letzte einander gleich, nur daß die spätere
Generation die Veranlassung im Bericht der gleichzeitigen hat,
indessen die gleichzeitige sie hat in ihrer unmittelbaren Gleich-
zeitigkeit, und insofern keiner einzigen Generation etwas schul-
det. Diese unmittelbare Gleichzeitigkeit aber ist nichts als die Ver-
anlassung, und dies kann wohl nicht stärker ausgedrückt werden
IV 267 als dadurch daß der Jünger, wo er sich selbst verstünde, gerade
wünschen müßte, sie möge aufhören, indem der Gott die Erde
wieder verlasse.

* * *

Vielleicht jedoch sagt einer: „Es ist recht sonderbar; nun hab ich wirklich nicht ohne gewisses Interesse bis dicht vor das Letzte deine Erörterung gelesen, und mich darüber gefreut, daß es keine Stichelrede gab, keine unsichtbare Schrift. Aber wie du dich auch wenden und drehen mögest, gleichwie Saft stets in der Speisekammer endet[205], so läßt du dir stets ein kleines Wort unterlaufen, das nicht dein ist, und das durch die Erinnerung, die es weckt, stört. Dieser Gedanke, es sei dem Jünger gut, daß der Gott fortgehe, steht im Neuen Testament, im Evangelium des Johannes[206]. Indes, möge es nun mit Absicht geschehen sein oder nicht, mögest du nun jener Bemerkung eine besondere Wirkung haben verleihen wollen indem du sie dergestalt einkleidetest, oder nicht: bei der Wendung welche die Sache nun genommen hat, scheint der Vorteil des Gleichzeitigen, den ich ursprünglich geneigt war recht hoch anzuschlagen, beträchtlich herabgemindert zu sein, da jede Frage nach einem Jünger zweiter Hand dahinfällt, und das will ja mit andern Worten soviel heißen, wie daß alle wesentlich gleich sind. Aber nicht allein dies, die unmittelbare Gleichzeitigkeit scheint laut deiner letzten Äußerung, als Vorteil betrachtet, so zweifelhaft zu werden, daß das Höchste, was von ihr gesagt werden kann, dies ist, es sei gut, daß sie aufhöre. Das will ja heißen, daß sie ein Übergangszustand ist, der freilich seine Bedeutung hat, nicht ausgelassen werden kann ohne daß man, wie du sagen würdest, zum Sokratischen zurückkehrt, dennoch aber keine unbedingte Bedeutung für den Gleichzeitigen hat, so daß er etwa mit ihrem Aufhören des Wesentlichen beraubt

würde, da er damit vielmehr gerade gewinnt, ob er gleich, falls sie nicht gewesen wäre, alles verliert und zum Sokratischen zurückkehrt." – „Wohl gesprochen, würde ich sagen, verböte mir dies nicht die Bescheidenheit; denn du sprichst ja, als wäre ich es selbst. Ja, so steht es; die unmittelbare Gleichzeitigkeit ist keineswegs ein entscheidender Vorteil, wenn man sie durchdenkt, nicht neugierig ist, keine Eile hat, keinen Wunsch hat, ja mit dem Wunsche nicht bereits auf dem Sprunge steht um, gleich jenem IV 268
Barbier in Griechenland, unverzüglich das Leben daran zu setzen, daß man der erste sei, welcher Erzählung tut von der Merkwürdigkeit[207]; nicht so närrisch ist, einen derartigen Tod für einen Märtyrertod anzusehn. Die unmittelbare Gleichzeitigkeit ist hiervon so weit ab, daß der Gleichzeitige gerade nach ihrem Aufhören verlangen muß, auf daß er nicht versucht werde hinzulaufen und sehen zu wollen mit seinen sinnlichen Augen, hören zu wollen mit seinen irdischen Ohren; welches alles verlorene Liebesmüh ist und eine traurige, ja gefahrvolle Plage. Doch, du hast wohl selbst schon bemerkt, das gehört eigentlich in eine andre Betrachtung, bei der die Frage wäre, welchen Vorteil der gleichzeitige Gläubige, nachdem er gläubig geworden, aus seiner Gleichzeitigkeit ziehen könne, indessen wir hier bloß davon reden, inwiefern die unmittelbare Gleichzeitigkeit es leichter mache, gläubig zu werden. Der Spätere kann dergestalt nicht versucht werden; denn er hat nur den Bericht des Gleichzeitigen, welcher, insoweit er ein Bericht ist, die abwehrende[208] Gestalt des Glaubens hat. Wofern darum der Spätere sich selbst versteht, muß er wünschen, der Bericht des Gleichzeitigen möge nicht allzu weitläuftig sein, und vor allem nicht in so viele Bücher verfaßt, daß sie die ganze Erde füllen könnten[209]. In der unmittelbaren Gleichzeitigkeit ist da eine Unruhe, welche erst endigt, wenn es heißt: Es ist vollbracht[210], ohne daß hinwiederum die Stille das Geschichtliche fortknuffen darf; denn alsdann ist alles sokratisch." – „Auf diese Weise ist ja die Gleichheit zuwegegebracht, und die streitenden Parteien sind abgewiesen zu gleichen Bedingungen." – „Das ist auch meine Meinung; aber du mußt zugleich bedenken, daß ja der Gott selbst der den Vergleich Erwirkende ist. Sollte er etwa mit einzelnen Menschen einen solchen Vergleich stiften, daß ihr Vergleich mit ihm den Unterschied gegen alle andern himmel-

schreiend machte? Das hieße ja Streit herbeiführen. Ließe etwa der Gott die Macht der Zeit entscheiden, wen er begünstigen möge, oder wäre es nicht des Gottes würdig, den Vergleich gleich schwierig zu machen für einen jeden Menschen zu einer jeden Zeit und an einem jeden Ort; gleich schwierig, weil kein Mensch es vermag sich selbst die Bedingung zu geben, aber auch nicht zu neuer Zwietracht sie von einem andern Menschen empfangen soll; gleich schwierig mithin, aber auch gleich leicht, insofern sie der Gott gibt. Sieh, darum betrachtete ich (das heißt, soweit eine Hypothese so betrachtet werden kann) mein Vorhaben, da ich begann, als ein frommes Vorhaben, und betrachte es noch immer
IV 269 so, ohne jedoch deshalb gleichgiltig zu sein gegen menschliche Einrede, vielmehr bitte ich dich noch einmal, falls du irgendeine rechtmäßige Einrede hast, mit ihr herauszukommen." – „Wie feierlich du auf einmal wirst! Selbst wenn die Sache es nicht verlangte, müßte man ja allein um der Feierlichkeit willen sich entschließen eine Einrede zu tun, es sei denn daß es noch feierlicher wäre es zu unterlassen, und daß deine hochtrabende Aufforderung bloß den Zweck hätte, mittelbar Schweigen zu gebieten. Auf daß denn zum mindesten die Beschaffenheit meiner Einrede die Feierlichkeit nicht störe, will ich die Einwendung aus der Feierlichkeit nehmen, mit welcher, scheint mir, eine spätere Generation dazu kommt sich vor der gleichzeitigen auszuzeichnen. Denn das sehe ich freilich ein, daß die gleichzeitige Generation sehr tief den Schmerz empfinden und durchleiden muß, der in dem Werden solch eines Paradoxes liegt, darin liegt, wie du es ausgedrückt hast, daß der Gott sich ins Menschenleben einpflanzt; aber nach und nach muß doch jene neue Ordnung der Dinge siegreich durchdringen, und alsdann wird endlich die glückliche Generation kommen, welche mit Jubelsang die Frucht erntet der Saat, die in der ersten unter Tränen gesät ward.[211] Aber diese triumphierende Generation, die ‚mit Sang und Klang'[212] durchs Leben geht, ist doch wohl verschieden von der ersten und überhaupt von den früheren?" – „Jawohl, unleugbar ist sie von ihnen verschieden, und vielleicht so verschieden, daß ihr nicht einmal diejenige Gleichheit übrig bleibt, welche Bedingung dafür ist, daß wir von ihr zu sprechen hätten, Bedingung dafür, daß ihre Verschiedenheit mich bei meiner Bemühung die Gleichheit zuwege zu bringen beunruhigen könnte. Indes sollte

solch eine triumphierende Generation, die da durchs Leben zieht ‚mit Sang und Klang', wie du sagst – womit du, wenn mein Gedächtnis mich nicht täuscht, mich an die burschikose und urnordische[213] Übersetzung erinnerst, die ein nicht unbekanntes Genie von einer Bibelstelle gegeben hat – sollte sie wirklich gläubig sein? Wahrlich, ließe es sich der Glaube je einfallen, in Menge vorzurücken, mit Triumph, so hat er es nicht mehr nötig irgend wem das Singen von Spottliedern zu verbieten, denn es hülfe nichts, wenn er es gleich allen verböte. Würden die Menschen gleich verstummen, es wäre dennoch über diesem wahnwitzigen Aufzuge ein gellendes Gelächter zu vernehmen, ähnlich jenem spottenden Naturlaut in den Nächten auf Ceylon; denn der Glaube, welcher triumphiert, ist schlechterdings ridikül. Hat die gleich- IV 270
zeitige Generation von Gläubigen keine Zeit zum Triumphieren gehabt, so erhält keine Generation sie; denn die Aufgabe bleibt die gleiche, und der Glaube ist jederzeit streitend; solange aber zu kämpfen bleibt, ist Niederlage möglich, und darum triumphiere man, was den Glauben anlangt, niemals vor der Zeit, d. h.: niemals in der Zeit. Denn wie wäre wohl Zeit, Triumphweisen zu dichten oder Gelegenheit sie zu singen! Geschieht es, so ist es ja, wie wenn ein Heer, das aufgestellt stünde um ins Feld zu rücken, statt dessen im Triumph wieder heimzöge zur Kaserne der Stadt – und ob auch kein Mensch darüber lachte, ob auch die gesamte gleichzeitige Generation diesem Abrakadabra Wohlwollen entgegenbrächte – würde nicht gleichwohl des Daseins ersticktes Gelächter hervorplatzen wo man am mindesten es erwartete! Was täte der spätere sogenannte Gläubige hiermit auch andres als etwas das ärger wäre als die etwaige vergebliche Bitte des Gleichzeitigen (Kap. II.), sofern dieser nicht wollte, daß der Gott sich der Niedrigkeit und Verachtung aussetze; denn der spätere sogenannte Gläubige würde sich auch für sich selbst nicht mit Niedrigkeit und Verachtung zufriedengeben, oder mit der streitenden Torheit sich zufriedengeben, wäre aber freilich bereit zu glauben, falls es dabei herginge ‚mit Sang und Klang'. Zu so einem wird wohl der Gott nicht sagen – ja er könnte es wohl auch nicht – wie zu jenem Gleichzeitigen: so liebst du denn nur den Allmächtigen, der das Mirakel tut, nicht den, welcher sich erniedrigte zur Gleichheit mit dir. Und hier will ich abbrechen. Wäre ich auch ein bessrer Dialek-

tiker als ich bin, ich würde dennoch eine Grenze kennen; und im Grunde ist es eben das unerschütterliche Bestehen auf dem Unbedingten und den schlechthinnigen Begriffsunterschieden, das einen zu einem guten Dialektiker macht, etwas das man in unsrer Zeit ganz und gar übersehen hat, vermöge dessen und damit, daß man den Satz vom Widerspruch aufgehoben hat, ohne zu begreifen, was doch Aristoteles[214] hervorhob, der Satz, daß der Satz vom Widerspruch aufgehoben sei, sei auf den Satz vom Widerspruch gegründet, da andernfalls der entgegengesetzte Satz, er sei nicht aufgehoben, ebenso wahr sei. Nur eine einzige Bemerkung will ich noch machen hinsichtlich deiner mannigfachen Anspielungen, die alle darauf zielten, daß ich anderswoher entlehnte Äußerungen in das Gesagte einmische. Daß dies der Fall ist, leugne ich nicht, und will nunmehr auch nicht verhehlen, daß es mit Absicht geschehen, ebenso wenig wie daß ich in dem nächsten Teil dieser Kleinigkeit, falls ich je einen solchen schreibe, die Sache mit ihrem wirklichen Namen zu benennen gedenke, und dem Fragmal das historische Gewand anlegen werde. Falls ich je einen nächsten Teil schreibe; denn ein Verfasser von Kleinigkeiten, wie ich es bin, besitzt, und das wirst du wohl über mich zu hören bekommen, keinen Ernst,
IV 271 warum sollte ich denn also zum Schlusse Ernst heucheln wollen um den Menschen zu gefallen indem ich eine vielleicht große Versprechung mache. Nämlich, eine Kleinigkeit schreiben ist Leichtsinn – aber das System versprechen, das ist Ernst; und es hat manchen Mann zu einem höchst ernsthaften Mann gemacht sowohl in seinen eignen wie in andrer Augen. Jedoch, welches das historische Gewand des folgenden Teils sein werde, ist nicht schwer einzusehn. Wie bekannt[215] ist nämlich das Christentum die einzige geschichtliche Erscheinung, welche dem Geschichtlichen zum Trotz, ja eben vermöge des Geschichtlichen, dem Einzelnen für sein ewiges Bewußtsein hat Ausgangspunkt sein wollen, ihn anders als bloß geschichtlich hat interessieren wollen, ihm seine Seligkeit hat gründen wollen auf sein Verhältnis zu etwas Geschichtlichem. Keiner Philosophie (denn sie ist nur für den Gedanken), keiner Mythologie (denn sie ist nur für die Einbildungskraft), keinem geschichtlichen Wissen (welches für das Gedächtnis ist) ist dieser Einfall gekommen, von dem man in diesem Zusammenhang mit aller Zweideutigkeit sagen darf, daß er in keines Menschen Herz ge-

kommen ist[216]. Dies hab ich mittlerweile in einem gewissen Maße zu vergessen getrachtet, und, indem ich mir das uneingeschränkte Gutdünken einer Hypothese zunutze machte, angenommen, das Ganze sei ein schnurriger Einfall von mir, den ich jedoch nicht fahren lassen wollte, ehedenn ich ihn durchdacht hätte. Die Mönche sind niemals fertig geworden mit dem Erzählen der Weltgeschichte, weil sie stets mit der Erschaffung der Welt begannen; soll man, wenn man von dem Verhältnis zwischen Christentum und Philosophie spricht, vorerst damit beginnen daß man erzählt, was früher darüber gesagt worden ist, wie soll man alsdann – nicht etwa fertig werden, sondern dazu kommen daß man anfängt; denn die Geschichte wächst ja fort und fort weiter. Hat man zu beginnen mit „jenem großen Denker und weisen Manne, dem Vollstrecker des Neuen Testaments, Pontius Pilatus“ [216a], der ja in seiner Weise unterschiedliche Verdienste hat um das Christentum und die Philosophie, ob er gleich die Vermittlung nicht erfunden hat, und hat man gleichwohl, ehedaß man mit ihm beginnt, die eine oder andre entscheidende Schrift (vielleicht das System) abzuwarten, welche bereits mehrere Male vom Katheder herab (ex cathedra)[217] abgekündigt worden ist, wie kommt man dann dazu zu beginnen?“

Die Moral IV 272

Dies Projekt geht unbestreitbar weiter als das Sokratische, wie sich an jedem Punkte zeigt. Ob es deshalb wahrer sei als das Sokratische, ist eine ganz andre Frage, die sich nicht im gleichen Atemzuge entscheiden läßt, da hier ja aufgestellt worden ist ein neues Organ: der Glaube, und eine neue Voraussetzung: das Sündenbewußtsein, eine neue Entscheidung: der Augenblick, und ein neuer Lehrer: der Gott in der Zeit, ohne die ich es wahrlich nicht gewagt hätte mich zur Beaugenscheinigung jenem durch Jahrtausende hindurch bewunderten Ironiker zu stellen, welchem ich mich trotz einem nahe mit klopfendem Herzen. Aber weiter gehen als Sokrates, wenn man doch wesentlich das Gleiche sagt wie er, nur nicht ganz so gut, das ist zum mindesten nicht sokratisch.

JOHANNES CLIMACUS

ODER

DE OMNIBUS DUBITANDUM EST

EINE ERZÄHLUNG

Ich spreche von dem echten Zweifel im Gemüte und nicht von jenem, den wir so häufig sich ereignen sehn, da nämlich, wo einer, obwohl sein Sinn nicht zweifelt, mit Worten versichert, daß er zweifle: denn dergleichen läßt sich nicht durch eine Methode berichtigen, sondern gehört eher in die Erforschung und Berichtigung des Eigensinns.

Spinoza De intellectus emendatione.

Niemand verachte deine Jugend.

1. Tim. 4, 12

Kierkegaard gibt (IV B 1 p. 103) die beiden Mottosprüche je in ihrer Ursprache. a) Loquor de vera dubitatione in mente, et non de ea, quam passim videmus contingere, ubi scilicet verbis, quamvis animus non dubitet, dicit quis se dubitare: non est enim Methodi hoc emendare, sed potius pertinet ad inquisitionem pertinaciae et ejus emendationem. (Spinoza De intellectus emendatione, cap. X De idea dubia.) b) *Μηδείς σου τῆς νεότητος καταφρονείτω.* 1. Tim. 4, 12.

Der oben stehen gebliebene lateinische Titel stammt aus Descartes, Principia philosophiae, I 1 und könnte frei übersetzt werden: „Es ist geboten an allem zu zweifeln."

IV B 1 p. 103

Bitte zu beachten.

Wer da annimmt, die Philosophie sei niemals in der Welt so nahe daran gewesen ihre Aufgabe zu lösen, d. h. alle Rätsel zu erklären, wie jetzt, dem mag es wohl sonderbar erscheinen, gesucht, ärgerlich, daß ich die Form einer Erzählung wähle und nicht gemäß dürftigem Vermögen mit
IV B 1 p. 104 Steine zulange, um dem System die Spitze aufzusetzen. Wer hingegen dessen gewiß geworden, daß die Philosophie niemals so verschroben wie jetzt gewesen ist, so verwirrt trotz allen ihren Bestimmungen, – so ganz und gar zu vergleichen mit dem Wetter im verflossenen Winter[218], wo man zu einer und der gleichen Zeit hörte, was niemals in der Welt zu einer und der gleichen Zeit gehört worden ist, Ausrufer mit Muscheln, Krabben und Brunnenkresse, so daß der, welcher auf den einzelnen Ruf achtete, bald glauben mußte, es sei Winter, bald, es sei Frühling, bald, es sei Hochsommer, indessen der, welcher auf alle diese Rufe achtete, glauben mußte, die Natur sei konfus geworden, und die Welt könne nicht mehr Bestand haben bis Ostern; – der wird es gewißlich in der Ordnung finden, daß ich auch durch die Form der widerwärtigen Unwahrheit entgegenzuarbeiten suche, welche das Kennzeichen „der neuern Philosophie" ist, die vor allem dadurch von der älteren sich unterscheidet, daß sie entdeckt hat, es wäre eine Lächerlichkeit zu tun, davon man selbst sagt, man tue es oder habe es getan; – er wird es in der Ordnung finden und nur gleichwie ich beklagen, daß der, welcher hier damit den Anfang macht, nicht größere Vollmacht hat als ich.

EINLEITUNG

In der Stadt H.....[219] lebte vor einer Reihe von Jahren ein junger Student, namens Johannes Climacus[220], den es in keiner Weise danach verlangte, in der Welt Aufmerksamkeit zu erregen, im Gegenteil es war seine Freude, versteckt und in Stille dahinzuleben. Die ihn ein wenig näher kannten, suchten sein in sich gekehrtes Wesen, das jeder weiteren Berührung mit den Menschen sich entzog, daraus zu erklären, daß er entweder melancholisch sei oder verliebt. Die, welche das Letztere annahmen, hatten in gewissem Sinne nicht unrecht, obwohl sie fehlgriffen, wenn sie annahmen, es sei ein Mädchen, das Gegenstand seiner Träume sei. Gefühle dieser Art waren seinem Herzen durchaus fremd, und so wie sein Äußeres fein und ätherisch war, nahezu durchsichtig, so war seine Seele gleichermaßen allzu geistig durchprägt, als daß sie von der Schönheit eines Weibes hätte in Fesseln gelegt werden können.
Verliebt war er, schwärmerisch verliebt – in den Gedanken oder IV B 1 p. 105
richtiger in das Denken. Kein liebender Jüngling kann innerlicher bewegt werden von dem unbegreiflichen Übergang, durch den die Liebe in seiner Brust erwacht, von dem Blitzstrahl, mit dem die Gegenliebe sich entzündet in der der Geliebten als er von dem begreiflichen Übergang, in dem der eine Gedanke sich fügt in den andern, einem Übergang, welcher ihm der glückliche Augenblick war, da das geschah, das er geahnt und erwartet hatte in der Stille der Seele. Wenn dann sein Haupt sich gedankenvoll neigte gleich einer reifen Ähre, so war es nicht weil er der Geliebten Stimme vernahm, sondern weil er lauschte auf der Gedanken heimliches Raunen; wenn sein Blick träumerisch war, so war es nicht, weil er ahnend ihr Bild gewahrte, sondern weil die Bewegung des Gedankens ihm sichtbar wurde. Es war seine Lust mit einem einzelnen Gedanken zu beginnen, von ihm aus auf dem Wege der Gedankenfolge[221] Stufe um Stufe zu steigen zu einem höheren; denn die

Gedankenfolge war ihm eine Himmelsleiter, und seine Seligkeit
erschien ihm noch herrlicher als die der Engel. Wenn er nämlich
emporgelangt war zu dem höheren Gedanken, da war es ihm eine
unbeschreibliche Freude, eine Wollust der Leidenschaft, sich Hals
über Kopf herniederzustürzen in die gleichen Gedankenfolgen, bis
er zu dem Punkte hinkam, von welchem er ausgegangen war.
Doch dies gelang ihm nicht immer nach Wunsch. Wenn er nicht
ganz ebenso viele Stöße empfing, als Glieder in der Gedanken-
folge waren, so betrübte er sich; denn dann war die Bewegung un-
vollkommen. Er fing nun von vorne an. Gelang es ihm, so er-
schauerte seine Seele in Wollust; er konnte vor Freude des Nachts
nicht schlafen, sondern blieb ganze Stunden dabei die gleiche Be-
wegung zu machen; denn dieses Hinauf und Hinab, Hinab und
Hinauf des Gedankens war eine Wonne ohne gleichen. In den
glücklichen Zeiten war sein Gang leicht, beinahe schwebend; zu
andern Zeiten war er ängstlich und unsicher. Solange er näm-
lich daran arbeitete emporzusteigen, solange die Gedankenfolge
es noch nicht vermocht hatte, sich den Weg zu bahnen, war er be-
schwert; denn er fürchtete, er möchte die vielen Schlußfolgen, die
er fertig hatte, ohne daß sie ihm jedoch schon recht klar und not-
wendig geworden wären, wieder verlieren. Wenn man einen Men-
IV B 1 p. 106 schen eine Menge zerbrechlicher Dinge tragen sieht, die eins über
das andre getürmt sind, so wundert man sich nicht, daß er unsicher
geht und jeden Augenblick nach dem Gleichgewicht tastet; sieht
man den Stapel nicht, so lächelt man, so wie denn auch viele über
Johannes Climacus lächelten ohne zu ahnen, daß seine Seele einen
Stapel trug, weit höher als alles, was sonst man bestaunt, daß
seine Seele davor bangte, es möchte auch nur eine Schlußfolge her-
ausfallen; denn dann ging das Ganze in Stücke. Daß die Menschen
über ihn lächelten, bemerkte er nicht, ebenso wenig wie daß zu
andern Malen ein einzelner vergnügt sich umwandte, um ihm
nachzusehen, wenn er leicht wie im Tanze durch die Straße hin-
eilte. Er achtete nicht auf die Menschen, dachte auch nicht daran,
daß sie auf ihn achten könnten, er war und blieb fremd in der
Welt.

So wie nun das Wesen von Climacus für den Einzelnen, der ihn nicht näher kannte, etwas Auffallendes haben mußte, so war es keineswegs unerklärlich für den, welcher über sein früheres Leben ein wenig Bescheid wußte; denn so wie er jetzt war in seinem einundzwanzigsten Jahre, so war er gewissermaßen immer gewesen. Die Anlage, die seine Seele in sich trug, war in seiner Kindheit nicht gestört worden, sondern war entwickelt worden durch günstige Umstände. Sein Zuhause bot nicht viele Zerstreuungen, und da er so gut wie niemals herauskam, wurde er es früh gewohnt, sich mit sich selber zu beschäftigen und mit seinen eignen Gedanken. Sein Vater war ein sehr strenger Mann, dem Anschein nach trocken und prosaisch, indessen er unter dieser Friesjacke eine glühende Einbildungskraft verbarg, die auch sein hohes Alter nicht abzustumpfen vermochte. Wenn Johannes zuweilen um Erlaubnis bat, ausgehen zu dürfen, wurde er zumeist abschlägig beschieden; wohingegen der Vater gelegentlich zum Entgelt ihm vorschlug, an seiner Hand die Diele auf und nieder zu spazieren. Dies war beim ersten Augenschein ein dürftiger Ersatz, und doch ging es damit ebenso wie mit der Friesjacke, er barg etwas ganz anderes in sich. Der Vorschlag ward angenommen, und es wurde Johannes ganz überlassen zu bestimmen, wo es hingehen sollte. Sie gingen dann aus dem Tore, zu einem naheliegenden Lustschlößchen, oder hinaus zum Uferstrand, oder umher in den Straßen, alles gemäß dem wie Johannes es wollte; denn der Vater vermochte alles. Während sie so die Diele auf und nieder gingen, erzählte der Vater alles, was sie sahen; sie grüßten die Vorübergehenden, Wagen ratterten an ihnen vorüber und übertäubten die Stimme des Vaters; die Früchte der Kuchenfrau waren einladender denn je. Er erzählte alles so genau, so lebendig, so gegenwärtig bis zur unbedeutendsten Einzelheit, die Johannes bekannt war, so ausführlich und anschaulich, was ihm unbekannt war, daß er, wenn er eine halbe Stunde mit dem Vater spaziert war, so überwältigt und müde worden war, als wenn er einen ganzen Tag aus gewesen wäre. Die Zauberkunst des Vaters lernte Johannes ihm bald ab. Was vorher episch vor sich gegangen war, das geschah nun dramatisch; sie redeten miteinander auf dem Spaziergang. Gingen sie auf bekannten Wegen, so paßten sie gegenseitig aufeinander, daß nichts übersehen würde; war der Weg Johannes fremd, so legte er sich auf Vermutungen, indessen des Vaters allmächtige Einbildungskraft imstande war, alles zu gestalten, jeglichen kindlichen Wunsch als Einschlag zu verwenden in dem Drama, das vor sich

IV B 1 p. 107

ging. Für Johannes war es, als entstünde die Welt mitten unter dem Gespräche, als wäre der Vater der Herrgott und er selber sein Liebling, der Erlaubnis erhielt, seine törichten Einfälle dreinzumengen, ganz so ausgelassen wie er wollte; denn er wurde niemals abgewiesen, der Vater niemals gestört, es kam alles mit herein und allemal zu Johannes' Zufriedenheit.

Während solchermaßen das Leben im väterlichen Hause dazu beitrug, seine Einbildungskraft zu entwickeln, ihn lehrte, an Ambrosia Geschmack zu finden, war die Bildung, die ihm in der Schule[222] zuteil ward, in Einklang hiermit. Die erhabene Gewalt der lateinischen Grammatik, die göttliche Würde der Regel brachte eine neue Schwärmerei zur Entfaltung. Besonders sprach ihn jedoch die griechische Grammatik an. Über ihr vergaß er Homer laut für sich selber zu lesen wie er sonst pflegte, um sich der Rhythmen des Gedichtes zu freuen. Der griechische Lehrer trug die Grammatik auf mehr philosophische Art vor. Wenn ihm da erklärt wurde, daß z. B. der Accusativ die Ausdehnung in Zeit und Raum sei, daß nicht die Präposition den Kasus regiert, sondern daß das Verhältnis es tut, so weitete sich alles vor ihm aus. Die Präposition entschwand, die Ausdehnung in Zeit und Raum blieb, gleich einem ungeheuren inhaltslosen Bilde für die Intuition. Seine Einbildungskraft war wiederum beschäftigt, jedoch auf andre Weise als zuvor.
IV B 1 p. 108 Was[223] ihn auf den Spaziergängen vergnügte, war der erfüllte Raum; er konnte es nicht dicht genug um sich herum kriegen. Seine Einbildungskraft war so fruchtbar, daß sie sich mit wenig behelfen konnte. Außen vor dem einen Fenster der Wohnstube wuchsen da ungefähr zehn Grashalme. Hier entdeckte er bisweilen ein kleines Tier, das zwischen den Stengeln umherlief. Diese Halme wurden zu einem ungeheuren Walde, der gleichwohl die ganze Dichte und Dunkelheit hatte wie die Gräser sie hatten. Anstatt des erfüllten Raums bekam er jetzt den leeren Raum, er starrte immer wieder, sah aber nichts außer der ungeheuren Ausdehnung.

Während derart ein beinahe vegetatives Hinschlummern in Phantasie – teils mehr ästhetisch, teils mehr intellektuell – bei ihm sich entwickelte, wurde auch eine andre Seite der Seele kräftig gebildet, nämlich sein Sinn für das Plötzliche, das Überraschende. Dies geschah jedoch nicht durch die Zaubermittel, welche ansonst dazu dienen müssen, die Aufmerksamkeit von Kindern zu span-

nen, sondern durch etwas weit Höheres. Mit einer allmächtigen
Einbildungskraft verband der Vater eine unwiderstehliche Dialek-
tik. Wenn da bei der einen oder andern Gelegenheit der Vater sich
in ein Wortgefecht mit einem andern einließ, so war Johannes
ganz Ohr, und das umso mehr, als alles in einer beinahe feierlichen
Ordnung vor sich ging. Der Vater ließ den Widerpart jederzeit
völlig ausreden, fragte ihn vorsichtshalber, ob er noch mehr zu
sagen habe, ehe er mit seiner Antwort begann. Johannes war dem
Vortrage des Widerparts mit gespannter Aufmerksamkeit gefolgt,
war auf seine Weise mit daran interessiert, wie es ausging. Die
Pause trat ein, die Erwiderung des Vaters folgte, und sieh! im
Handumdrehen war alles anders. Wie das zuging, blieb Johannes
ein Rätsel; aber seine Seele vergnügte sich an diesem Schauspiel.
Der Widerpart sprach zum andern Mal. Johannes war noch auf-
merksamer, um alles richtig festzuhalten; der Widerpart wurde
eindringlich, Johannes konnte beinahe sein Herz klopfen hören, so
ungeduldig wartete er, was da wohl geschehen werde. – Es ge-
schah; in einem Nu war alles umgekehrt, das Erklärliche uner-
klärlich gemacht, das Gewisse zweifelhaft, das Gegenteil einleuch-
tend. Wenn ein Hai seine Beute packen will, so muß er sich auf
den Rücken herumwerfen, denn sein Rachen sitzt auf seiner Bauch-
seite; er ist am Rücken dunkel, silberweiß unter dem Bauche. Es
soll ein herrlicher Anblick sein, diesen Wechsel in der Farbe zu
sehen; sie soll zuweilen so stark blinken, daß es dem Auge nahe- IV B 1 p. 109
zu wehe tut, und doch macht es Freude es anzuschauen. Eines
ähnlichen Wechsels Zeuge wurde Johannes, wenn er den Vater
disputieren hörte. Er vergaß das Gesagte wieder, sowohl das, was
der Vater als auch das, was der Widerpart gesagt hatte, aber dies
Erschauern der Seele vergaß er nicht. Das Schulleben verfehlte
nicht, ihm eine Entsprechung hierzu zu bieten; er sah, wie ein
einziges Wort einen ganzen Satz verwandeln konnte, wie ein Kon-
junktiv mitten in einem indikativischen Satze eine sinnverwan-
delnde Beleuchtung über das Ganze werfen konnte. Je älter er
wurde, je mehr der Vater sich mit ihm einließ, desto aufmerk-
samer wurde er auf jenes Unbegreifliche, es war, als ob der Vater
in einem heimlichen Einverständnis mit dem stünde, was Johannes
sagen wollte, und ihm daher mit einem einzigen Wort alles in
Verwirrung bringen konnte. Wenn dann der Vater nicht bloß wi-

dersprach, sondern selber etwas vortrug, so sah er, wie er verfuhr, wie er Schritt für Schritt zu dem hingelangte, was er wollte. Er ahnte nun, der Grund weshalb der Vater mit einem Worte alles umkehren konnte, müsse darin liegen, daß er selbst in der Stufenfolge in der er den Gedanken hatte, etwas vergessen haben mußte.

Was andre Kinder im Zauber der Poesie und in der Überraschung des Märchens haben, das hatte er im Verweilen der Intuition und im Wechselspiel der Dialektik. Es freute das Kind, es wurde des Knaben Spiel, es wurde des Jünglings Lust. Solchermaßen hatte sein Leben eine seltene Beständigkeit; es kannte nicht die verschiedenen Übergänge, welche sonst die einzelnen Zeitabschnitte kennzeichnen. Wie Johannes älter wurde, hatte er kein Spielzeug beiseite zu legen; denn er hatte mit dem spielen gelernt, das seines Lebens ernstliche Beschäftigung werden sollte, und doch hatte es dadurch keineswegs das Verlockende verloren. Ein Mädchen spielt solange mit der Puppe, daß diese sich zuletzt in den Geliebten verwandelt; denn des Weibes ganzes Leben ist Liebe. Eine ähnliche Beständigkeit war seinem Leben eigen; denn sein ganzes Leben war Denken.

Climacus wurde Student, machte die zweite Prüfung[224], wurde zwanzig Jahre alt, dennoch geschah keine Veränderung mit ihm, er war und blieb der Welt fremd. Indessen floh er die Menschen
IV B 1 p. 110 nicht, im Gegenteil, er suchte Gleichgesinnte zu treffen. Aber er sprach sich nicht aus, ließ sich nie anmerken, was da in seinem Innern vorgehe, dazu war seine Erotik zu tief; es war ihm, als müsse er erröten, wenn er davon spräche, er fürchtete, er bekomme zu viel zu erfahren, oder zu wenig zu erfahren. Dahingegen war er allezeit aufmerksam, wenn andre redeten. So wie ein tief verliebtes junges Mädchen nicht gern von ihrer Liebe spricht, aber in nahezu peinvoller Spannung lauscht, wenn andre junge Mädchen von der ihren reden, um alsdann in der Stille zu prüfen, ob sie ebenso glücklich sei oder noch glücklicher, um jedweden lebendigen Wink zu erhaschen, so achtete Johannes schweigend auf alles. Wenn er dann nach Hause kam, so überlegte er, was die Philosophierenden gesagt hatten; denn natürlich war es die Gesellschaft dieser, die er suchte.

Philosoph sein zu wollen, sich ausschließend der Spekulation zu weihen, war ihm nicht beigekommen; dazu hatte er noch zu

leichten Sinn. Freilich ward seine Seele nicht bald zu dem Einen hingerissen, bald zu dem anderen; das Denken war und blieb seine Leidenschaft; aber noch fehlte es an der Besinnung, einen tieferen Zusammenhang zu erfassen. Das Unbedeutendste und das Bedeutendste lockten ihn gleich stark, sie zum Ausgangspunkt seiner Operationen zu nehmen; an dem Ergebnis war ihm nichts gelegen, nur die Bewegungen interessierten ihn. Unterweilen wurde er freilich darauf aufmerksam, wie er von ganz verschiedenen Punkten her zu einem und dem Gleichen hingelangte; aber in tieferem Sinne zog dies seine Aufmerksamkeit nicht auf sich. Sein Verlangen ging stets nur darauf, hindurchzudringen. Überall, wo er ein Labyrinth ahnte, mußte er den Weg finden. Hatte er damit angefangen, so konnte ihn nichts dazu bringen aufzuhören. Fiel es ihm schwer, wurde er der Sache vor der Zeit müde, so pflegte er ein überaus einfaches Mittel zu brauchen. Er schloß sich auf seiner Stube ein, richtete alles so festtäglich wie möglich her und sprach alsdann laut und vernehmlich: ich will es. Vom Vater hatte er gelernt, daß man kann, was man will; und des Vaters Leben hatte die Theorie nicht Lügen gestraft. Diese Erfahrung hatte der Seele Johannes' einen unbeschreiblichen Stolz verliehen. Daß es etwas geben sollte, das man nicht konnte, obwohl man es wollte, war ihm unerträglich. Aber sein Stolz war auch nicht ein ohnmächtiges Wollen; denn wenn er diese kraftvollen Worte gesagt hatte, so war er bereit zu allem, er hatte dann ein noch höheres Ziel: durch IV B 1 p. 111
die Verschlingungen der Schwierigkeit hindurchzudringen mit seinem Willen. Das war wieder ein Abenteuer, das ihn begeisterte. Sein Leben war somit allezeit abenteuerlich, wiewohl er zu seinen Abenteuern keiner Wälder und Reisen bedurfte, sondern lediglich des, das er hatte, einer kleinen Stube im Oberstock.

Obwohl nun seine Seele früh zur Idealität hingeleitet war, wurde dadurch doch sein Glaube an die Wirklichkeit, sein Zutrauen zu ihr keineswegs geschwächt. Die Idealität, von der er sich nährte, lag ihm so nahe, alles ging so natürlich her, daß sie seine Wirklichkeit wurde und er wiederum erwarten mußte, draußen in der Wirklichkeit um ihn die Idealität zu finden. Hierzu trug die Schwermut des Vaters bei. Daß der Vater ein ungewöhnlicher Mann war, war das Letzte, das Johannes zu wissen bekam. Daß er ihn staunen machte, daß kein andrer Mensch dies in dem

Maße tat, das wußte er; jedoch er kannte so wenige, daß er keinen Maßstab anzulegen vermochte. Daß der Vater, menschlich gesprochen, etwas Außergewöhnliches war, das lernte er nicht im väterlichen Hause. Wenn zwischendurch einmal ein ältrer erprobter Freund die Familie besuchte und sich in ein vertrauteres Gespräch mit dem Vater einließ, so hörte Johannes des öfteren ihn sagen: „ich tauge zu nichts, kann nichts tun, mein einziger Wunsch wäre, in einer milden Stiftung meinen Platz zu finden". Das war kein Spaß, es war keine Spur von Ironie in des Vaters Worten, im Gegenteil, es war ein düsterer Ernst darin, der Johannes ängstigte. Es war auch keine nebenher hingeworfene Bemerkung; denn der Vater konnte nun beweisen, daß der allerunbedeutendste Mensch ein Genie sei im Vergleich mit ihm. Kein Gegenbeweis richtete etwas aus, da seine unwiderstehliche Dialektik imstande war, einen das Allernächstliegende vergessen zu lassen, einen zu nötigen, in die von ihm aufgestellte Ansicht hineinzustarren, als ob es gar nichts andres auf der Welt gäbe. Johannes, dessen gesamte Lebensanschauung gleichsam im Vater geborgen war, da er selber nur überaus wenig zu sehen bekam, wurde hierdurch in einen Widerspruch verwickelt, da es ihm eine lange Zeit entging, daß der Vater wenn nicht durch anderes so durch die Kunstfertigkeit, mit der er jeden Gegenredner überwinden und ihn zum Verstummen bringen konnte, sich selbst widerlegte. Johannes' Zutrauen zur Wirklichkeit war also nicht geschwächt, er hatte die Idealität nicht aus Büchern eingesogen, die den, welchen sie aufziehen, nicht darüber in Unwissenheit lassen, daß die Herrlichkeit,
IV B 1 p. 112 die sie beschreiben, in der Welt doch nicht zu finden ist; er war gebildet worden durch einen Mann, der es nicht verstand, sein Wissen kostbar zu machen, sondern eher es so wertlos und unbedeutend erscheinen zu lassen wie möglich.

ERSTER TEIL

JOHANNES CLIMACUS BEGINNT MIT HILFE HERGEBRACHTER VORSTELLUNGEN ZU PHILOSOPHIEREN

Einleitung

Wiewohl schon ein paar Jahre Student, hatte Johannes, insbesondre für einen Studenten, verhältnismäßig wenig Belesenheit. Mit den Klassikern, die er in der Gelehrtenschule kennen gelernt hatte, wußte er außerordentlich gut Bescheid, und es machte ihm Freude, sie ab und an wieder zu durchgehen, ohne daß doch ihr Inhalt mit der innern Bewegung in ihm in Berührung gekommen wäre. Gelegentlich kam wohl die eine oder andere neuere Schrift ihm zuhanden; aber er konnte sich nicht darüber klar werden, welche Bedeutung ihre Lektüre für ihn haben möge. Historische Schriften beschäftigten ihn nicht; denn die überwiegende Entwicklung seines Geistes hatte ihn des Sinns für die erfahrungsmäßige Wirklichkeit beraubt, und so wie ihm für den täglichen Bedarf gleichgiltig war, was andre Menschen sagten oder taten, wenn es keine Beziehung zum Denken hatte, so war er auch teilnahmslos gegen jede Nachricht darüber, was Menschen, die früher gelebt hatten, gesagt oder getan hatten. Stieß er auf eine neuere philosophische Schrift, so legte er sie freilich nicht beiseite, ehedenn er sie gelesen, aber wenn er sie gelesen hatte, wurde er oft unzufrieden und mißmutig. Seine ganze Geistesrichtung brachte es mit sich, daß er sich beim Lesen nicht wohlfühlte. Zuweilen verlockte ihn der Titel, dann ging er froh und erwartungsvoll an die Schrift; doch sieh! sie handelte von vielerlei andern Dingen und am wenigsten von dem, das man sich hätte vermuten sollen. Hatte er sich dann endlich bis an das herangearbeitet, was der Titel ihn berech-

tigt hätte zu suchen, so brach oft der Gedankengang ab und die Sache blieb unentschieden. Nicht selten stieß es ihn ab, daß Bezug
IV B 1 p. 113 genommen wurde auf Dinge, die ihm als Zufälligkeiten erschienen. Die Untersuchung wurde abgebrochen, um die eine oder andere sonderbare Meinung zu berichtigen, welche der eine oder andere ihm gänzlich unbekannte Schriftsteller vorgebracht hatte. Sollte er alsdann diese Abschweifung recht verstehen, so war eigentlich erforderlich, daß er die Schrift jenes Mannes gelesen hatte. Diese wiederum setzte vielleicht andre voraus usw. Er glaubte zudem zu bemerken, daß der Grund, weshalb eine einzelne Meinung eines einzelnen Schriftstellers herangezogen wurde, ein gänzlich zufälliger war; weil er in der gleichen Stadt lebte wie der Schreiber oder in der gleichen Zeitschrift schrieb usw. Die strenge dialektische Bewegung fand er nicht immer; die wunderlichen Ergötzungen der Dialektik, ihre rätselvollen Überraschungen vermißte er mit Betrübnis. Nachdem er ein paar vereinzelte Versuche gemacht hatte, gab er denn also das Lesen wieder auf. Er überließ sich abermals seinem eigenen Denken, obwohl es ihn nicht zu irgend etwas führte. Mittlerweile enthielt er sich jeglichen übereilten Urteils über die einzelnen Schriften, oder über Bücher im Allgemeinen. Er hörte andere ganz anders urteilen, er schloß daraus, der Fehler liege bei ihm, seine Erziehung sei unvollkommen gewesen, und ob sie ihn gleich nichts andres gelehrt hatte, hatte sie ihn doch gelehrt, diesen Schluß zu ziehen.

Indem er auf die Rede andrer achtete, wurde ihm wohl bemerklich, daß er auch nicht auf Schriften der großen Denker unter den neueren Philosophen getroffen war. Ihre Namen hörte er aber und aber mit Begeisterung nennen, beinahe mit Anbetung. Dies machte ihn unbeschreiblich froh, wenn er sich auch nicht daran wagte, sie zu lesen, da er vernahm, sie seien sehr schwierig, so daß ihr Studium Jahr und Tag beanspruche. Es war nicht Feigheit oder Bequemlichkeit, was ihn abhielt, sondern ein schmerzhaftes Gefühl, welches von der frühen Kindheit an sein Gefährte gewesen: daß er nicht so wie andre Menschen sei[225]. Er war weit davon, irgendeine Freude über diese Verschiedenheit zu fühlen, im Gegenteil, er empfand sie wie einen Druck, unter dem er wohl sein ganzes Leben zu leiden haben werde. Er kam sich wie ein Kind vor, das mit viel Schmerz zur Welt geboren worden war, und das diesen Schmerz nicht vergessen konnte, obwohl die Mutter ihn vergessen hatte aus Freude über seine Geburt[226].

Was Lektüre anging, war Johannes nun in einen sonderbaren Widerspruch geraten. Die Schriften, die er kannte, wollten ihn nicht befriedigen, ohne daß er es doch wagte, die Schuld daran auf die Schriften zu schieben; bei den hervorragenden Schriften wagte er sich nicht daran sie zu lesen. Er las also weniger und weniger, folgte seinem Hang, in der Stille mit dem Gedanken zu kramen, wurde immer verschämter aus Furcht, die vornehmen Denker möchten über ihn lächeln, wenn sie hörten, auch er wolle denken, gleich wie vornehme Damen über ein armes Mädchen lächeln, weil es sich vermißt, auch zu wissen von der Liebe Seligkeit. Er schwieg, hörte aber umso aufmerksamer zu. IV B 1 p. 114

Wenn er dann die andern reden hörte, bemerkte er, daß ein einzelner Hauptgedanke fort und fort wiederkehrte. So einen ergriff er also und machte ihn zum Gegenstande seines Denkens. Dergestalt kam das Schicksal ihm zu Hilfe, indem es ihm gerade auf die Weise, wie er es nötig hatte, Stoff verschaffte. Je reiner, sozusagen je jungfräulicher die Aufgabe war, desto schöner für ihn; je weniger andre bei dem Gedanken geholfen hatten, desto glücklicher war er, desto besser ging alles für ihn. Er empfand es freilich als eine Unvollkommenheit, daß er einen Gedanken am besten denken konnte, wenn er zu ihm kam gleich neugefallenem Schnee, ohne durch anderer Hände gegangen zu sein, er hielt es für das Große, so wie die andern in den mannigfaltigen Gedanken der mannigfaltigen Denker sich tummeln zu können; indes schnell vergaß er diesen Schmerz über der Freude des Denkens.

Beim Lauschen auf die Rede der andern, wurde er insbesondere aufmerksam auf einen Satz, der immer wieder vorgebracht wurde, der von Munde zu Munde ging, jederzeit gepriesen, jederzeit mit Ehrfurcht behandelt. Vielfältig hörte er es wiederholen: de omnibus dubitandum est[227]. Damit stand er nun vor dem Satz, der eine entscheidende Rolle in seinem Leben spielen sollte. Dieser Satz wurde für sein Leben das, was in der Geschichte eines Menschen sonst oft ein Name ist, man kann alles in Kürze sagen, indem man diesen Namen nennt.

Dieser Satz wurde eine Aufgabe für sein Denken. Ob es lange währen würde oder kurz, bis daß er ihn fertig durchdacht hätte, IV B 1 p. 115 das wußte er nicht; aber das wußte er, daß er ihn, ehe dieser Augenblick käme, nicht würde fahren lassen, und wenn es ihn denn das Leben kosten sollte.

Noch mehr begeisterte ihn das Verhältnis, in welches man ganz allgemein diesen Satz dazu setzte, daß einer Philosoph wurde. Ob er denn es würde werden können, wußte er nicht, aber er wollte alles tun. Mit stiller Feierlichkeit wurde also angeordnet, daß er beginnen solle. Er erbaute sich, indem er der Begeisterung Dions[228] gedachte, der, als er mit einigen wenigen an Bord ging, um den Krieg gegen Dionys anzufangen, gesagt hatte: ‚es ist mir genug, daran teilgehabt zu haben. Wenn ich gleich sterben sollte in dem Augenblick da ich ans Land steige, ohne irgend etwas ausgerichtet zu haben, ich werde diesen Tod dennoch als glücklich und ehrenvoll ansehen'.

Er suchte nunmehr sich des Verhältnisses bewußt zu werden, das zwischen jenem Satze und der Philosophie besteht. Die Beschäftigung hiermit würde ihm ein ermunterndes Vorspiel sein: je klarer er sich darüber würde, umso begeisterter würde er an die Sache selber gehn. Dergestalt schloß er sich nun zusammen mit jenem philosophischen Satze in sich selber ein, indessen er doch zugleich genau auf jeglichen Wink achtete, den er über ihn erhaschen konnte. Merkte er, daß sein eigner Gedankengang von dem der andern verschieden war, so prägte er sich den ihren im Gedächtnis ein, ging heim und fing von vorne an. Daß ihr Gedankengang im Allgemeinen recht kurz war, fiel ihm freilich auf, aber er erblickte darin lediglich einen neuen Vorzug von ihnen.

Er begann nun seine Arbeiten und stellte alsogleich die drei Hauptaussagen zusammen, welche er über das Verhältnis dieses Satzes zur Philosophie gehört hatte.

Diese drei Sätze lauteten folgendermaßen: 1. Die Philosophie beginnt mit dem Zweifel; 2. man muß gezweifelt haben, um zum IV B 1 p. 116 Philosophieren zu gelangen; 3. die neuere Philosophie beginnt mit dem Zweifel.

Erstes Kapitel

DIE NEUERE PHILOSOPHIE BEGINNT MIT DEM ZWEIFEL

Was ihm alsogleich an jenen drei Sätzen auffiel, war dies, daß sie keineswegs gleicher Art zu sein schienen. Während nämlich die beiden ersten auf Grund ihrer Allgemeinheit in strengerem Sinne als philosophisch angesehen werden mußten, insofern sie etwas Allgemeines aussagten, das die Philosophie aller Zeiten und Orte oder den Philosophierenden aller Zeiten und Orte betrifft, schien der dritte eine geschichtliche Nachricht zu sein, die erst eine Verwandlung erfahren mußte, ehedenn sie Anspruch erheben konnte in strengerem Sinne philosophischer Natur zu sein. Geschichtlich konnte es wohl interessieren, daß man erfuhr, die neuere Philosophie beginne mit dem Zweifel, im gleichen Sinne wie es auch interessieren kann zu wissen, ob sie in Deutschland beginne oder in Frankreich und mit wem; ging hingegen mit dem Satze eine Verwandlung vor, so war es wahrscheinlich, daß er unter einen der vorhergehenden Sätze treten würde.

Um nachzuprüfen, ob dies sich so verhalte, beschloß er, ihn zu untersuchen.

§ 1.

Wie der Satz genau nach dem Wortlaut verstanden werden muß?

Er bestrebte sich hier, sich Rechenschaft davon zu geben, was es wohl zu bedeuten habe, daß da zu ‚Philosophie' das Adjektiv: ‚die neuere' hinzugefügt war, welches ja ein geschichtliches Prädikat war. Der Satz sagte also lediglich etwas über eine bestimmte geschichtliche Philosophie aus. Er nahm nun an, der Satz sei wahr; denn um dem nachzuforschen war weder seine Belesenheit noch seine Entwicklung hinreichend. Aus dem Satze folgte, es habe eine ältere Philosophie gegeben, die nicht auf gleiche Art begonnen habe, da andernfalls der Satz höchst unvollkommen aufgestellt war. Er fragte nun, ob er ein Recht habe daraus zu schließen, daß eine spätere Philosophie wieder auf eine andre Art beginnen könne, dergestalt daß die Philosophie auf verschiedene Art beginnen IV B 1 p. 117 könne und gleichwohl fortfahren, Philosophie zu sein. Um sich so kurz wie möglich zu fassen, fragte er, ob eine spätere Philosophie wieder auf die gleiche Weise wie jene ältere beginnen und dennoch Philosophie sein könne; oder ob die gegebene Tatsache, daß die neuere Philosophie mit dem Zweifel begonnen habe, einen entscheidenden Einfluß habe auf jede künftige Zeit. Falls dem so sei, ob dies dann nicht eine rückwirkende Kraft habe, dergestalt, daß es zweifelhaft werde, wieweit man jene ältere Philosophie Philosophie nennen dürfe, trotzdem daß sie mit etwas anderm begonnen worden war. Falls nämlich die neuere Philosophie mit ihrer Art des Anfangs für alle Zukunft die Möglichkeit eines andern Anfangs ausgeschlossen hat, so deutet dies darauf, daß dieser Anfang mehr ist als ein geschichtlicher Anfang, daß er ein wesentlicher Anfang ist. Solchenfalls ist die neuere Philosophie wesentlich Philosophie, und jene ältere nur bei Anbequemung so zu nennen. – Sollten die Worte so verstanden werden, so hatte der Satz eine Veränderung erlitten, durch die er gleichsinnig geworden war mit dem ersten Satze, daß die Philosophie mit dem Zweifel beginne.

Ob dies die Meinung der Philosophie sei, wußte er nicht. In der Rede der andern suchte er vergeblich einen aufklärenden Wink zu finden. War dies die Meinung, so erschien es ihm sonderbar, daß man sich so unbestimmt ausdrückte, daß man geschichtliche und ewige Bestimmungen derartig vermengte, daß man, indem man etwas Geschichtliches zu sagen schien, etwas Ewiges sagte. Warum beschränkte man sich denn nicht auf den ersten Satz, daß die Philosophie mit dem Zweifel beginne; denn alsdann ist nichts zweifelhaft, alsdann ist alles, was da nicht mit dem Zweifel beginnt, was es im Übrigen auch sein möge, nicht Philosophie. Allerdings kam es dadurch zu der Merkwürdigkeit, daß der ewige Anfang in der Zeit angefangen worden war, derart, daß es Zeiten gegeben hatte, in denen er noch nicht angefangen worden, indessen Johannes die Sache sich so vorstellte, daß der ewige Anfang da ist zu jeglicher Zeit. Sofern er es recht verstanden, hatte es der Philosophie große Schwierigkeiten verursacht, daß das Christentum von sich aussagte, es sei durch einen Anfang in die Welt gekommen, der zu gleicher Zeit geschichtlich und ewig sei, es mußte also für die Philosophie immer bedenklich bleiben, das Gleiche betreffs ihrer selbst aussagen zu wollen.

Auch von einer andern Seite her machte er die Worte des Satzes zu einem Gegenstande der Überlegung. Es heißt: die neuere Philosophie; es wird nicht von einem einzelnen Philosophen gesprochen, über den geschichtlich berichtet wird, er habe mit dem Zweifel begonnen; es wird von der neueren Philosophie als einer Ganzheit gesprochen. Es wird nicht eine historische Zeitform gebraucht oder ein Präsens in historischer Bedeutung, so wie man wohl sagen mag, ‚Cartesius beginnt mit dem Zweifel', obgleich man dies doch als etwas Vergangenes bezeichnen will, welches allein in der geschichtlichen Erzählung ein Gegenwärtiges ist. Man gebraucht ein ewiges Präsens, gleichwie ja auch die neuere Philosophie irgend ein Mehr ist im Vergleich mit einem einzelnen Philosophen. Insofern scheint also der Satz mehr zu besagen als ein bloß Geschichtliches. Daß er dies tat, mußte man auch noch aus einem anderen Grunde annehmen. Man mußte ja annehmen, die neuere Philosophie sei noch in ihrer Entstehung begriffen, da es ja sonst bereits eine noch neuere gäbe, im Verhältnis zu der sie wiederum eine ältere wäre. Ließe es sich da nicht denken, daß die neuere Philosophie bei weiterem Fortschreiten sich bewußt wurde, daß sie einen unrichtigen Anfang gekriegt habe, der da als Anfang betrachtet es bekunde, daß er ein Anfang nicht sei; kraft welchen Rechtes erklärt man diesen Anfang für einen Anfang der gesamten neueren Philosophie? Das kann nur richtig sein, sofern der Anfang selbst der für die neuere Philosophie wesentliche Anfang ist; jedoch dies kann, geschichtlich gesprochen, erst dann entschieden werden, wenn die gesamte neuere Philosophie abgeschlossen vorliegt. Soll es vor dieser Zeit behauptet werden, so muß es im ewigen Sinne gesagt und verstanden werden, mit andern Worten, so muß es deshalb sein, weil dieser Anfang der wesentliche ist für alle Philosophie. Solchenfalls hat dieser Satz wiederum eine Verwandlung erfahren, durch die er gleichsinnig geworden ist mit dem ersten Satze, daß die Philosophie mit dem Zweifel beginnt.

IV B 1 p. 118

Warum brauchte die Philosophie denn zwei Ausdrücke, von welchen der eine die Beschaffenheit hat, daß er entweder das

Gleiche sagt wie der andre und unter dieser Voraussetzung inkorrekt ist; oder daß er etwas anderes sagt und, wo dies angenommen wird, dunkel ist?

Obgleich die Zweideutigkeit des Satzes, so wie diese sich ihm nun erwiesen hatte, ihn dagegen bedenklich machen konnte, weiter zu gehn, beschloß Johannes dennoch zu prüfen, was wohl in ihm
IV B 1 p. 119 liegen möge, indem er bis auf weiteres annahm, es sei ein historischer Satz. Als solcher war er nämlich vom ersten Satze verschieden, und es blieb ihm ja nur die Wahl, entweder anzunehmen, er sei etwas gänzlich Überflüssiges, das bloß Verwirrung stiften könne, oder er sei ein etwas absonderlich ausgedrückter historischer Satz.

§ 2.

Wie es zuging, daß die neuere Philosophie mit dem Zweifel begonnen wurde?

Er nahm an, die neuere Philosophie habe mit dem Zweifel begonnen und fragte nun, wie das zugegangen sei, ob es geschehen sei vermöge eines Zufalls oder kraft einer Notwendigkeit, ob dieser Anfang ein zufälliger oder ein notwendiger sei.

a. Ob die neuere Philosophie mit dem Zweifel begonnen wurde vermöge eines Zufalls?

Hier fragte er, ob es geschehen sei vermöge solch eines Zufalls wie desjenigen, durch welchen der Purpur[229] entdeckt wurde; ein Zufall der ja die Beschaffenheit hatte, daß er in alle Ewigkeit fortfuhr ein Zufall zu sein. Verhielt sich das so, dann enthielt der Satz, die neuere Philosophie beginne mit dem Zweifel, eine geschichtliche Zufälligkeit, aus der man nichts schließen kann, weder hinsichtlich einer vorhergehenden noch einer folgenden Philosophie, noch hinsichtlich der Philosophie im Allgemeinen, ebenso wenig wie man aus dem, was jenem Hunde begegnete, schließen dürfte, jeder Hund müsse den Purpur entdecken. Falls dies sich so verhielt, so enthielt jener Satz einen rein historischen Bericht, geriet dann aber in Widerspruch mit dem ersten Satze, daß die

Philosophie mit dem Zweifel beginne, insofern als aus der Zusammenstellung beider Sätze sich ergeben würde, daß das Wesentliche in zufälliger Weise geschehen sei.

Er fragte weiter, ob der Zufall, vermöge dessen die neuere Philosophie dazu kam, mit dem Zweifel zu beginnen, etwa von der Beschaffenheit sei, daß er eine Notwendigkeit in sich geborgen habe, welche im nächsten Augenblick das Zufällige erklärte; ob dieser Zufall von der gleichen Beschaffenheit sei wie jener, vermöge dessen Newton das Fallgesetz entdeckte; denn ungeachtet dessen, daß dies ein Zufall war, erklärte doch das entdeckte Gesetz im nächsten Augenblick den Zufall seinerseits als etwas Notwendiges. IV B 1 p. 120 Solchenfalls war es denn bloß scheinbar, in unvollkommenem geschichtlichem Sinne so, daß die neuere Philosophie vermöge eines Zufalls mit dem Zweifel begonnen worden, da sie im gleichen Augenblick die Notwendigkeit davon entdecken mußte, daß sie auf die Art begonnen worden war. Für die neuere Philosophie, sofern sie etwas historisch Beurkundetes war, konnte diese Notwendigkeit noch nicht aufgedeckt werden, da die neuere Philosophie noch nicht abgeschlossen war. Wurde also diese Notwendigkeit aufgedeckt, so mußte es sein in ewigem Sinne, weil die neuere Philosophie die Philosophie überhaupt war. Diese Aufdeckung würde alsdann entscheidend sein für jede künftige Zeit, und rückwirkend auf jede vergangene Zeit hinsichtlich der Frage nach dem Anfang der Philosophie. Insofern hatte denn also jener Satz eine Verwandlung erfahren, durch die er mit dem ersten Satze gleichsinnig wurde.

b. Ob die neuere Philosophie mit dem Zweifel begonnen wurde kraft einer Notwendigkeit?

Hier fragte er, wie das Vorhergehende beschaffen sein mußte, welches den Anfang der neueren Philosophie mit dem Zweifel zu einer Notwendigkeit gemacht; ob dies Vorhergehende eine Philosophie gewesen oder etwas andres. Auf diese Frage gab er sich die Antwort, nach den Worten des Satzes müsse es wohl eine Philosophie sein. Wie mußte denn also die Philosophie beschaffen gewesen sein, die es für die neuere Philosophie zu einer Notwendig-

keit zu machen vermochte, mit dem Zweifel zu beginnen? Ob nun die Philosophie, welche durch ihr Vorausgehen es für die neuere Philosophie notwendig gemacht, mit dem Zweifel zu beginnen, ob diese Philosophie und die neuere Philosophie allein Philosophie seien, dergestalt daß, falls es ehedem eine Philosophie in der Welt gegeben, die auf andre Weise begonnen hatte, diese sich dann darein finden müsse, keine Philosophie zu sein? Er fragte weiter, ob jene vorausgehende Philosophie selber vermöge eines Zufalls oder kraft einer Notwendigkeit begonnen worden. Um hier nicht allzuweit geführt zu werden, suchte er sich von Folgendem Rechenschaft zu geben: falls die neuere Philosophie kraft einer Notwendigkeit mit dem Zweifel beginnt, so ist ihr Anfang bestimmt durch den Verlauf einer früheren Philosophie. Wollte
IV B 1 p. 121 man also etwas Geschichtliches darüber sagen, womit die Philosophie beginnt, so mußte man wohl eher das namhaft machen, mit dem jene vorausgehende Philosophie begonnen hat, insofern als der Anfang der neueren Philosophie lediglich eine Folge war innerhalb des Anfangs einer früheren Philosophie. (Nimmt man dies an, so würde es störend einwirken auf den ersten Satz, daß die Philosophie mit dem Zweifel beginne.) Er sah übrigens bereits hier die Schwierigkeit ein, in die er später hineingeraten sollte, daß solch eine Folge schwer denkbar sei, weil der Anfang, mit dem die neuere Philosophie anhob, bestimmt war als ein sich Losreißen. Es mußte also eine eigne Art von Folge sein, die nämlich, vermöge deren aus etwas sein Gegenteil hervorgeht. Dies pflegt man sonst einen Sprung zu nennen.

Er hielt mittlerweile, so gut er's vermochte, bis auf weiteres den Gedanken fest, daß die neuere Philosophie mit dem Zweifel begonnen worden kraft einer notwendigen Folge. Er schloß denn also, daß der Anfang der neueren Philosophie ein der Philosophie wesentlicher Anfang sein müsse, da man ja unmöglich ein Recht dazu habe, es sei denn bloß historisch oder zufällig, etwas Wesentliches über eine Entwicklung auszusagen, die noch nicht abgeschlossen war; es konnte sich ja vielleicht hinterdrein erweisen, daß der Anfang schlechterdings kein Anfang zu irgend etwas war, sondern ein Mißverständnis und also am allerwenigsten der Anfang zu einer Philosophie. Der den Anfang machende Philosoph konnte ja doch nicht das Recht haben zu sagen: mit mir beginnt die neuere Philosophie; die Bestätigung seines Hintermanns war gleichfalls nicht zureichend, es sei denn daß die Aussage selber eine wesentliche war über alle Philosophie. War die Aussage so zu verstehen, so war ja der Satz wiederum verwandelt und jenem ersten Satze gleichsinnig geworden.

§ 3.

Ahnung

Mit der ganzen vorhergehenden Überlegung war Johannes nicht einen Schritt weiter gekommen. Das schmerzte ihn. Anzunehmen, der dritte und der erste Satz seien gleichsinnig, dazu konnte er sich nicht entschließen, da er an solch eine verwirrende Tautologie nicht zu glauben vermochte. Verwirrend war sie, sofern sie die Menschen aufforderte, etwas Unterschiedliches zu denken, trotzdem daß das Gleiche gedacht wurde. Dachte man vermöge beider IV B 1 p. 122
Sätze das Gleiche, so war die Tautologie verwirrend. Die Verschiedenheit konnte er nicht festhalten ohne eine kleine Veränderung vorzunehmen, durch die der Satz eine historische Belanglosigkeit wurde, so wie wenn man sagte: Cartesius hat mit Zweifel begonnen, verschiedene andre Philosophen sind seinem Beispiel gefolgt. Wider solch einen Satz ließ sich philosophisch gesprochen nichts einwenden. Sollte solch ein Satz Schwierigkeiten bereiten, dann mußten diese geschichtlicher Art sein, dergestalt zum Beispiel, ob es sich wirklich so verhalte, daß sie selber sagten, sie hätten es getan oder dergestalt, ob es wirklich wahr sei, daß sie getan hatten, davon sie sagten, sie hätten es getan.

Vergeblich hoffte er, damit, daß er auf andrer Rede lauschte, einige Aufklärung zu erhalten, vergeblich. Sie brauchten den ersten und den dritten Satz als ganz und gar gleichsinnig; bald sagten sie das eine, bald das andre, bald beides auf einmal; bald brauchte der eine im Lauf des Gesprächs den einen Satz, der andere antwortete ihm mit dem andern Satze, und sie verstanden einander und verstanden, daß sie das Gleiche sagten. Erklärt wurde der Satz nicht, und gerade jetzt hätte er das doch nötig gehabt, und sein eignes Selbstdenken hatte ihn empfänglicher gemacht für Wegleitung durch andere. Jedoch die Erklärung blieb aus, dahingegen wurde der Satz von den Redenden zuweilen so behende wiederholt, daß ihm nahezu schwindelig wurde bei dieser Einförmigkeit. Er ging dann stets traurig nach Hause; denn was den andern so leicht fiel, daß sie es bloß so nebenher hinzuwerfen brauchten, das fiel ihm so schwer zu denken.

Er durchdachte den Satz wieder und wieder, er suchte zu vergessen, was er gedacht hatte, um noch einmal anzufangen, sieh! er kam immer auf das Gleiche. Jedoch, er konnte nicht von ihm loskommen, es war, als ob eine rätselvolle Macht ihn an den Satz fesselte, als ob ihm zugeraunt würde: es versteckt sich etwas hinter diesem Mißverständnis. Also, was er bisher gesondert hatte, indem er meinte, der Satz müsse entweder ein rein philosophischer sein oder ein rein historischer, das suchte er nun zu verknüpfen. Er dachte, das Geheimnis ist wohl, daß die neuere Philosophie zugleich die geschichtliche und die ewige ist und was noch mehr ist,
IV B 1 p. 123 sie ist sich selber dessen bewußt. Es ist ja eine Vereinigung ganz gleich der Vereinigung der beiden Naturen in Christus. Bei einem jeglichen Schritte, den die neuere Philosophie tut, wird sie sich der ewigen Bedeutung dieses Schrittes bewußt oder richtiger, sie wird sich dieser Bedeutung bewußt, ehedenn sie den Schritt tut; denn sonst ließe es sich denken, der Schritt sei ein solcher, der niemals ewige Bedeutung erhalten könnte, es sei denn daß das geschichtliche Voranschreiten der Philosophie schlechthin eines und das Gleiche sei mit der eignen Bewegung der Idee. Aber alsdann würde solch ein Voranschreiten kein geschichtliches sein. Die neuere Philosophie hätte es dann nicht nötig, irgend eine Verwandlung zu erfahren, bedürfte keinerlei nachträglicher Erklärung, keiner Läuterung durch Vergessen um ins System aufgenommen zu werden, sondern dürfte bis in die unbedeutendste Einzelheit hinein geradenwegs geschlossen in das System eingehn, im gleichen Sinne, wie wenn ein geschichtlicher Mensch so poetisch wäre, daß jedes seiner Worte, jede seiner Mienen reine Poesie wären, er es also nicht nötig hätte, irgend eine Verwandlung zu erfahren, um ins Schauspiel einzugehn, sondern geradenwegs da eingehn könnte von der Straße weg, ganz und gar so wie er ginge und stünde, und nur ganz ungeniert sein.

Jedoch noch wollte es Johannes nicht klar werden, wie er solch eine Verknüpfung sich denken sollte. Seine Seele ängstete sich in ahnungsvoller Unruhe, er ahnte, daß es etwas Außerordentliches sein müsse, er ahnte, daß Philosoph sein heutzutage seine unbeschreibliche Schwierigkeit haben müsse. Hing es nämlich mit der neueren Philosophie auf die Art zusammen, dann mußte es ja auf gleiche Weise so gehn mit dem einzelnen Philosophen. Dieser mußte da seiner selbst sich bewußt werden, in diesem Bewußtsein seiner selbst zugleich seiner Bedeutung sich bewußt werden als eines Moments in der neueren Philosophie, der neueren Philosophie wiederum bewußt als eines Moments in der vorhergehenden Philosophie, dieser wiederum bewußt als eines Moments in der geschichtlichen Entfaltung der ewigen Philosophie. Das Bewußtsein des Philosophen mußte also die schwindelndsten Gegensätze umfassen: seine eigne Persönlichkeit, seinen kleinen bessernden Zusatz – die Philosophie der ganzen Welt als Entfaltung der ewigen Philosophie.

Es währte lange, bis es ihm gelang, diesen ungeheuren Gedanken korrekt und bestimmt zu denken. So wie ein Mann, der eine schwere Last einen Berg hinaufwälzt, oft übermocht wird, so daß sein Fuß ausgleitet und die Last hinunterrollt, so ging es ihm. IV B 1 p. 124
Endlich war er seiner selbst sicher, daß er die Bewegung mit Leichtigkeit vollziehen könne. Er beschloß nun, den Gedanken mit seinem ganzen Gewicht sich auswirken zu lassen. Denn er machte einen Unterschied zwischen der Beschwerlichkeit des Denkens und dem Gewicht des Gedankens. Als einen geschichtlichen Gedanken dachte er den Gedanken mit Leichtigkeit. Er hatte neue Kraft gesammelt, war durchaus frisch[230]; er stellte sich gleichsam ganz und gar unter den Gedanken – und sieh! er überwältigte ihn, ihn schwindelte. Als er wieder zu sich gekommen war, wagte er beinahe nicht, seine Aufmerksamkeit auf jenen Gedanken zu richten, es dünkte ihn, es sei zum darüber Wahnsinnigwerden, zum mindesten wenn man nicht stärkere Nerven hatte als er. Umso größer war seine Bewunderung für die, welche Derartiges so leicht zu denken vermochten, als wäre das Ganze nur Narretei.

Er wurde mißmutig; aber indem er so in Mißmut versank, bekam er, halb wider seinen Willen, jenen ungeheuren Gedanken wieder zu fassen. Er war zu kummervoll, um eigentlich zu denken, aber es dünkte ihn, als wäre jener Gedanke, der so ungeheuer positiv zu sein schien, eigentlich doch Skepsis, insofern das Wissen des Einzelnen doch immerfort nur ein Wissen von sich als Moment und von seiner Bedeutung als Moment wäre. Vorausgesetzt, daß dies wirklich möglich war – etwas, was er jedoch nicht recht begreifen konnte, da es ihm nicht klar wurde, inwiefern ein Moment sich seiner bloß als Moment bewußt werden könne, da dies Bewußtsein eine Unmöglichkeit war ohne ein Bewußtsein, welches mehr war als ein Bewußtsein von sich als Moment, da sonst mein Bewußtsein in etwas anderm liegen müßte – so war doch dies Wissen ein höchst relatives Wissen und keineswegs ein absolutes Wissen. Aber wie war es möglich, daß jedes einzelne Moment zugleich seiner ewigen Giltigkeit sich bewußt wurde als eines Moments in dem Ganzen? Dann mußte ja der Einzelne allwissend sein und die Welt fertig sein.

Daß der Einzelne sich des Ewigen bewußt werden könne, das konnte er freilich begreifen, und das hatte wohl auch eine frühere Philosophie gemeint, sofern denn anders es eine solche gegeben hatte; aber des Ewigen sich bewußt werden in der ganzen geschichtlichen Konkretheit, sogar nach dem Maßstabe, daß es sich nicht bloß auf die Vergangenheit beziehe, das, glaubte er, war der
IV B 1 p. 125 Gottheit vorbehalten. Er konnte auch nicht begreifen, in welchem Moment der Zeit man sich selber so durchsichtig klar wurde, daß man, wiewohl sich selber gegenwärtig, sich selber vergangen werde. Dies, glaubte er, müsse der Ewigkeit vorbehalten bleiben, und nur abstrakt sei die Ewigkeit gegenwärtig in der Zeit.

Insoweit es eine frühere Philosophie gegeben hatte, hatte wohl auch der einzelne Philosoph sich seine Vorgänger zunutze gemacht, zugesehen, daß er dies sich aneignen, jenes berichtigen könne usw., aber es war ihm wohl nicht eingefallen, die ewige Notwendigkeit durchschauen zu wollen, mit welcher der eine Philosoph aus dem andern hervorging, er selbst aus seinen Vorgängern in einem ewigen Werdefluß[231]. Mochte es auch dem Denken gelingen hinsichtlich des Vergangenen solch eine innere Notwendigkeit zu erahnen, – wobei allerdings zu bemerken blieb, daß die Möglichkeit einer Täuschung umso größer wurde, je ferner dies Vergangene war – hinsichtlich des Gegenwärtigen schien es ihm eine Unmöglichkeit. Dies erhielte somit keine Erlaubnis, ein Gegenwärtiges zu bleiben, aus lauter Eifer, daß es je eher desto lieber ein Vergangenes werde, aber auf die Weise wurde es keines von beiden. Hierüber wurde er sich selber klar durch eine Betrachtung des persönlichen Lebens. Wenn einer zurückschaut auf sein Leben, so kann insbesondere dessen früherer Teil sich sehr wohl als von einer Notwendigkeit[232] durchdrungen erweisen. Falls hingegen einer beim Beginnen eines bestimmten Zeitabschnitts vorerst sich dieses Abschnitts bewußt werden will in seiner ewigen Giltigkeit als Moment seines Lebens, so wird er ihn gerade daran hindern, daß er irgendeine Bedeutung gewinnt, sofern er ihn aufheben will, ehedenn er gewesen, sofern er den Willen hat, daß das, was ein Gegenwärtiges ist, im gleichen Moment sich ihm als ein Vergangenes erzeigen solle.

Es war, dünkte es ihn, bereits eine bedenkliche Sache, wenn einer es sich vorsetzen wollte zu prophezeien. Dennoch, gleichwie man in dem Vergangenen eine Notwendigkeit erahnen konnte, ließ es sich ja auch denken, daß in dem Zukünftigen eine Notwendigkeit sich erahnen lasse. Indes das, was die Philosophie tun wollte, war etwas noch Schwierigeres, es hieß alles mit dem Gedanken der Ewigkeit und der Notwendigkeit durchdringen; dies in dem gegenwärtig seienden Augenblick tun, es hieß das gegenwärtig Seiende mit dem Gedanken der Ewigkeit töten und dennoch sein frisches Leben bewahren, es hieß das Geschehende sehen wollen als das Geschehene und zu gleicher Zeit doch als das Geschehende, es hieß das Zukünftige wissen wollen als ein Gegen- IV B 1 p. 126
wärtiges und zu gleicher Zeit doch als ein Zukünftiges.

So weit war er gekommen bei der Betrachtung jenes Satzes. Es war nicht so geschwind geschehen wie es hier erzählt worden, es hatte ihn Zeit und Fleiß gekostet; aber seine Mühe ward ihm nur schlecht vergolten; denn sollte er eine Meinung darüber haben, was in dem besprochnen Satze liege, so war es die, daß er eine Unmöglichkeit sei. Doch dies zu glauben hatte er nicht den Mut.

Zweites Kapitel

DIE PHILOSOPHIE BEGINNT MIT DEM ZWEIFEL

Er stellte vorerst diesen Satz dem Satz Nr. 2 gegenüber, daß man gezweifelt haben müsse, um dazu zu gelangen, mit dem Philosophieren zu beginnen. Er sah leicht ein, daß sie nicht das Gleiche besagten; denn während der erste den Zweifel als den Anfang der Philosophie bestimmte, bestimmte der zweite den Zweifel als etwas, das dem Anfang voraufging. Er hatte seine Aufmerksamkeit unter anderm auch aus dem Grunde auf jene Sätze gerichtet, weil sie dazu taugen mußten, ihm das Verhältnis zwischen dem Satz de omnibus dubitandum est und der Philosophie zu erklären und damit seine Aussichten, in die Philosophie hineinzukommen, mehr oder minder freundlich zu gestalten, und daher machte ihm der Satz Nr. 1 natürlich Freude; denn er schien der kürzeste Weg zu sein. Er sprach nicht vom Zweifel als von etwas, das der Philosophie voraufging, er lehrte, daß man mit dem Zweifel im Anfang der Philosophie stehe.

§ 1.

Ist der Satz gleichsinnig mit dem Satz Nr. 3?

Es war ihm ein absonderlicher Gedanke, daß der Zweifel mit zur Philosophie gehöre. Es schien ihm, als ob es mit diesem Satze umgekehrt gehe, als wie es mit dem Satz Nr. 3 gegangen war. Dieser nämlich schien ein geschichtlicher Satz zu sein, aber bei näherer Prüfung zeigte sich, daß er ein philosophischer Satz sein mußte, wenn es Johannes auch nicht gelang, ihn als solchen zu verstehen. Der Satz Nr. 1 gibt sich beim ersten Augenschein als
IV B 1 p. 127 ein philosophischer Satz, sofern er von der Philosophie im Allgemeinen spricht, bei näherem Zusehen erscheint er als ein geschichtlicher. Er sagt aus, die Philosophie beginne mit einem verneinenden[233] Prinzip, aber dieses enthält eine Polemik nicht bloß gegen dies oder jenes, das außerhalb der Philosophie steht, sondern gegen ein Prinzip in der Philosophie. Nämlich, da es sinnlos wäre, gegen ein Nichts zu polemisieren, so setzt es ein Vorherge-

hendes voraus. Ist dies Vorhergehende kein Prinzip, so ist die Polemik der Philosophie nicht würdig, ja so ist der Satz auch nicht verneinend sondern bejahend; denn wofern ich mit meiner Polemik lediglich das Ungleichartige ausschließe, ist mein Satz eigentlich nicht eine Polemik, sondern ein Aussprechen des Höheren, das mir eigen ist. Jedoch über diese Polemik wider ein Gleichartiges kann der Satz nicht unwissend sein; denn während ein bejahendes Prinzip, in seiner Unmittelbarkeit, über das unwissend sein kann, was es ausschließt, kann ein verneinendes Prinzip darüber niemals unwissend sein. Der Satz selbst gesteht also ein vorhergehendes philosophisches Prinzip zu.

Wäre es ein bejahendes Prinzip gewesen, mit dem die Philosophie begann, so würde man diese Folgerung hinsichtlich des Geschichtlichen schlechterdings nicht ausziehen können. Soweit er wußte, lehrten die Griechen, die Philosophie beginne mit der Verwunderung[234]. Ein solches Prinzip kann nicht Veranlassung geben zu irgend welcher geschichtlichen Folgerung. Falls ein späterer Denker das Gleiche verträte, so hätte man überhaupt kein Recht, daraus zu schließen, es sei seine Meinung, daß man mit der Verwunderung darüber beginnen solle, daß Plato und Aristoteles sich verwundert hatten. Verwunderung ist nämlich eine unmittelbare Bestimmung und enthält keine Reflexion auf sich selbst. Zweifel hingegen ist eine Reflexionsbestimmung. Wenn ein späterer Philosoph sagte: die Philosophie beginnt mit der Verwunderung, so war er sogleich in Zusammenhang mit den Griechen. Diese hatten sich verwundert, er verwunderte sich gleichfalls, diese hatten sich vielleicht über ein Ding verwundert, er verwunderte sich über ein ander Ding. Dahingegen wird der Zusammenhang abgebrochen, so oft ein Philosoph die Worte wiederholt oder ausspricht: die Philosophie beginnt mit dem Zweifel; denn der Zweifel ist eben die Polemik wider das Vorhergehende. Je größere Bedeutung der hat, welcher den Satz wiederholt, umso tiefer wird die Kluft, die mit IV B 1 p. 128
dem Abbrechen sich auftut, während in jenem andern Falle der Satz umso mehr bestätigt und bekräftigt wird, je größere Bedeutung der hat, welcher ihn wiederholt. Freilich würde auch im ersten Falle der Satz durch die Wiederholung bestätigt werden, aber er würde gerade bestätigt werden in seiner Scheidekraft.

Je mehr er also den Satz durchdachte, umso mehr erwies er sich als ein geschichtlicher Satz und als gleichsinnig mit Nr. 3, dergestalt, daß er hier in umgekehrter Richtung genau soweit kam wie vorher. Doch nicht genug damit; er entdeckte zugleich eine neue Schwierigkeit. Daß es dem Einzelnen in den Sinn kommen konnte zu zweifeln, das konnte er freilich begreifen, jedoch er konnte nicht verstehen, wie es ihm einfallen konnte, es zu einem andern Menschen zu sagen, zumindest als Anleitung (ein ander Ding war es, wo es geschah um abzuschrecken); denn falls der andere Mensch nicht allzu langsam sein sollte, so müßte er wohl antworten: „sei bestens bedankt, aber vergib, wenn ich nun auch zweifele an der Richtigkeit dieser Aussage." Falls nun der Erste aus Freude über das Dankeschön des Zweiten einem Dritten erzählen wollte, sie seien beide darüber einig geworden an allem zu zweifeln, so würde er eigentlich den Dritten zum Narren halten, da ihre Einigkeit lediglich ein ganz und gar abstrakter Ausdruck für ihre Uneinigkeit wäre, es sei denn, daß sie gegenseitig so unhöflich wären, einander für nichts anzusehen, und das wäre ein neuer Widerspruch, da der, welcher den Satz aufgestellt hatte, sich wohl selbst für etwas halten mußte, aber auch den andern für etwas halten mußte, sintemal er ihn darein einweihen wollte. Auch könnte der Erste sich über das Verhalten des andern nicht erzürnen, denn er könnte ja doch nicht wollen, daß dieser ein weniger vollkommenes Wesen sein solle als er selbst und vor allem nicht wollen, daß dieser nicht folgerichtig sein solle, ebensowenig wie im Altertum Anaxarchos[235], der in einen tiefen Graben gefallen war, böse über Pyrrhon wurde, der bei ihm vorüberging, ohne ihm hoch zu helfen, sondern ihn vielmehr darob pries, weil es ihm ein Beweis dafür war, daß sie in Wahrheit einig darüber seien, einem Philosophen zieme es, gleichgiltig und mitleidslos zu sein.

Obgleich Johannes dies sehr wohl festhalten konnte, war seine
IV B 1 p. 129 Sinnesart doch von der Beschaffenheit, daß er nicht den Mut hatte, dergestalt hochgepriesenen Wahrheiten gegenüber folgerichtig zu sein. War es auch vom Genie nicht folgerichtig das von irgend einem Menschen zu verlangen, so war es von einem armen Studenten doch folgerichtig es zu tun. Er sah freilich das Unvollkommene an der Art, auf die er sich die Wahrheit aneignete, aber darum wollte er den Satz dennoch nicht fahren lassen. Er bemühte sich also abermals, ihn zu überdenken, um zu sehen, wie er in

ein Verhältnis zu ihm kommen könne. Es war noch nicht der Satz selber, den er durchdenken wollte; denn er mußte ja erst wissen, ob es ihm gelingen könne, in ein Verhältnis zu ihm zu kommen. Er fragte daher nicht folgendermaßen: ob der Zweifel als Anfang ein Teil der Philosophie sei oder die ganze Philosophie sei? Wenn er ein Teil sei, welches dann der andere Teil sei? Ob dies die Gewißheit sei? Ob diese beiden Teile in alle Ewigkeit geschieden seien? Wie von einem Ganzen die Rede sein könne, wenn seine Teile einander ausschließen? Was nämlich Epikur[236] auf sophistische Art hinsichtlich der Todesfurcht geltend gemacht hatte, daß man sich um sie nicht kümmern solle; denn bin ich, so ist der Tod nicht, und ist der Tod, so bin ich nicht, das schien ihm hier seine Wahrheit zu haben. Ob es da etwas gebe, das diese beiden Teile zum Ganzen vereinige? Dergestalt fragte er nicht, dahingegen aber nach dem Verhältnis des Einzelnen zu jenem Satze.

§ 2.

Wie sich der Einzelne zu jenem Satz verhält?

Während nun seine Seele damit schwanger ging, diese Frage zu bedenken (solange er nämlich nicht fragen konnte, solange schlang sich der Gedanke ängstigend um ihn, sobald er mit dem Fragen beginnen konnte, war er glücklich, er wickelte sich aus dem Gedanken heraus, indem der Gedanke wie im Gespräch vor ihm sich entwickelte), hörte er eines Tages, wie einer der Philosophierenden anläßlich jenes Satzes sich folgendermaßen äußerte[237]: „Dieser Satz gehört keinem einzelnen Philosophen, es ist ein Satz der ewigen Philosophie, der jeder, welcher der Philosophie zugehören will, sich anschließen muß." Er spürte deutlich, wie diese Worte die Zuhörer bewegten, er selbst fühlte sich selig durchbebt von der IV B 1 p. 130
Begeisterung mitteilsamen Erschütterungen. Er eilte nach Hause froher als Robinson, da er Freitag gefunden. Unterwegs wiederholte er die Worte, um sicher zu sein, daß sein Gedächtnis ihn nicht betrüge.

Die ewige Philosophie, sagte er nun, die ewige Philosophie, was will das heißen? Es ist ein herrliches Prädikat, und kein Prädikat kann zu herrlich sein für die Philosophie; aber im gleichen Maße wie das Prädikat herrlicher wird, im gleichen Maße wird es wohl auch deutlicher und klarer. Die ewige Philosophie. Ist das die Philosophie, welche gleichgiltig ist gegen die Zeit? Solchenfalls ist es ja die abstrakteste Philosophie, die in ihrer Abstraktheit weder Anfang hat noch Ende. Diese jedoch kann es nicht sein, dieweil jener Satz von einem Anfang spricht. Ist es die Philosophie, welche die Geschichte in sich trägt, die selige Verklärung des gehaltvollen Lebens der Philosophie, eine Verklärung, die man am besten vergleichen kann mit derjenigen, welche jeden Menschen, wenn dereinst sein Leben abgeschlossen ist, in der Ewigkeit erwartet? Ist es diese, so kann man, die Sache genau genommen, sie eben nur erwarten. – Seine Seele begann bereits mißmutig zu werden; jene begeisternden und machtvollen Worte, sie waren so treulos. Jedoch noch stand sein Glaube an den letzten Teil der Rede: „jeder, welcher der Philosophie zugehören will, muß sich dieser (d. i. der ewigen Philosophie) anschließen." Indes wie man dabei sich verhalten solle, darüber hatte der Redende nicht das Mindeste geäußert. Was half es da zu wissen zu bekommen, es gebe eine ewige Philosophie, welcher jeder sich anschließen solle, wenn nicht jeder zu wissen bekam, wie er sich dabei verhalten solle, oder wenn schlechtweg keiner es zu wissen bekam; zum wenigsten gab es unter den Zuhörern niemand, der mehr zu wissen bekommen hatte als er. Und dennoch, es tat ihm weh, ihn dünkte die Worte waren so schön, er konnte es nicht lassen auf sie zu lauschen, ebenso wie man wehmütig emporstarrt zur Flucht der Wildgänse am Himmel; jeder welcher jener Welt zugehören will, muß sich ihnen anschließen, und doch hat man noch nie jemand gesehen, der mit ihnen geflogen wäre.

Die Worte hatten ihm nicht weitergeholfen, im Gegenteil, bei näherem Nachdenken schien es ihm, als ob sie da endeten, wo er im Zuge war zu beginnen, ehedenn er sie zu hören bekommen;
IV B 1 p. 131 denn eben das war es ja, das zu erforschen er im Sinne hatte: auf welche Weise der Einzelne sich zu jenem Satze verhalten muß und mithin auch, auf welche Weise der Einzelne sich an die Philosophie anschließen muß. Er sah gut ein, wie wenig erbaulich diese Übereinstimmung für ihn war; denn sie ließ sich recht wohl daraus erklären, daß er ebenda stand und beginnen sollte, wo der andre schon geendet hatte. Daher die Gleichheit. Ebenso ist auch

das Ende eines mathematischen Beweises ganz und gar dem Anfang gleich. Wer anfängt, sagt z. B.: im rechtwinkligen Dreieck ist das Quadrat der Hypotenuse gleich der Summe der Quadrate der beiden Katheten. Wer endet, sagt ganz und gar das Selbe, nur, daß er hinzufügt: was zu beweisen war (quod erat demonstrandum). Es schmerzte ihn, daß die Philosophierenden sich derart benahmen, es war schade bei ihnen, daß sie niemals etwas erklärten, es hätte ja einen geben können, der es nötig hatte.

Er war abermals im Begriff, dem Hang seiner eignen Gedanken zu folgen, die Frage schwebte ihm schon auf den Lippen, da wurde er wiederum angerufen, sofern er einen der Philosophierenden eine Bemerkung machen hörte, die ihm von äußerster Wichtigkeit schien. Der Satz, daß die Philosophie mit dem Zweifel beginne, war überhaupt oft Gegenstand der Besprechung. Er hörte nun: daß der Anfang der Philosophie ein dreifacher sei; der *absolute* Anfang ist der Begriff, welcher auch das Ende des Systems ist, der Begriff des absoluten Geistes; der *objektive* Anfang ist der schlechthin unbestimmte Begriff des Seins, die allereinfachste Bestimmung, die es gibt; der *subjektive* Anfang ist die Tat des Bewußtseins, mit der dieses sich erhebt zum Denken oder zum Setzen der Abstraktion.

Diese Bemerkung machte auf Johannes einen wohltuenden Eindruck, sie schien ihm glaubhaft und verläßlich zu sein, und hatte sie auch nicht die berauschende Macht der Begeisterung, so schien sie doch Klarheit und Besonnenheit zu haben. Es fiel ihm jedoch auf, daß diese Bemerkung, welche ja jenen Satz über den Beginn der Philosophie mit dem Zweifel erläutern wollte, zu diesem Zweck erklärte, der Anfang der Philosophie sei dreifach, jeden der drei im Besonderen namhaft machte, aber daß dem zum Trotz kei- IV B 1 p. 132
ner dieser Anfänge den Namen trug, der Anfang der Philosophie mit dem Zweifel zu sein. Erklärte er dies auf die Art, daß die Philosophie vier Anfänge habe, und der vierte der Zweifel sei, so war er in der Verlegenheit, annehmen zu müssen, daß die Erklärung alles erklärt habe, bloß nicht das, was er wünschte erklärt zu bekommen. Sollte also einer der namhaft gemachten Anfänge der sein, nach dem er fragte, so sah er sehr wohl ein, daß es der dritte sein mußte; denn die Erwägung des absoluten und des objektiven Anfangs der Philosophie mußte denen überlassen bleiben, die

bereits Philosophen geworden waren. Der subjektive Anfang hingegen war ja der, mit welchem der Einzelne, nachdem er bis dahin kein Philosoph gewesen, ein Philosoph zu werden begann. Dies war also der, nach welchem er fragte, denn er fragte ja nicht nach dem Verhältnis jenes Satzes zur Philosophie, sondern nach seinem Verhältnis zu jenem Satze, und nach seinem dadurch möglichen Verhältnis zur Philosophie.

„Der subjektive Anfang", ward da gesagt, „ist die Tat des Bewußtseins, mit der dieses (d. i. das Bewußtsein) sich erhebt zum Denken oder zum Setzen der Abstraktion." Dies erschien ihm sehr schön, insbesondere sehr erhebend; aber damit war sein Bewußtsein noch nicht erhoben. Sollte dieser Anfang der sein, von welchem er sprach, so war es ihm dunkel, weshalb er jetzt eine bejahende Form erhalte anstatt, daß er ansonst eine verneinende Form erhielt. Freilich sah er ein, daß man mit Erhebung und mit Zweifel an die gleiche Stelle hingelangen könne, aber der Zusammenhang war doch ein ganz andrer. Falls so z. B. der Eine, um zum Philosophieren zu gelangen, sich über die Sinneswahrnehmung erhob, der andre aus dem gleichen Grunde an der Sinneswahrnehmung zweifelte, so gelangten sie beide vielleicht an die gleiche Stelle, aber die Bewegung war verschieden; und die Bewegung war es ja, nach der er zu allernächst fragte. Dazu kommt, daß man, da das sich Erheben ein bejahendes Prinzip ist, aus ihm keinerlei geschichtliche Folgerung ziehen könnte hinsichtlich einer vorhergehenden Philosophie, so wie es beim Prinzip des Zweifels geschähe. Wollte man da, daß diese beiden Ausdrücke, sich erheben und zweifeln, gleichsinnig sein sollten? Das war ja eine Ungereimtheit, da sie nicht gleichsinnig waren. Warum brauchte man dann zwei Ausdrücke? Warum erklärte man den schwierigeren Ausdruck mit
IV B 1 p. 133 einem leichteren Ausdruck, der zugleich etwas ganz andres erklärte, und mithin nicht das erklärte, was erklärt werden sollte? Der Ausdruck, den er in einem fort wiederholen hörte, war: die Philosophie beginnt mit dem Zweifel, den andern Ausdruck hörte er weit seltener. Sollte denn also der Satz ein Mißverständnis sein, die Erklärung hingegen der Satz sein? Das war ja undenkbar; und selbst wenn es so wäre, würde sie zwar ihre Bedeutung haben als Satz, aber selber einer Erklärung bedürfen; denn sagen: der Anfang ist der Akt, mit dem man anfängt, das war ein bißchen wenig

für eine Erklärung. Es mußte dann näher bestimmt werden, was für ein Akt es sei, auf welche Weise der Einzelne in den Stand gesetzt werde, ihn auszuführen.

Er entschloß sich also nun, da zu beginnen, wo er zuvor im Begriff gewesen war zu beginnen, dem Verlangen der Frage auf die Art zu folgen wie er es in seiner Seele vernahm.

a. Wie der Einzelne, der jenen Satz aufstellt, sich zu ihm verhält?

Zu dem Zweck fragte er, ob jener Satz zu allen Zeiten Dasein in zeitlichem Sinne gehabt habe, dergestalt, daß jeder seinen Inhalt gekannt, wenngleich niemand ihn als Satz aufgestellt hatte? Ob von jenem Satze gelten müsse, was gelten mußte von dem Satz: der Mensch ist sterblich? – Ob das, was er aussagte, etwas sei, was die Menschen zu allen Zeiten getan, ohne sich dessen bewußt zu werden; ob es etwas sei, was der unmittelbaren menschlichen Natur sehr nahe lag. So würde z. B., auch wenn niemals jemand etwas darüber erklärt hätte, was es heiße, sich zu verwundern, gleichwohl jeder Mensch das getan haben. – Ob der Satz zu allen Zeiten Dasein in ewigem Sinne gehabt habe, gleichwohl aber in der Zeit entdeckt worden sei? Ob von jenem Satze gelte, was von mathematischen Sätzen gilt, daß sie, indem sie entdeckt werden, entdeckt werden in ihrer Ewigkeit? – Ob er in ewigem Sinne fortfahre zu allen Zeiten Dasein zu haben, so wie ein philosophischer Satz es tut? – Ob die Persönlichkeit dessen, der den Satz entdeckt hatte, gleichgiltig werde, nachdem der Satz entdeckt worden, so wie es der Fall ist bei mathematischen und metaphysischen Sätzen? – Ob es von Wichtigkeit für den Satz sei, daß IV B 1 p. 134
man die Persönlichkeit dessen kannte, der ihn aufgestellt hatte? So verlangte man ja bei religiösen Sätzen auch noch eine Bekanntschaft mit der Persönlichkeit des Sprechenden, so auch in gewissem Maße bei ethischen Sätzen; denn freilich könnte jedermann einen religiösen und einen ethischen Satz aussagen, aber daraus folgte nicht, daß er in jedermanns Mund zu einem ethischen oder religiösen Satz würde, es sei denn daß man annehmen wollte, es sei gleichgiltig, daß es Christus war, welcher sagte, er sei Gottes Sohn oder irgend ein beliebiger Mensch; oder es sei gleichgiltig, ob es ein Mann war, der wirklich sich selber kannte, welcher sagte: erkenne dich selbst, oder irgend ein beliebiger Mensch. Der Satz

blieb wohl der gleiche, und doch wurde er ein andrer, das will heißen, er war in dem einen Falle ein Satz, im andern Falle Geschwätz, wohingegen ein mathematischer Satz ganz und gar gleichgiltig darwider ist, ob es Archimedes oder Arv[237a] ist, der ihn aufstellt, wenn er nur richtig aufgestellt wird. Die Persönlichkeit macht in dem einen Falle nichts aus, in dem andern alles, wie ja auch im bürgerlichen Leben der Form nach jedermann Bürge sein könnte und es dennoch einen unbedingten Unterschied machen würde, wer der Bürge wäre. – Wie mußte also die Persönlichkeit bestimmt sein, die ihn aufstellen sollte? Ob er ein Talent sein mußte, und ob dies hinreichend war dergestalt, daß ihm, wenn er nichts als Talent hätte, die Vollmacht eigen wäre, den Satz aufzustellen? Um einen mathematischen Satz aufzustellen, war ein mathematisches Talent erforderlich. Der, welcher ihn aufstellen konnte, bewies, daß er das Talent hatte; und wollte man sich die Ungereimtheit denken (welche doch jederzeit eine Ungereimtheit bliebe, wegen der vollkommenen Einwohnung des Talents in der Darstellung), daß Einer, der kein Talent hätte, es tun könnte, so behielte der Satz gleichwohl seine Wahrheit, seine mathematische Wahrheit, d. h. seine wesentliche Wahrheit, ebenso wie ja auch im täglichen Leben eine Schuldverschreibung, die auf den Inhaber lautet, gleich rechtskräftig ist, ob sie nun einem reichen Manne oder einem armen Manne gehört, ob es nun ein Dieb ist oder der wirkliche Eigentümer, der sie im Besitze hat. Bei religiösen und ethischen Sätzen war das nicht so. Könnte man ein zweijähriges Kind einen mathematischen Satz lehren, indem ein Verrückter ihn
IV B 1 p. 135 vorsagte, so bliebe dieser in jenes Kindes Mund wesentlich ebenso wahr wie in dem des Pythagoras; lehrte man ein zweijähriges Kind die folgenden Worte sagen: ich glaube, daß es einen Gott gibt, oder: erkenne dich selbst, so würde niemand über sie nachdenken. – Ist also das Talent selbst nicht die zureichende Vollmacht? Wird nicht bei religiösen und ethischen Wahrheiten etwas andres erfordert, eine andre Art Vollmacht, oder vielmehr das, was man recht eigentlich Vollmacht nennt; denn man macht ja einen Unterschied zwischen Talent und Vollmacht? Mag einer Talent genug haben, alles zu sehen, was in solch einem Satze liegt, Talent genug, ihn aufzustellen, daraus folgt nicht, daß er selbst es glaubt oder selbst danach tut, und insoweit dies nicht der Fall ist, verwandelt er den

Satz aus einem religiösen in einen historischen, oder aus einem ethischen in einen metaphysischen. – Nun war es ihm ja klar: sofern es nicht vier Anfänge der Philosophie geben solle (und selbst in diesem Falle würde der Schluß doch der gleiche bleiben), müsse dieser Satz in den subjektiven Anfang hineingehören, und das war auch daraus klar, daß es Spiegelfechterei wäre, von einem objektiven Zweifel zu reden; denn ein objektiver Zweifel ist nicht Zweifel sondern Überlegung. Daher konnte der Satz nicht, in der Art irgendeines philosophischen Satzes, auf mathematische Notwendigkeit Anspruch erheben, aber auch nicht auf die philosophische Notwendigkeit wie jeder Satz in der absoluten und der objektiven Philosophie es tut. Dieser Satz mußte also von der Beschaffenheit sein, daß der, welcher ihn aufstellen sollte, ihn entdecken mußte, Talent haben mußte, Vollmacht haben mußte.

b. Wie der Einzelne, der jenen Satz empfängt, sich zu dem verhält, der ihn aufstellt?

Einige Fragen hierbei, sah er, würden die Kehrseite der vorhergehenden Fragen sein. Hinsichtlich dieser faßte er sich daher kurz. So fragte er z. B., ob jener Satz, nachdem er aufgestellt sei, sich ohne weiteres geltend mache, man wolle es oder nicht, auf die gleiche Art, wie es der Satz über die Sterblichkeit des Menschen tun würde? – Ob er sich geltend mache mit der Notwendigkeit,
daß man durch seine Leugnung sich der rückwärts gekehrten Fol- IV B 1 p. 136
gerung aussetze, so wie der, welcher einen mathematischen Satz leugnet, auf die Folgerung gefaßt sein muß, daß er kein mathematischer Kopf sei. Ob der Satz, so wie ein mathematischer Satz, gleichgiltig dagegen sei, ob mehrere ihn aufstellten, und dadurch weder gewinne noch verliere? –

Die Frage, die er insbesondere festhielt, war: ob der Satz sich bloß aufstellen lasse, oder ob er sich wirklich empfangen lasse. Ein mathematischer Satz ließ sich eigentlich bloß aufstellen; denn erst wenn man ihn so empfangen hat, daß man ihn selber aufstellen kann, erst dann hat man ihn empfangen, sonst ist er für einen gar nicht da. Dies erklärte er aus dem abstrakten Charakter der Mathematik. Ob jener Satz um seines verneinenden Inhalts willen nicht von der gleichen Art sei? Ob dem Verneinenden nicht der Zusammenhang fehle, ohne den kein Mitteilen und kein Empfangen denkbar sei? Ob es nicht, sofern man dem Verneinenden den Anschein gab, einen solchen zu besitzen, eine Täuschung sei? Ob das Verneinende nicht im Bereich des Gedankens das Gleiche sei, was das Böse im Bereich der Freiheit ist, und also, ebenso wie dieses, ohne Zusammenhang?

Ob der Satz sich also überhaupt nicht empfangen lasse, sondern bloß aufstellen; ob ihn jeder dergestalt empfange, daß in dem Augenblick, wo er ihn aufstellte, es gleichgiltig sei, von wem er ihn empfangen hatte, oder ob er ihn überhaupt empfangen hatte, da er ihn erst empfangen hatte, indem er ihn selber aufstellte? – Ob er sich empfangen lasse, ob der Einzelne durch einen andern ihn empfangen könne, ob er geglaubt werden solle? Indem ich nämlich gläubig einen Satz empfange, bin ich nicht alsogleich imstande, ihn zu fassen oder ihn auszuführen, gleichwohl aber empfange ich ihn, indem ich dem glaube, der ihn aufstellt. Ob der Satz vielleicht von der Beschaffenheit sei, daß er bei dem, der ihn aufstellen sollte, Vollmacht heischte, bei dem, der ihn empfangen sollte, Vertrauen und Hingebung? – Ob er auf die Art geglaubt werden solle, daß der Einzelne nicht täte, was der Satz sagte, sondern glaubte, der andre habe es getan? Ob vielleicht ein einzelner Philosoph für alle gezweifelt habe, so wie Christus für alle gelitten, und man nun lediglich dies glauben, aber nicht selber zweifeln solle? Solchenfalls wäre ja der Satz nicht ganz richtig aufgestellt; IV B 1 p. 137 denn die Philosophie begönne dann für den Einzelnen nicht mit dem Zweifel sondern mit dem Glauben daran, daß der Philosoph N. N. für ihn gezweifelt habe. – Ob der Satz gläubig auf die Art angeeignet werden solle, daß der Einzelne täte, was der Satz sagte? Ob alsdann der, welcher ihn aufgestellt, so vollständig an allem gezweifelt habe, daß der Einzelne seinen Zweifel bloß repetiere und er somit im Glauben an den Aufstellenden die Bewegungen des Zweifels mache, in der Weise wie dieser es vorschreibe? Ob da mit einem jeden Einzelnen fort und fort ein neues Moment des Zweifels hinzukomme für den Nächsten? Ob man mit Rücksicht auf das, woran zu zweifeln dem früheren Einzelnen möglich gewesen, ob man mit Rücksicht darauf glauben solle, daß er genugsam gezweifelt habe, oder man abermals zweifeln solle?

Je mehr Johannes über diese Sache nachdachte, um so klarer wurde es ihm, daß man auf diesem Wege nicht hineinkomme in die Philosophie; denn jener Satz vernichtete gerade die Verbindung. Er hatte in einem alten Märchenbuch die Geschichte von einem Ritter gelesen, der von einem Kobold ein seltsames Schwert erhielt, welches neben andern Eigenschaften auch die hatte, daß es Blut heischte, sobald man es gezogen. Wie der Kobold es ihm reichte, war das Verlangen des Ritters, es zu sehen, so groß, daß er es augenblicklich zog und sieh! da mußte der Kobold ins Gras beißen. So schien es ihm, mußte es mit jenem Satze gehn: indem der eine ihn zum andern sagte, wurde er in des andern Hand zum Schwerte, das den ersten töten mußte, wie leid es auch dem andern tat, seinem Wohltäter auf diese Weise lohnen zu müssen.

Der, welcher zuerst, mit Ursprünglichkeit herausgefunden hatte, daß man mit dem Zweifel beginnen müsse, er war nicht in jener Verlegenheit gewesen. Vermutlich hatte er damit begonnen als mit einem Wagestück, von dem er nicht wissen konnte, wie weit es ihn führen werde, ob zu Sieg oder zu Untergang. Der Einzelne jedoch, welcher dies von einem andern lernen sollte, er kam in die Verlegenheit, und wofern sein Lehrmeister nicht sehr behende war, mußte er ein Opfer seiner Lehre werden.

Zu so einer blutigen Undankbarkeit konnte Johannes sich nicht entschließen; aber selbst wenn er nachträglich dazu Mut bekommen hätte, so sah er doch recht wohl, daß es da eine neue Schwierigkeit gab; denn sobald er nun, das durfte er mit gutem Gewissen sagen, wider seinen Willen den Meister ermordet hätte, IV B 1 p. 138
würde er ja selber der Meister sein, hätte nicht den geringsten Nutzen von seinen Vorgängern und hätte im Gegenteil Aussichten, entweder Alleinherrscher in der Philosophie zu werden, falls er nämlich der letzte wäre, der jenen Satz aufstellte und keinen Nachfolger bekäme, das will also heißen, Alleinherrscher über alle Philosophen, da er selber der einzige wäre; oder auf gleiche Weise zu enden wie seine großen Vorgänger. „Aller Anfang ist schwer“ [238], darin hatte er den Deutschen immer recht gegeben; aber dieser Anfang schien ihm mehr als schwer zu sein und ihn einen Anfang nennen, ihn mit dieser Kategorie bezeichnen, schien ihm das Gleiche zu sein, was der Fuchs tat, der es unter die Kategorie des Übergangs stellte, als man ihm das Fell über die Ohren zog.

Wiewohl nun diese Erwägungen für ihn keineswegs ermunternd waren, konnte er es doch ab und an nicht unterlassen zu lächeln, so wie ja oft Lächeln und Tränen auf wunderliche Weise nahe beisammen sind. Wenn er bedachte, er, der ein so unschuldig Blut war, daß man glauben mußte, er sei eher ein Mädchen als ein Mann, er, der es nicht übers Herz brachte, einer Fliege Verdruß zu bereiten, daß er verwandelt wurde in einen blutdürstigen „Blaubart"[239], der nicht Strohhalme hackte, sondern unsterblichen Philosophen das Haupt abhackte, so fühlte er sehr wohl, eine wie lächerliche Figur er zu spielen bestimmt war, und daß das Ganze mit Hexerei zugehn mußte. Er hatte freilich begriffen, daß mit einem eine Verwandlung vorgehen mußte, wenn man Philosoph wurde – jedoch solch eine Verwandlung!

Er entschloß sich daher bis auf weiteres das Schwert in der Scheide stecken zu lassen und lieber fortzufahren er selbst zu sein als Philosoph zu werden auf diese Bedingung hin.

Wie es auch im Übrigen zu jenem Satze und seinem Verhältnis zur Philosophie sich schicken mochte, so viel sah er doch ein, daß dieser Anfang ein Anfang war, mit dem man außerhalb der Philosophie blieb, man mochte nun entweder annehmen, daß die Philosophie wirklich zu bestehen fortfahre, ob der Einzelne gleich durch seine Weise des Beginnens sich von ihr ausschloß, oder daß diese Weise des Beginnens die Philosophie zunichte mache, wodurch man ja denn auch verhindert wurde, in sie hineinzukommen.

IV B 1 p. 139 Die schöne Aussicht, welche der Satz ihm eröffnet hatte, war geschwunden; er hatte nur den Ausweg, anzunehmen daß dies Beginnen ein Beginnen sei, welches dem Anfang der Philosophie vorausging. Solchenfalls war der Satz Nr. 1 gleichsinnig mit dem Satze Nr. 2.

Drittes Kapitel

MAN MUSS GEZWEIFELT HABEN, UM ZUM PHILOSOPHIEREN ZU GELANGEN

Es war, wie der Leser sich erinnert, eigentlich der Satz: „De omnibus dubitandum est", den Johannes zum Gegenstand seiner Überlegung machen wollte. Zuvor hatte er sich ermuntern wollen durch die Vorstellung von dem Verhältnis, das jener Satz zur Philosophie habe. Was er jetzt, durch eine vollständigere Prüfung, herausgefunden hatte, war nur wenig erfreulich; denn er war zurückgedrängt auf den höchst dürftigen Ausdruck, daß dieser Satz außerhalb der Philosophie liege und nur Vorbereitung sei. Jedoch auch in diesem Falle würde sein Bemühen nicht ohne Lohn sein, insofern er durch solch eine Vorbereitung sich würdig machte, späterhin mit der Philosophie zu beginnen.

Es stand nun in gewissem Sinne dem nichts im Wege, daß er zu jenem Satze überging; denn von jenem Satze mußte er wohl lernen, was er zu tun habe, um es alsdann ausführen zu können. Jedoch er meinte, es sei wohl der Mühe wert zu untersuchen, was es bedeuten möge, daß die Philosophie solch eine Vorbereitung verlangte; dazu gab ihm der Satz Nr. 2 Veranlassung.

Daß die Philosophie solch eine Vorbereitung verlangte, fand er ganz in der Ordnung, ja, es sprach ihn recht an, sein Charakter, der ebenso demütig war wie kühn, pflichtete dem durchaus bei. Selbst wenn es ihm gelungen wäre, den Satz Nr. 1 zu verstehen und mit seiner Hilfe in die Philosophie hineinzuschlüpfen, hätte es ihn doch beunruhigt, ob er nicht zu bequem dazu gelangt sei; denn etwas ohne Schwierigkeit bekommen war ein Paradox, für seine abenteuerliche Seele, welche am liebsten auf Beschwerlichkeiten aus war. Er wußte, daß eine solche Vorbereitung voreinst in der Welt Brauch gewesen war; er wußte, daß Pythagoras[340] seinen Jüngern Schweigen auferlegte, daß die ägyptischen und indischen Philosophen eine gleichartige Prüfungszeit im Brauch gehabt hatten; er wußte, daß in der Kirche die Katechumenen eine IV B 1 p. 140
lange Schule durchgemacht hatten ehedenn sie in die Kirche aufgenommen wurden. Ja, gemäß der größeren Bedeutung dessen, darein man eingeweiht werden sollte, war auch die Probe entsprechend strenger. Die asketischen Mönchsorden, der gigantische Jesuitenorden waren ihm Beispiele hierfür. Was Wunder da, daß die Philosophie in unsrer Zeit gleichfalls eine Probe verlangte! Er begriff zugleich, daß es dem Jünger nicht zieme, Kritik am Meister zu üben. Was dieser für dienlich hielt zu befehlen, das mußte man begeistert und vertrauensvoll tun und mochte es noch so kränkend, noch so demütigend sein. Daß Pythagoras Schweigen verlangte, das verstand er; denn für den Jünger gebührt es sich zu schweigen; daß Diogenes[241] von jemandem, der sein Jünger sein

wollte, verlangte, er solle einen Krug hinter ihm her tragen, konnte er sich gut erklären; daß der Katechumene draußen vor der Tür stehen mußte, knieen, wenn die andern aufrecht standen, aufstehen, wenn die andern niedersaßen; daß der Novize die gröbste Arbeit verrichten mußte – alles das fand er in der Ordnung, und er würde sich niemals bedenken dem nachzukommen, falls man es von ihm heischte. Dahingegen wurde er aus einem andern Grunde ein wenig bedenklich wegen der Vorbereitung, die man ihm vorschrieb, weil sie ihm nicht demütig und bescheiden genug zu sein schien.

Wer zweifelt, erhebt sich über den, von dem er lernt, und es gibt daher keine Denkungsart, die ein Lehrer am Jünger mehr mißbilligen muß als Zweifel. Und doch war es Zweifel, was man von ihm verlangte; dadurch, daß er zweifelte, sollte er sich darauf vorbereiten, Philosoph zu werden. Hier war er abermals in Verlegenheit. Vielleicht, dachte er, ist es ein frommer Betrug. Vielleicht will man auf diese Weise den Jünger lehren, seine Zuflucht zum Meister zu nehmen, ebenso wie man das Kind sich am Feuer brennen läßt; es nicht vor ihm warnt, sondern es dazu ermuntert, weil man die Erfahrung für die beste Lehrmeisterin hält. Jedoch diese Erklärung wollte ihn nicht befriedigen, und er fand eine andere, indem er darauf aufmerksam wurde, daß im Gebaren der Philosophie etwas Erhabenes und Vornehmes war. Wenn der Lehrer
IV B 1 p. 141 dem Jünger in bejahendem Sinne befiehlt etwas zu tun, so ist es allerdings leichter für den Jünger, denn der Lehrer übernimmt dann die Verantwortung. Dadurch wird indes auch der Jünger ein unvollkommeneres Wesen, das sein Leben in einem andern hat. Indem er etwas Verneinendes auferlegt, macht der Lehrer den Jünger dagegen frei von sich, macht ihn ebenso groß wie sich selbst. Zugleich ist freilich das Verhältnis zwischen Lehrer und Jünger aufgehoben. Dies sah Johannes sehr wohl ein. „Nicht einmal das kann ich wissen“, sagte er, „ob das Zweifeln wirklich eine Vorbereitung ist. Ich bin mir selbst überlassen, ich muß alles tun auf eigne Verantwortung und Gefahr. Hätte ich auch wünschen mögen, noch ein Weilchen unmündig bleiben zu dürfen, hätte ich auch wünschen mögen, es wäre einer da, der beföhle, so daß ich die Freude hätte zu gehorchen, fühle ich auch mit Angst, daß ich so jung mündig geworden bin, ist mir auch zumute wie einem

Mädchen, das zu früh verheiratet wird – nun wohl, es muß denn sein. Der Satz: ‚De omnibus dubitandum est' ist nun einmal in mein Bewußtsein eingeführt, ich will mich bemühen, ihn zu durchdenken aus aller meiner Macht, zu tun, was er besagt, mit aller meiner Leidenschaft. Geschehe denn was da wolle; führe er mich zu allem oder zu nichts, mache er mich zum Weisen oder zum Narren, ich will alles aufs Spiel setzen, aber den Gedanken nicht fahren lassen. Meine schwärmerischen Träume davon ein Jünger zu sein sind geschwunden; ehedenn mir erlaubt ward jung zu sein, bin ich alt geworden; jetzt segle ich auf hoher See. Die Aussichten, die ich mir einstmals vorgegaukelt über das Verhältnis dieses Satzes zur Philosophie sind versperrt; ich weiß nichts über das Verhältnis dieses Satzes zu etwas anderm; allein seinem Wege folge ich; ‚gleich dem Rud'rer im Boot, kehr' ich den Rücken dem Ziele'."[242]

ZWEITER TEIL

JOHANNES VERSUCHT UNTER EIGNEM BEFEHL[243] ZU DENKEN*

De omnibus dubitandum est

Einleitung

Wie der Fisch, wenn er im Schaum der Flut seine Beute geschnappt, niederstrebt zu des Meeres Grund, so blieb Johannes
IVB1 p. 142 mit jenem Satze in der Seele Tiefen allein. Eine Zeitlang gab er sich den unterschiedlichen Stimmungen hin, welche der bloße Besitz eines Etwas, dessen wahre Bedeutung man noch nicht begriffen, hervorruft, er ließ sich mannigfach bewegen von den mancherlei Gedanken über die Schwierigkeit der Aufgabe, über die verwickelten Bestrickungen, die fruchtlosen Versuche, die siegreichen Augenblicke, über die romantische Art, in welcher er zu existieren haben würde, kurz er genoß einer ersten Verliebtheit süße Freuden und Schmerzen; denn es ist so wie Hippel irgendwo sagt: „es geht mit den Wissenschaften wie mit der Liebe: die verstohlne ist die angenehmste". (Vgl. Lebensläufe 1 S. 200[244].)

Allmählich, als er mehr und mehr zu sich kam, mehr und mehr Verlangen und Kraft spürte, sich die Aufgabe in bestimmterer Gestalt zu stellen, suchte er sich auch darauf zu besinnen, ob nicht unter den Reden der Philosophierenden, soweit er sich ihrer erinnerte, ein wegweisender Wink sich finden lasse. Eine Reise um die

---

* Aus Fürsorge für den jungen Johannes Climacus und damit es nicht scheine als ob es lediglich Torheiten seien, mit denen er sich be-
IVB1 p. 142 schäftigt, will ich, obwohl man sofort sieht, daß er keinerlei Paragraphen-Genie ist, und auch nicht nach den Compendien der letzten zehn Jahre dressiert worden ist, doch nebenher daran erinnern, wie die Probleme, die er berührt, in der Philosophie früher geltend gemacht worden sind.

Welt tritt man nicht auf die gleiche Weise an wie einen Spaziergang. Ohne daß sie die Mühseligkeiten der Reise kennt, hüllt sich die Seele in eine wehmütig erhebende Andacht, während Mut und Begeisterung mit einer gewissen Angst in abenteuerlicher Kühnheit wetteifern. Wiewohl man aber sich dergestalt sich selbst überläßt, ist doch nichts natürlicher, als daß man auf die Nachrichten derer achtgibt, die das Gleiche versucht haben. Johannes sah freilich ein, daß er hier nicht erwarten dürfe, in den Reden der Philosophierenden eine so vollständige Aufklärung zu finden, wie sie ein Seemann an seiner Karte hat, aber er wußte auch, daß der Geist nicht der Mannigfaltigkeit unterworfen ist, daß seine Bewegung weit eher gleichförmig ist.

Indem er nun seinem Gedächtnis zu Hilfe zu kommen suchte, ward ihm recht wunderlich zumute, denn es wurde ihm klar, daß in den Gesprächen der Philosophierenden so gut wie kein einziges Wort gefallen war über alle die Zufälle und Abenteuer, in denen IV B 1 p. 143
der versucht werden mußte, welcher auszog an allem zu zweifeln. Und doch hätte man erwarten sollen, dies zu vernehmen; man sollte glauben, daß sie über nichts anderes so gerne sprächen, gleich wie Seefahrer am liebsten über die von ihnen überstandenen Zufälle sprechen und dazu ganz besonders geneigt sind, wenn sie mit Männern zusammentreffen, welche die gleichen Meere befahren haben. Er hätte es sich erklären können, wenn der Eine oder Andere es sich hätte anlügen wollen, mit dabei gewesen zu sein, ohne daß er es wirklich gewesen, hoffte jedoch zugleich den befahrenen Mann an der Innerlichkeit des Ausdrucks unterscheiden zu können vom Nachschwätzer. Unerklärlich war jedoch das, was geschah, daß nämlich jedermann schwieg. Sollte das, was ihnen widerfahren war, so entsetzlich gewesen sein, daß es ihnen graute, davon zu sprechen? Indes, sie waren ja in der Gesellschaft von Männern, die das Gleiche erfahren haben mußten.

Freilich war es nicht ganz so, daß er von den Philosophierenden über diese Sache überhaupt kein Wort gehört hätte, aber indem er in seinem Gedächtnis das Wenige, was er gehört, auffrischte, mußte er doch gestehen, es sei nichts und es sei in der Ordnung, daß die einzelne Äußerung zu ihrer Zeit ihn lediglich mißmutig gemacht hatte. So z. B., als einmal die Rede war von der Bedeutung, die das Durchmachen des Zweifels als ein der Philo-

sophie Vorausgehendes habe, wurde er Zeuge folgender Äußerung: „man soll die Zeit nicht mit dem Zweifeln vergeuden, man soll nur hurtig mit der Philosophie beginnen". Die Zuhörer ergriffen diese Aufklärung mit der gleichen Freude, mit der die Katholiken die Verkündigung eines Ablasses ergreifen. Johannes hingegen wurde um des Redenden willen so beschämt, daß er sich weit fort wünschte, auf daß es niemand ihm ansähe. „Auch ein ganz gewöhnlicher Mensch", sagte er bei sich selbst, „bemüht sich zu tun, was er sagt, allerdings kann es ihm aus Unkenntnis widerfahren, daß er etwas anderes tut, weil er sich selbst nicht versteht. Dagegen kann dies dem Philosophen nicht zustoßen. Aber so geradezu zu sagen, daß es der Mühe nicht wert sei das zu tun, von dem man zu andern Zeiten versichert, man habe es getan; mit Bewußtsein des sich entschlagen, was man sonst als eine notwendige Bedingung herausstreicht; das heißt ja zugleich sich selbst verachten und die Philosophie!" – Ein andermal hörte er einen der Philosophierenden, zu dessen Aussprüchen man besonderes Vertrauen
IV B 1 hatte, solchermaßen sich äußern[245]: „an allem zweifeln, ist keine
p. 144 leichte Sache; nämlich es ist kein Zweifeln an dem und dem, an diesem oder jenem, an dem einen oder andern, sondern es ist ein spekulatives Zweifeln an allem, welches keineswegs eine leichte Sache ist". Er erinnerte sich, wie aufmerksam er wurde beim Anfang dieser Rede, wie niedergeschlagen er war bei ihrem Ende, da er begriff, daß da auch nicht ein einziges Wort gesagt worden war. Es wäre besser gewesen, wenn der Redende nicht mehr als die ersten Worte gesprochen hätte; denn das Folgende besagte nichts, obwohl es sich den Anschein davon gab, und insofern war es sonderbar, daß die Rede nicht sehr viel länger geriet; denn wenn man auf die Art reden wollte, so mußte man unendlich viel zu sagen haben.

Johannes nahm denn also für immer Abschied von den Philosophierenden; wenn er auch ab und an eine einzelne Bemerkung von ihnen hörte, beschloß er doch nicht weiter darauf zu achten, da er so viele betrübliche Erfahrungen damit gemacht hatte, wie betrüglich ihre Worte waren. Er folgte nun der Methode, der er gewohnt war zu folgen, alles so schlicht und einfältig wie möglich zu tun.

Erstes Kapitel

WAS ES HEISST ZU ZWEIFELN?

§ 1.

Wie die Existenz beschaffen sein muß, damit das Zweifeln möglich werde?

Indem Johannes dies zu überlegen begann, sah er sehr wohl ein: wenn er eine empirische Antwort auf diese Frage verlangte, so würde das Leben eine Mannigfaltigkeit darbieten, die innerhalb des ganzen Umfangs des Extrems eine nichts als verwirrende Weitläuftigkeit berge. Nicht allein nämlich, daß das, was bei dem Einzelnen den Zweifel hervorrief, überaus verschieden sein konnte, es konnte sogar das Entgegengesetzte sein; denn falls einer, um den Zweifel bei einem andern zu wecken, den Zweifel vortragen wollte, so konnte er damit gerade den Glauben hervorrufen, ebenso wie umgekehrt der Glaube den Zweifel hervorrufen konnte. Auf Grund dieser paradoxen Dialektik, die, worauf er schon früher aufmerksam geworden war, in keinem Wissensbereich eine Entsprechung hatte, da alles Wissen in einem unmittelbaren und immanenten Verhältnis zu seinem Gegenstande und zum Wissenden steht, nicht in einem umgekehrten und transzendenten Verhält- IV B 1 p. 145
nis zu einem Dritten, sah er leichtlich ein, daß jegliche empirische Betrachtung hier zu nichts führen würde. Wenn er also eine Antwort auf jene Frage suchte, mußte er einen andern Weg gehn. Er mußte *die ideelle Möglichkeit des Zweifels im Bewußtsein* zu ermitteln suchen. Diese mußte ja die gleiche bleiben, wie verschieden die den Anlaß gebende Erscheinung auch war, da sie, ohne selbst von der Erscheinung erklärt zu werden, die Wirkung der Erscheinung erklärte. Was im Einzelnen den Zweifel verursachte, mochte so verschieden sein als es sein wollte: falls in dem Einzelnen diese Möglichkeit nicht lag, so war nichts imstande sie hervorzurufen. Da ferner die Verschiedenheit der den Anlaß gebenden Erscheinung gegensätzlich sein konnte, so mußte die Möglichkeit eine totale, dem menschlichen Bewußtsein wesentliche sein.

Er suchte sich also im Bewußtsein zu orientieren so wie dieses an sich selbst ist als dasjenige, welches jedes einzelne Bewußtsein erklärt, ohne doch selbst ein einzelnes zu sein. Er fragte, wie das Bewußtsein beschaffen sei, wenn es den Zweifel außerhalb seiner habe. Im Kinde ist das Bewußtsein, aber dies Bewußtsein hat den Zweifel außerhalb seiner. Wie ist also das Bewußtsein des Kindes bestimmt? Es ist eigentlich überhaupt nicht bestimmt, und das kann auch so ausgedrückt werden, es ist unmittelbar. Die *Unmittelbarkeit* ist eben die *Unbestimmtheit*. In der Unmittelbarkeit ist keine Beziehung; denn sobald die Beziehung vorhanden ist, ist die Unmittelbarkeit aufgehoben. *Unmittelbar*
IV B 1 p. 146 *ist daher alles wahr*,* aber diese Wahrheit ist im nächsten Augenblick Unwahrheit; *denn unmittelbar ist alles unwahr*. Kann das Bewußtsein in der Unmittelbarkeit bleiben, so ist die Frage nach der Wahrheit aufgehoben.

Wie tritt die Frage nach der Wahrheit in die Erscheinung? Durch die Unwahrheit; denn in dem Augenblick, da ich nach der Wahrheit frage, habe ich schon nach der Unwahrheit gefragt. In der Frage nach der Wahrheit ist das Bewußtsein zu etwas anderm ins Verhältnis gesetzt, und was dies Verhältnis ermöglicht, ist die Unwahrheit.

Was ist zuerst, die Unmittelbarkeit oder die Mittelbarkeit? Das war eine verfängliche Frage. Er wurde durch sie an die Antwort erinnert, die Thales jemand gegeben haben soll, der fragte, ob die Nacht oder der Tag zuerst geworden sei: Die Nacht ist um einen Tag früher. *Ἡ νύξ, ἔφη, μιᾷ ἡμέρᾳ πρότερον.* (Vgl. Diogenes Laërtius 1, 36.)

Kann denn das Bewußtsein nicht in der Unmittelbarkeit bleiben? Das war eine törichte Frage. Denn wo es das könnte, so wäre gar kein Bewußtsein da. Wie aber wird dann die Unmittelbarkeit aufgehoben? Durch die Mittelbarkeit, welche die Unmittelbarkeit

---

* Der Satz der griechischen Sophisten, daß alles wahr ist. Platos Bemühungen, ihn zu widerlegen, insbesondere mit dem Nachweis, daß das Negative da ist (vgl. Sophist). — Schleiermachers Lehre hinsichtlich des Gefühls, daß alles wahr ist (vgl. seine Glaubenslehre gegen Anfang; einige Gegenbemerkungen von Erdmann in Bruno Bauers Zeitschrift 3. Bd. 1. H. S. 11). Heraklits Satz „Alles ist und alles ist nicht“, den Aristoteles folgendermaßen erklärt: alles ist wahr. Vgl. Tennemann Geschichte der Philosophie. 1. Bd. S. 237 Anm.[246]

aufhebt, indem sie sie voraussetzt. Was ist dann die Unmittelbarkeit? Es ist die Realität. Was ist die Mittelbarkeit? Es ist das Wort. Auf welche Weise hebt diese jene auf? Indem sie sie ausspricht; denn das was ausgesprochen wird, ist stets vorausgesetzt.

Die Unmittelbarkeit ist die Realität, die Sprache ist die Idealität, das Bewußtsein ist der Widerspruch. In dem Augenblick, da ich die Realität aussage, ist der Widerspruch da; denn was ich sage, ist die Idealität.

Die Möglichkeit des Zweifels liegt also im Bewußtsein, dessen Wesen ein Widerspruch ist, welcher durch eine Zwiefältigkeit[247] erzeugt wird und selber eine Zwiefältigkeit erzeugt.

Eine solche Zwiefältigkeit hat notwendig zwei Ausdrücke. Die Zwiefältigkeit ist die Realität und die Idealität, das Bewußtsein ist das Verhältnis. Ich kann entweder die Realität ins Verhältnis setzen zur Idealität oder die Idealität ins Verhältnis zur Realität. In der Realität allein ist keine Möglichkeit des Zweifels; indem ich sie in der Sprache ausdrücke, ist der Widerspruch da, da ich sie gar nicht ausdrücke sondern etwas anderes erzeuge. Insofern das Gesagte ein Ausdruck für die Realität sein soll, habe ich diese zur Idealität ins Verhältnis gesetzt, insofern das Gesagte ein von mir Erzeugtes ist, habe ich die Idealität zur Realität ins Verhältnis gesetzt. Solange dieser Austausch ohne gegenseitige Berührung vor sich geht, ist das Bewußtsein nur nach seiner Möglichkeit da. In der Idealität ist alles ebenso gefüllt wie in der Realität alles wahr ist. Wie ich daher sagen kann, daß unmittelbar alles wahr ist; so kann ich auch sagen, daß unmittelbar alles wirklich ist; denn erst in dem Augenblick, da die Idealität ins Verhältnis gesetzt wird zur Realität, tritt die Möglichkeit in Erscheinung. In der Unmittelbarkeit ist das Falscheste und das Wahrste gleich wahr, in der Unmittelbarkeit ist das Möglichste und das Unmöglichste gleich wirklich. Solange dieser Austausch ohne Zusammenstoß vor sich geht, ist das Bewußtsein eigentlich nicht da, und diese ungeheure Verkehrung[248] verursacht keine Aufhebung. Die Realität ist nicht das Bewußtsein, die Idealität ebensowenig, und doch ist das Bewußtsein nicht da ohne beide, und dieser Widerspruch ist des Bewußtseins Werden und sein Wesen.

IV B 1 p. 147

Ehe er weiter ging, überlegte er, ob nicht das, was er hier Bewußtsein nannte, das sei, was man sonst Reflexion nennen

würde.* Er setzte in dieser Hinsicht die Bestimmung folgendermaßen fest: die Reflexion ist die *Möglichkeit des Verhältnisses*, das Bewußtsein ist das *Verhältnis, dessen erste Form der Widerspruch ist*. Er beobachtete zugleich, daher komme es, daß die Bestimmungen der Reflexion stets *zweiteilig* (*dichotomisch*)[250] seien. So sind z. B.: Idealität und Realität, Seele und Leib, das Wahre – erkennen, das Gute – wollen, das Schöne – lieben, Gott und Welt usw. Reflexionsbestimmungen. In der Reflexion berühren sie einander dergestalt, daß ein Verhältnis möglich wird. Die Bestimmungen
IV B 1 p. 148 des Bewußtseins hingegen sind *dreiteilig* (*trichotomisch*), was auch die Sprache zeigt. Denn wenn ich sage: ich werde *mir dieses Sinneneindrucks* bewußt, so sage ich eine Dreiheit. Bewußtsein ist Geist, und das ist das Merkwürdige, daß wenn in der Welt des Geistes eines geteilt wird, es zu drei wird, niemals zu zwei. Das Bewußtsein setzt daher die Reflexion voraus. Wofern dies sich nicht so verhielte, so würde es unmöglich, den Zweifel zu erklären. Freilich schien die Sprache hiermit zu streiten; denn in den meisten Sprachen wird, soweit ihm bekannt war, das Wort zweifeln in etymologischer Hinsicht in Beziehung zu *zwei* gebracht. Indes meinte er, damit sei lediglich die Voraussetzung des Zweifels angedeutet und das umso mehr, als es ihm klar war, daß sobald ich als Geist zu zwei werde, ich eben damit drei bin. Wäre nichts anderes als Dichotomien da, so wäre kein Zweifel da; denn die Möglichkeit des Zweifels liegt eben in dem Dritten, welches die Zwei zu einander ins Verhältnis setzt. Man könnte daher nicht sagen, daß die Reflexion den Zweifel erzeugt, es sei denn, daß man sich verkehrt ausdrücken wollte, man müßte sagen, der Zweifel setzt die Reflexion *voraus*, ohne daß jedoch dies Vorher zeitlich verstanden werden darf. Der Zweifel ersteht daraus, daß ein Verhältnis zwischen Zweien ein-

* Wovon Johannes sich hier Rechenschaft gibt, ist nicht ohne Bedeutung. Die Terminologie der neueren Philosophie ist oft verwirrend[249]. So spricht sie z. B. von „sinnlichem Bewußtsein", „wahrnehmendem Bewußtsein", „Verstand" usw., obwohl sie es weit eher Sinnesempfindung, Erfahrung nennen müßte; denn im Bewußtsein liegt mehr. Es wäre überhaupt recht interessant zu sehen, wie Hegel den Übergang von Bewußtsein zu Selbstbewußtsein, von Selbstbewußtsein zu Vernunft bilden wollte. Wenn der Übergang bloß in einer Überschrift besteht, so ist es leicht genug.

tritt, aber damit dies geschehe, müssen die Zwei sein, während doch der Zweifel, als ein höherer Ausdruck, vorausgeht, nicht nachfolgt.

Die Reflexion ist die Möglichkeit des Verhältnisses. Dies kann man auch so ausdrücken: die Reflexion ist uninteressiert. Das Bewußtsein hingegen ist das Verhältnis und damit das Interesse, eine Doppelheit, welche vollständig und mit prägnantem Doppelsinn ausgedrückt ist in dem Worte Interesse (interesse). Alles Wissen daher, welches uninteressiert ist (das mathematische; das ästhetische; das metaphysische) ist lediglich die Voraussetzung des Zweifels. Sobald das Interesse aufgehoben wird, ist der Zweifel nicht überwunden, sondern neutralisiert, und jedes solches Wissen ist nur ein Rückgang. Insofern daher jemand meinte, mit einem sogenannten objektiven Denken den Zweifel zu überwinden, wäre dies ein Mißverständnis; denn der Zweifel ist eine höhere Form als alles objektive Denken; denn er setzt dies voraus, hat aber ein Mehr, ein Drittes, welches das Interesse oder das Bewußtsein ist. In dieser Hinsicht erschien ihm das Verhalten der griechischen Skeptiker[251] weit folgerichtiger denn die moderne
Überwindung des Zweifels. Jene sahen recht wohl ein, daß der IV B 1 p. 149
Zweifel im Interesse liegt, und meinten daher ganz folgerichtig den Zweifel zu beheben, indem sie das Interesse in Apathie verwandelten. Dies Verfahren hatte doch seine Folgerichtigkeit, dahingegen war es eine Folgewidrigkeit, die ihren Grund in Unwissenheit darüber, was Zweifel sei, zu haben schien, welche die neuere Philosophie dazu bewog, den Zweifel auf systematischem Wege überwinden zu wollen. Selbst wenn das System schlechthin vollendet wäre, selbst wenn die Wirklichkeit die Verheißungen überböte, der Zweifel wäre dennoch nicht überwunden, er fängt erst an; denn der Zweifel liegt im Interesse, und jedes systematische Erkennen ist uninteressiert. Man ersieht daraus, daß der Zweifel der Anfang ist zur höchsten Form des Daseins, denn er vermag alles andre zu seiner Voraussetzung zu haben. Die griechischen Skeptiker sahen vortrefflich ein, daß es ungereimt sei, vom Zweifel zu reden, wenn das Interesse aufgehoben ist, aber sie hätten vermutlich zugleich eingesehen, daß es ein Spiel mit Worten sei, von einem objektiven Zweifel zu sprechen; denn laß die Idealität und die Realität in alle Ewigkeit miteinander strei-

ten, so lange kein Bewußtsein, kein Interesse da ist, kein Bewußtsein da ist, das Interesse an diesem Streite nimmt, so lange gibt es keinen Zweifel; laß sie miteinander versöhnt sein, so kann der Zweifel gleichwohl bestehen bleiben.

Das Bewußtsein ist also das Verhältnis, ein Verhältnis, dessen Form der Widerspruch ist. Aber auf welche Weise entdeckt das Bewußtsein den Widerspruch? Wofern jene besprochene Verkehrung, daß die Idealität und die Realität in aller Treuherzigkeit mit einander in Verkehr sind, bestehen bleiben könnte, so würde das Bewußtsein niemals in Erscheinung treten; denn das Bewußtsein tritt eben durch den Zusammenstoß in Erscheinung, gleichwie es den Zusammenstoß voraussetzt. Unmittelbar ist kein Zusammenstoß da, mittelbar aber ist er da. Sobald die Frage nach einer Wiederholung entsteht, ist der Zusammenstoß da; denn Wiederholung ist nur denkbar bei etwas, das vorher gewesen ist.

In der Realität als solcher gibt es keine Wiederholung. Das kommt nicht daher, daß alles verschieden ist, keineswegs. Wäre auch alles in der Welt schlechthin eines und dasselbe, in der Realität gibt es keine Wiederholung, weil sie bloß im Momente ist. Wäre auch die Welt, statt die Schönheit zu sein, nichts als lauter gleichgroße einförmige Feldsteine, es gäbe doch keine Wiederholung. Ich würde in alle Ewigkeit in jedem Augenblick einen Feldstein sehen, aber ob es derselbe sei, den ich vorher gesehen,
IV B 1 p. 150 danach wäre die Frage nicht. In der Idealität allein ist keine Wiederholung; denn die Idee ist und bleibt die gleiche, und kann als solche nicht wiederholt werden. Wenn die Idealität und die Realität einander berühren, so tritt die Wiederholung in Erscheinung. Indem ich da im Moment z. B. etwas sehe, tritt die Idealität hinzu und will erklären, es sei eine Wiederholung. Hier ist der Widerspruch; denn das, was ist, ist zugleich auf eine andere Weise. Daß das Äußere ist, das sehe ich, aber im gleichen Augenblick setze ich es ins Verhältnis zu etwas, das auch ist, etwas welches das Selbe ist und das zugleich erklären will, daß das andere das Selbe sei. Hier ist eine Verdoppelung, hier ist die Frage nach einer Wiederholung. Die Idealität und die Realität stoßen mithin zusammen; in welchem Medium? In der Zeit? Das ist ja eine Unmöglichkeit. In der Ewigkeit? Das ist ja eine Unmöglichkeit. Worin denn also? Im Bewußtsein, da ist der Widerspruch. Die Frage ist nicht unin-

teressiert, so wie wenn man fragte, ob nicht das ganze Dasein ein Abbild der Idee sei, und ob nicht insofern, in einem gewissen abgeblaßten Sinne, das sinnliche Dasein eine Wiederholung sei. Die Frage geht hier näher um eine Wiederholung im Bewußtsein, mithin um die Erinnerung. Die Erinnerung trägt den gleichen Widerspruch in sich. Die Erinnerung ist nicht die Idealität, sie ist die Idealität die gewesen ist, sie ist nicht die Realität, sie ist die Realität die gewesen ist, welches wiederum ein zwiefacher Widerspruch ist; denn die Idealität kann ihrem Begriff zufolge nicht gewesen sein, die Realität ihrem Begriff zufolge ebensowenig.

(Hier bricht die Handschrift ab.)

AUS DEN ZERSTREUTEN ENTWÜRFEN ZUR FORTSETZUNG

Planung einer Gliederung des nicht ausgeführten Teils

IV B 13,5 § 2. **Ob Zweifeln ein Erkenntnisakt ist?**
a) Unwissenheit. – b) Ungewißheit. – c) Kann Erkenntnis trügen? – d) Wie kommt man dazu zu beginnen? – e) Wie dazu zu enden?

IV B 13,9 § 3. **Ist Zweifeln ein Willensakt?**
a) Habe ich dabei einen Zweck? Um zu zweifeln (die Skeptiker). (Hegel, Spinoza:) Um die Wahrheit zu finden. – b) Wie komme ich dazu zu beginnen? – c) Wie komme ich dazu zu enden?

IV B 13,11

Zweites Kapitel

WAS ES HEISST AN ALLEM ZU ZWEIFELN?

§ 1. **Ob es eine Succession ist?**

§ 2. **Ob es ein totales Tun ist?**

IV B 13,14

Drittes Kapitel

JOHANNES BEGINNT ZU ZWEIFELN.

§ 1. **An (der Sinneswahrnehmung,) dem Historischen, an andern Menschen**

§ 2. **An sich selber**
a) Sinneswahrnehmung. – b) Mathematische Erkenntnis. – c) Philosophische Erkenntnis. – d) Religiöse Erkenntnis.

IV B 13,15

Viertes Kapitel

JOHANNES KOMMT ZUM REINEN SEIN, KANN ABER NICHT WIEDER ZURÜCKFINDEN

Er wird beinahe vor sich selber bange, es war, als hätte er ein böses Gewissen, obgleich er ja doch nichts Böses getan hatte, er war hinterlistig geworden, verschlagen wie ein Ränkeschmied, sofern er ja doch im täglichen Umgang es nicht unterlassen konnte zu sprechen und zu handeln und scheinbar zu denken, was andere dachten, und dennoch hatte er seine besondere Meinung.

DRITTER TEIL IV B 13,16

JOHANNES PHILOSOPHIERT MIT HILFE HERGEBRACHTER PHILOSOPHISCHER STUDIEN

§ 1. Hegel
§ 2. Kant
§ 3. Spinoza
§ 4. Cartesius

KIERKEGAARDS BERICHT ÜBER DEN GESAMTPLAN

Der Plan in dieser Erzählung ist folgender gewesen. Vermittelst IV B 16
der schwermütigen Ironie, welche nicht in einer einzelnen Äußerung von Johannes Climacus lag, sondern im Ganzen seines Lebens, vermittelst des tiefen Ernstes, der darin liegt, daß ein junger Mensch, welcher redlich und ernst genug ist um in aller Stille und ohne Wortschwall das zu tun, was die Philosophen sagen, ebendadurch unglücklich wird, wollte ich die Philosophie treffen. Johannes tut, davon gesagt wurde, man solle es tun, er zweifelt wirklich an allem, er durchleidet all den Schmerz, der hierin liegt, wird hinterlistig, bekommt beinahe ein böses Gewissen, nun ist er bis zum Äußersten gekommen, da will er zurück, das kann er nicht; er sieht ein: um sich auf der Spitze des Zweifels an allem zu halten, hat er des Geistes ganze Kraft mit Beschlag belegt, verläßt er diese Spitze, so kann er wohl zu etwas kommen, aber er hat dann auch seinen Zweifel an allem aufgegeben. Nun verzweifelt er, sein Leben ist verspielt, seine Jugend ist dahingegangen mit diesen Überlegungen, das Leben hat keinen Sinn für ihn bekommen, und alles das ist die Schuld der Philosophie. (Die Schlußerwiderung findet sich in meinen Papieren.)

IV B 17

Die Schlußerwiderung

„So sind denn die Philosophen schlimmer als die Pharisäer, von denen wir lesen[252], daß sie schwere Lasten binden und selbst mit keinem Finger sie aufheben. Denn das ist ja gleich, daß sie selbst sie nicht aufheben, wenn sie doch aufgehoben werden können. Jedoch die Philosophen fordern das Unmögliche. Und wenn da ein junger Mensch ist, welcher meint, philosophieren heiße nicht schwatzen oder schreiben, sondern aufrichtig und genau tun, davon der Philosoph sagt, man solle es tun, dann lassen sie ihn mehrere Jahre seines Lebens vergeuden, und dann zeigt es sich, daß es unmöglich ist, dann hat es ihn so tief gefaßt, daß seine Befreiung[253] vielleicht unmöglich wird.

GEHALTREICHERE EINZELBEMERKUNGEN, DIE NICHT AUF DEN AUSGEFÜHRTEN TEIL DER ERZÄHLUNG SICH BEZIEHEN

IV B 2,5 Das konnte er schon einsehen, daß an allem zweifeln heiße von allem abstrahieren – aber wie die Zeit hingeht. –

IV B 2,8 Er kam [die dialektische Leiter des Zweifelns] hinauf – kann nicht wieder zurück.

IV B 2,12 Der Zweifel kann nie in sich selbst zum Stehen gebracht werden. – In der Selbstreflexion ist die Erkenntnis in die Irre gegangen, sie kann nicht durch sich selbst zum Stehen gebracht werden – der Wille muß herzutreten – wenn der Wille bei einem Menschen sich verlaufen hat, so kuriert man ihn indem man das Gefühl dazwischentreten läßt usw.

IV B 2,14 Es war ihm freilich auffallend, daß Cartesius meinte, beim Handeln müsse man sich mit dem Wahrscheinlichen behelfen (Hegel III 337[254] und Cartesius selbst), so als ob das Handeln weniger wichtig wäre als das Erkennen.

Schon das war ihm auffallend, daß Hegel und Spinoza von IV B 2,16
Cartesius sagen, daß er es nicht als Skeptiker getan habe um zu zweifeln, sondern um die Wahrheit zu finden, ... dies „um zu". – Und warum sprechen diese Männer davon gerade so, als wenn sie selbst es nicht getan hätten? Hat Cartesius es für uns alle abgemacht, ebenso wie Christus gekreuzigt ist? – Ist dies eine wissenschaftliche Frage – oder eine praktische – das muß es wohl bei Cartesius sein.

Er konnte nun nicht wieder zurück – denn um wirklich auf der IV B 2,19
äußersten Spitze des Zweifels zu sein, mußte er seine ganze Kraft brauchen, wie sollte er dann dazu kommen, irgend eine Bewegung zu machen – ohne sich selbst zu betrügen. – Alles, was er hätte brauchen sollen, war in Zweifel gesetzt, nahm er das Mindeste davon, so änderte sich alles, und er mußte von vorne anfangen mit dem Zweifeln.

Er sah ein, daß im Zweifel ein Willensakt sein müsse; denn IV B 5,8
sonst würde Zweifeln gleichsinnig werden mit ungewiß sein.

Zweifeln um zu zweifeln heißt dialektisieren. IV B 5,14

Sie müssen wohl genau beschreiben, wie man sich dabei ver- IV B 8,13
hält – welche erschütternden Erscheinungen man unterwegs zu sehen bekommt – – nicht wie wenn ein Bauer einen Weg zeigt und sagt: erst rechts und dann links.

Doch darüber erfuhr er recht wenig – er hörte bloß, daß man mit dem Zweifel an allem zum reinen Sein komme. – Ihm war zumute wie wenn er in seiner Kindheit das Spiel spielte: zu Großmutters Tür gehen[255]. –

Denn die einzelne Äußerung, die er sonst hörte, machte ihn entweder mißmutig, oder sie klang ihm wie Spott.

Das Bewußtsein setzt sich selbst voraus, die alte Frage, was ist IV B 10,14
zuerst dagewesen, der Baum oder der Samenkern? Gab es keinen Samenkern, woraus wurde dann der erste Baum, gab es keinen Baum, woher dann der erste Samenkern?

IV B 10,$\overline{18}$ U n w i s s e n h e i t –
wenn ich unwissend bin, so zweifle ich nicht.

U n g e w i ß h e i t
ich lasse die Sache anstehn; ich bin ungewiß, ob es Gespenster gibt.

Z w e i f e l.

Ist das ein höheres Moment von der Ungewißheit? – Ich bestimme mein Verhältnis zu dem Ding. Das bestimme ich nicht in der Ungewißheit.

IV B 13,$\overline{13}$ Zweifeln heißt die Zustimmung versagen, das Komische daran, daß ich jedesmal, wenn sich etwas darbietet, die Zustimmung versage.

IV B 13,$\overline{18}$ Zweifel tritt zutage e n t w e d e r dadurch, daß man die Realität zur Idealität in Beziehung setzt.

Dies ist die Wirksamkeit des Erkennens.

Insoweit vom Interesse die Rede ist, ist es höchstens ein Drittes, dafür ich mich interessiere, so z. B. für die Wahrheit. O d e r dadurch daß man die Idealität zur Realität in Beziehung setzt.

Dies ist das Ethische.

Das, dafür ich mich dabei interessiere, bin ich selbst. Es ist eigentlich das Christentum, das diese Art Zweifel auf die Welt gebracht hat; denn im Christentum erhielt dies Selbst die Bedeutung. – Der Zweifel wird nicht durch das System überwunden sondern durch den Glauben, ebenso wie es der Glaube ist, der den Zweifel auf die Welt gebracht hat. Soll das System den Zweifel zur Ruhe bringen, so dadurch, daß es höher steht, sowohl als der Glaube wie als der Zweifel, aber in diesem Falle müßte zuvörderst der Zweifel überwunden sein durch den Glauben; denn ein Zwischenglied überspringen, das läßt sich nicht machen.

ANMERKUNGEN DES ÜBERSETZERS

Vorbemerkung

Die kleinen lateinischen und griechischen Redefloskeln, welche nichts als eine stilistische Schnurre darstellen, sind ebenso wie in Furcht und Zittern im Haupttext durch entsprechende deutsche Redefloskeln ersetzt, aber regelmäßig in einer Anmerkung, so wie sie im dänischen Original lauten, wiedergegeben. Im Allgemeinen merke der Leser, daß ein „eben damit" der deutschen Übersetzung im Original stets „eo ipso" lautet. Dagegen sind die gelehrten lateinischen und griechischen Zitate in der Übersetzung stehen geblieben. Wo Kierkegaard sie nicht doppelt (d. h. auch dänisch) gibt, ist vom Übersetzer eine Verdeutschung in den Text gefügt, worauf in jedem Fall eine Anmerkung aufmerksam macht. Für das Wort „absolut" ist in der Regel Schleiermachers Verdeutschung „schlechthinnig" (oder schlechthin) gebraucht, für die substantivierte Form „das Absolute" ist die in der neueren deutschen Philosophie üblich gewordene Übersetzung „das Unbedingte" gewählt; die Ausnahmefälle, in denen „absolut" festgehalten wurde, rechtfertigen sich durch sich selbst.

+1 Ursprünglicher Titel nach der Reinschrift für den Druck (Pap. V B 40): „Philosophische Brocken oder ein Bröckchen Philosophie. Von S. Kierkegaard. Nr. 1. Wie bekomme ich einen geschichtlichen Ausgangspunkt für mein ewiges Bewußtsein; inwiefern vermag ein solcher mich mehr als bloß geschichtlich zu interessieren; wie kann ich meine Seligkeit gründen auf ein geschichtliches Wissen? Ein dogmatisch-philosophisches Problem." Durch nachträgliche Korrekturen wurde dann, ehe die Reinschrift in die Druckerei gesandt wurde, der jetzige Titel hergestellt und damit auch die Pseudonymsetzung vollzogen. In den Anmerkungen wird jede sachlich belangreiche nachträgliche Korrektur der Reinschrift mitgeteilt werden, sodaß ein Überblick über die etwaige Auswirkung der Titeländerung und Pseudonymsetzung entsteht.

+2 Das Vorwort ist am spätesten von allem geschrieben und hat noch in der Druckreinschrift, anscheinend nach der Pseudonymsetzung, Veränderungen und Zusätze erfahren. Der ursprünglichen Anlage nach ist es ein persönliches Vorwort Kierkegaards selbst gewesen. Ich gebe aus den zahllosen Entwürfen und Umarbeitungen die unergänzte und unverbesserte älteste Fassung zum Vergleich (Pap. V B 24): „Es ist keineswegs meine Absicht, mit dem Unternehmen hier mich polemisch zu verhalten, etwas verteidigen zu wollen oder etwas bekämpfen zu wollen. Die Erklärung, die ich hiermit in gutem Glauben abgebe, ist ohne alle Ironie (es müßte denn eine objektive sein, wie sie ja sogar der Säugling oder ein Tier verursachen kann), ohne irgendwelchen geheimen Vorbehalt, in bester Form und das scheint sie für mich selbst am ärgsten zu machen: ‚Es ist mir nicht gelungen, gründliche Gelehrsamkeit mit selbständigem Denken so zu vereinen, daß ich die Forderung beider zu befriedigen vermag, wie ich es wünschte und wie der es können soll, dessen Anspruch, der Wissenschaft zuzugehören, rechtmäßig ist.‘ Meine Wahl ist denn in Übereinstimmung mit diesem Bewußtsein getroffen; ich packe mein kleines Bündel zusammen, erkläre kein Recht zu haben zu einer wissenschaftlich votierenden Meinung, die mir nicht zukommen kann, wofern anders die wissenschaftliche Scham jungfräulich zu sein hat wie des Weibes Eifer wider alle Leichtfertigkeit und wofern ich anders um meiner eignen Ehre und der Heiligkeit der Wissenschaft willen lieber ein ehrbares Leben außerhalb der Wissenschaft führen will als töricht in ihr mit dabei sein. Ich verabschiede mich also, mich aufs beste empfehlend, und nehme meinen Platz ein in der Kleinschriftstellerei (Piece-Literaturen), womit ich aufgebe allen Anspruch, an dem wissenschaftlichen Streben teilzuhaben und irgendwelche noch so bedingte Berechtigung zu erwerben als Durchgang, Übergang, als Vollender, Teilnehmer, Wegbereiter, als Mitarbeiter oder als freiwilliger Folgemann. Meine Stimmung ist dazu auch nicht angetan, denn mir ist zumute wie einem ärmlichen Einmieter, der seine kleine Kammer im Dachgiebel eines ungeheuren Gebäudes hat, welches man fortwährend erweitert und verschönert, indessen er mit Entsetzen zu entdecken meint, daß die Grundmauern schwanken; mir ist zumute wie einer Spinne, welche in ihrem Winkel ihr Leben dadurch rettet, daß sie übersehen wird, indessen ihr inneres Beben mit der Ahnung eines Unheils vertraulichen Umgang hält. So lasse man mich denn ruhig sitzen; ich duze mich wahrlich nicht mit der Wissenschaft, mache nicht Bruderschaft mit ihren Verehrern, dränge mich keinem Menschen auf. Mein Denken und sein Schicksal ist mit Ausnahme meiner selbst für jeden Menschen das Gleichgiltigste von der Welt. Was ich tue, tue ich auf eigne Gefahr, auf eignen Befehl, auf eigne Kosten (proprio Marte, propriis auspiciis, proprio stipendio), kurz als ein Proprietär (sofern man so etwas sein kann, wenn man nichts zu eigen hat), ohne nach etwas zu streben; tue es aufrichtig, nicht als Sophist, wenn anders die Erklärung des Aristoteles richtig ist, die sophistische Kunst sei diejenige, mit der man Geld verdiene; tue es redlich; denn es ist nicht meine Absicht jemanden zu betrügen. Soweit ich gemäß dürftigem Vermögen auf einen einzelnen Denker mich beziehe, werde ich ihn ehrlich zitieren so gut ich kann. Was einzelne Äußerungen angeht, so folge ich meinem alten Brauch, alles in Anführungsstriche zu setzen, wovon ich weiß, daß es mir nicht gehört und wovon ich nicht weiß, wem es gehört. Mein Verzicht auf Gelehrsamkeit ist nicht betrügerisch und wenn es mich auch schmerzt, ihn tun zu müssen, so tröstet es mich wiederum, daß die, welche gelehrt sein wollen, gleich denen, die reich sein wollen, in mancherlei Stricke und Versuchungen fallen [1. Tim. 6,9], etwas was ich mir leicht vorstellen kann; denn hat schon der kleine Lehrgang ‚zu einer Drachme‘, den ich durchgemacht habe, mich auf mancherlei Weise verstrickt, welchen Versuchungen ist dann nicht der ausgesetzt, welcher den großen zu 50 Drachmen durchmachen soll."

[3] Kleinigkeit: dän. Piece. Ehe Kierkegaard (ziemlich spät) den Titel „Philosophische Brocken" fand, hatte er die Schrift „Philosophische Kleinigkeiten No. 1" genannt. — Die folgenden Worte „auf eigne Gefahr ... Kosten" bei Kierkegaard lateinisch: „proprio Marte, propriis auspiciis, proprio stipendio".

[4] In Holbergs „Jakob von Tybo" 3. Akt 4. Szene überreicht der Magister Stygotius, ein kauderwelschender Pedant, der sich um seinen gesunden Verstand studiert hat, den Damen seine drei Dissertationen und bemerkt von der einen, daß er sie, „so Gott will" in fünf andern fortsetzen werde.

[5] eher mit Fug und Recht als aus Lässigkeit: bei Kierkegaard lat. merito magis quam ignavia. Sallust, bellum Jugurthinum 4,4 über seine Abwendung von den Staatsgeschäften und Hinwendung zur Geschichtsschreibung: [Man wird urteilen] „daß ich eher mit Fug und Recht als aus Lässigkeit meine Gesinnung geändert habe und daß dem gemeinen Wesen mehr Vorteil erwachsen werde aus meiner Muße als aus andrer Betriebsamkeit".

[6] Von Herzens Lust: bei Kierkegaard lat. ex animi sententia.

[7] Untätigkeit: bei Kierkegaard griech. ἀπραγμοσύνη.

[8] Archimedes: Die von Kierkegaard (ohne Übersetzung) gegebene lateinische Fassung des Worts steht am nächsten einer heute als verdorben geltenden Lesart von Valerius Maximus VIII 7 Ext. 7.

[9] Diogenes: Die Anekdote ist fast wörtlich erzählt nach Lukian hist. qu. conscr. 3 (4).

[10] Aristoteles: περὶ σοφ. ἐλ. Kap. 1 161a (frei verwandt).

[11] Salomon Goldkalb: Laut Mitteilung der dänischen Ausgabe Anspielung auf J. L. Heibergs „Kong Salomon og Jorgen Hattemager".

[12] Lot: bei Kierkegaard lat. quantum satis.

[13] Tierparkzeit: eine der bei Kierkegaard häufigen Anspielungen auf die damals aufkommende Kopenhagener Mode, Ausflüge in den großen königlichen Wildpark (Dyrehave) zu machen. — Das gleich darauf verspottete „Umschlagen" des Begriffs in sein Gegenteil ist das Grundgesetz der dialektischen Bewegung in Hegels Philosophie.

[14] Gütergemeinschaft: bei Kierkegaard lat. communio bonorum.

[15] 1. Korinth. 9,13.

[16] Plato, Kratylos 384 b läßt Sokrates ironisch anspielen auf die beiden Lehrgänge des Sophisten Prodikos zu 50 und zu 1 Drachme. Kierkegaard hat die Stelle frei verwandt.

[17] ich bitte bei den Göttern: bei Kierkegaard lat. per deos obsecro.

+[18] Ursprünglich hatte Kierkegaard geschrieben: „denn in diesem Sinne tanze ich nicht."

+[19] Noch in der Druckreinschrift hieß es ursprünglich statt „propositio" (verstehe etwa: Voraussetzung) vielmehr: „Erste Position". Eigentlich hatte der ersten Position noch eine „zweite Position" folgen sollen, deren Überschrift Pap. V B 10 erhalten ist: „Zweite Position [die Frage wird getan von] dem Unwissenden, der zwar historisch weiß, was es ist, danach er fragt, aber die Antwort [noch] sucht." In dieser zweiten Position hatte Kierkegaard der in der ersten Position gegebenen rein formellen logisch-erkenntnistheoretischen Analyse der Frage nach dem Verhältnis von Glaube und Geschichte eine in die konkreten christlichen Inhalte eindringende dogmatische Analyse dieses Verhältnisses folgen lassen wollen. Indem er diesen Plan zurückstellte, trat die Gedankenführung der „Brocken" ihm als etwas von seinem persönlichen Leben so stark Abgetrenntes gegenüber, daß er sich nachträglich zur Pseudonymsetzung entschloß. Die Folge davon war, daß beim weiteren Grübeln über die Fragestellung der zweiten Position diese ihm unter die Macht des Pseudonyms Johannes Climacus trat und sich verwandelte in die dialektische Zergliederung der Bedingungen des Christwerdens durch einen vom Christentum gut Bescheid wissenden Nichtchristen. So verschob und erweiterte sich die Frage der zweiten Position zu der Frage, von der Johannes Climacus in der „Unwissenschaftlichen Nachschrift" ausgeht (S. V. VII 7): „Ich, Johannes Climacus, gebürtig hier aus der Stadt, jetzt dreißig Jahre alt, ein Mensch recht und schlecht, gerade so wie die Leute meistens sind, nehme an, daß für mich, ebenso gut wie für ein Dienstmädchen und einen Professor, ein höchstes Gut zu erwarten ist, welches ewige Seligkeit heißt; ich habe gehört, daß das Christentum einem dies Gut bedingt: ich frage nun, wie komme ich in ein Verhältnis zu dieser Lehre."

+[20] Unter der Überschrift „Denkprojekt" stand noch in der Reinschrift ursprünglich etwa das, was jetzt am Schluß der Brocken S. V. VII 271 steht („Wie bekannt, ist das Christentum ..."). Die Varianten sind im Ganzen belanglos, abgesehen von folgendem Satze der Anfangsfassung: „Was hier [über die historische Realität der Frage im Christentum] gesagt ist, wollen wir indes vergessen und wollen wir vergessen sein lassen, so, als wäre das Christentum niemals dagewesen ..." Dies alles hat Kierkegaard dann überstrichen und am Rande vermerkt: „[dies ist] in Kapitel V ganz gegen Ende anzubringen, so daß der erste Teil mit diesen Worten schließt." Indem alsdann mit der Pseudonymsetzung der erste Teil das Ganze wurde, wurden diese umgesetzten Sätze abgesehen von der „Moral" der Schluß der Schrift überhaupt.

[21] gelernt: dän. laeres. Es wäre sprachlich möglich, „gelehrt" zu übersetzen.

[22] Wie der Verweis auf diese platonischen Dialoge zeigt, bezieht sich Kierkegaard in den „Brocken" auf Sokrates so, wie ihn Plato darstellt. In den erkenntnistheoretischen Fragen, welche in den „Brocken" behandelt werden, fallen ihm Sokrates und Plato ununterscheidbar zusammen.

Bei den Stellenangaben, die er gelegentlich selber macht, ist zu beachten, daß er die üblichen Zitierziffern und -buchstaben, (die ursprünglich Seitenzahlen bedeutet haben) nicht ganz korrekt mit dem vorangestellten Zeichen: § versieht. Für das sachliche Verständnis ist wichtig, daß er das letzte allgemeine Prinzip der sokratisch-platonischen Erkenntnislehre als von der Philosophie Hegels übernommen betrachtet. Mit der Abgrenzung des Christlichen gegen das Sokratische will er also auch eine Abgrenzung des Christlichen gegen die hegelische Philosophie vollziehen und damit die von den konservativen christlichen Hegelianern gegründete spekulative Orthodoxie in der Wurzel treffen. Zur Erläuterung der analysierten sokratisch-platonischen Erkenntnislehre wie auch zur Rechtfertigung der vollzogenen Ineinsschau mit Hegel mögen einige Sätze aus der von Kierkegaard gekannten und benutzten Geschichte der Philosophie von Hegel dienen. (Werke Jub. Ausg. Band 18) „Dies Zurückführen des Bewußtseins in sich erscheint — bei Plato sehr ausführlich — in der Form, daß der Mensch nichts lernen könne, auch nicht die Tugend, — nicht als der Wissenschaft nicht angehörig. Sondern das Gute komme nicht von außen, zeigt Sokrates auf; es könne nicht gelehrt werden, sondern sei in der Natur des Geistes enthalten. Überhaupt könne der Mensch nicht etwas, als ein von Außen Gegebenes, empfangen, passiv aufnehmen, wie Wachs die Form aufnimmt; sondern es liegt Alles im Geiste des Menschen und Alles s c h e i n t er nur zu lernen. Es fängt zwar Alles von Außen an, aber dies ist nur der Anfang; das Wahre ist, daß es nur ein Anstoß ist für die Entwickelung des Geistes. Alles, was Wert für den Menschen hat, das Ewige, Anundfürsichseiende ist im Menschen selbst enthalten, aus ihm selbst zu entwickeln; Lernen heißt hier nur, Kenntnis von äußerlich Bestimmtem erhalten ... Nach dem sokratischen Prinzip gilt dem Menschen nichts, hat nichts Wahrheit für ihn, wo nicht der Geist das Zeugnis gibt. Der Mensch ist dann frei darin, ist bei sich; es ist die Subjektivität des Geistes. Wie es in der Bibel heißt, ‚Fleisch von meinem Fleisch, Bein von meinem Bein', so ist das, was mir gelten soll als Wahrheit, als Recht, Geist von meinem Geiste ... Bei Plato werden wir späterhin die Form sehen, daß der Mensch sich nur dessen e r i n n e r e, was er aufzunehmen scheint." (Hegel a. a. O. S. 74 f.) — „Die Quelle, wodurch wir uns [nach Plato] des Göttlichen bewußt werden, ist dieselbe als bei Sokrates. Der Geist des Menschen selbst ist diese Quelle; er enthält das Wesentliche selbst in sich. Um das Göttliche kennen zu lernen, muß man es aus sich zum Bewußtsein bringen. Plato sagt ferner, die Bildung zu diesem Erkennen sei nicht ein Lernen als solches, sondern die Grundlage sei immanent dem Geiste, der Seele des Menschen; so daß er das, was er so erkennt, aus ihm selbst sich entwickele ... Was wir zu lernen scheinen, ist nichts anderes als W i e d e r e r i n n e r u n g. Und es ist ein Gegenstand, auf den Plato oft zurückkommt; vorzüglich behandelt er diese Frage im Meno. Er behauptet daselbst in Ansehung des Lernens überhaupt, daß eigentlich nichts gelernt werden könne, sondern das Lernen vielmehr nur eine Erinnerung dessen sei, was wir schon besitzen, wissen; — eine Erinnerung, zu welcher nur die Verlegenheit, in welche das Bewußtsein gebracht werde, die Erregung

(Ursache) sei ... Der Geist ist die absolute Gattung; es ist nichts für ihn, was er nicht an sich selbst ist; seine Bewegung ist nur die beständige Rückkehr in ihn selbst. Lernen ist hiernach diese Bewegung, daß nicht ein Fremdes in ihn hineinkommt, sondern daß nur sein eigenes Wesen für ihn wird, oder daß er zum Bewußtsein desselben kommt." (Hegel, a. a. O. S. 202 f.) — „Das Wahrhafte habe im Geiste selbst seine Wurzel, und gehöre seiner Natur an; dadurch wird dann alle Autorität verworfen." (Hegel a. a. O. S. 204).

[23] Auch Hegel kommt im unmittelbaren Anschluß an die Anm. 22 wiedergegebene platonische Erkenntnislehre auf ihre Verwurzelung in der Lehre von Unsterblichkeit und Präexistenz zu sprechen, Werke Jub. Ausg. 18, 206 f.

[24] Mit der älteren Spekulation meint Kierkegaard, wie aus Varianten der Handschrift hervorgeht, die der alexandrinischen Theologen (Origenes), mit der neueren Spekulation aber nicht bloß Schelling und Baader mit ihrer Wiederaufnahme der Lehre vom Sündenfall in der Präexistenz, sondern natürlich auch Hegels Deutung der gesamten Geschichte (einschließlich der Geschichte Christi) als einer Darstellung der ewigen Geschichte des Geistes. Die zunächst als Beispiel gegebenen spekulativen Begriffe („ewiges Schaffen", „ewiges Ausgehen vom Vater" [nämlich im Weltprozeß] usw.) passen besonders gut auf Hegel. Der schwierige Ausdruck „eine in der Vergangenheit liegende Auferstehung" meint wohl, daß nach Hegels Religionsphilosophie einerseits Tod und Auferstehung Christi „die absolute Geschichte der göttlichen Idee, das was an sich geschehen ist und was ewig geschieht", darstellen (Werke Jub. Ausg. 16, 302 f.), anderseits die Versöhnung in der Gemeinde ein einfaches Bewußtsein der geschehenen, d. h. ewigen und in Christus geschichtlich dargestellten Versöhnung, ein einfaches „Aussprechen dessen, was der Geist gefunden hat, wovon er getroffen wurde", ist (ebenda S. 331). Indem Kierkegaard ältere und neuere Spekulation mit dürren Worten als bloße fragwürdige Spielarten der sokratisch-platonischen Lehre von der Erinnerung bezeichnet, deutet er an, auf wen er mit dieser Schrift eigentlich zielt.

[25] Hegel hat in seiner Darstellung des Sokrates das negative, zerstörende Moment stark herausgearbeitet; vgl. z. B. Werke Jub. Ausg. 18, 69. 85. Immerhin hebt er das Affirmative, auf das Sokrates zielt, so stark hervor, daß man bei der von Kierkegaard abgelehnten Zeitmeinung nicht an Hegel selbst, sondern an die ihn vergröbernden Hegelianer denken muß.

[26] Apologie 28 E (nach Schleiermachers Übersetzung): „Ich also hätte Arges getan, ihr Athener, wenn ich [zwar], als die Befehlshaber mir einen Platz anwiesen, die ihr gewählt hattet um über mich zu befehlen bei Potidaia, bei Amphipolis und Delion, damals also, wo jene mich hinstellten, gestanden hätte wie irgend ein andrer und es auf den Tod gewagt; wo aber der Gott mich hinstellte, wie ich es doch glaubte und annahm, damit ich in Aufsuchung der Weisheit mein Leben hinbrächte und in Prüfung

meiner selbst und anderer, wenn ich da, den Tod oder irgend etwas fürchtend, aus der Ordnung gewichen wäre."

27 Die Übersetzung „der Sonderlichste" ist Zutat dieser Verdeutschung.

28 Die Übersetzung des griechischen Satzes und ebenso die des gleich folgenden griechischen Wortes sind Zutat dieser Verdeutschung.

29 von selbst: bei Kierkegaard eo ipso.

30 Diogenes Laërtius, Von Leben und Meinungen berühmter Philosophen (Werk des 3. Jahrhs. n. Chr.), ein von Kierkegaard viel und gern benutztes Werk. An der angeführten Stelle beruft sich Diogenes Laërtius auf den Byzantiner Demetrius als Gewährsmann. — Mit dem gleich folgenden polemischen Satz zielt Kierkegaard wahrscheinlich auf den rechtshegelianischen dänischen Theologen Martensen, der von seinen Vorlesungen über spekulative Dogmatik 1837/38 ab für ihn ein Gegenstand negativer Beurteilung gewesen ist (vgl. E. Hirsch, Kierkegaardstudien Bd. II (1933) S. 500 f.).

31 Der Mittelpunkt: dän. det Centrale.

32 sich vermittelt: bewußte höhnende Aufnahme eines Hauptbegriffs des Hegelianismus.

33 gemeinschaftlichen Schiffbruch: bei Kierkegaard lat. commune naufragium.

34 Die vorangestellte Übersetzung des griechischen Ausdrucks ist Zutat dieser Verdeutschung. Es handelt sich um einen Terminus der stoischen Philosophie für ein dem Weisen nicht angemessenes Verhältnis zur Umwelt.

35 *προτρεπτικός*: Kierkegaard hat irrtümlich *προτετραμμένος* geschrieben. Die Berichtigung ist von der dänischen Ausgabe vorgeschlagen.

36 Plato Apologie 41 (in Schleiermachers Übersetzung): „Ja, was das Größte ist, die dort [in der Unterwelt] ebenso ausfragend und ausforschend zu leben, wer unter ihnen weise ist, und wer es zwar glaubt, es aber nicht ist."

37 Überall und Nirgends: Bei Kierkegaard lat. ubique et nusquam.

38 den Gott: Kierkegaard braucht in den Brocken das Wort Gott, ein paar Stellen ausgenommen, immer mit dem Artikel (der Gott usw.). Er nimmt damit bewußt den platonischen Sprachgebrauch auf (vgl. z. B. die Stelle aus der Apologie Anm. 26) und betont so, daß sein der sokratisch-platonischen Erkenntnislehre gegenübergestelltes Modell einer andern, neuen Erkenntnislehre zunächst als rein dialektische Konstruktion beurteilt werden will, unter Absehen davon, daß sie in der christlichen Wiedergeburt aus dem Glauben ihre Verwirklichung findet; vgl. auch Anm. 20+.

39 Gott: hier fehlt der Artikel.

40 Begriffsbestimmung: dän. Bestemmelsen. (Kierkegaard sagt fast stets einfach Bestimmung, wo er Begriffsbestimmung meint.)

[41] Aristoteles Eth. Nic. III 7, 1114a 17—21 (frei aber sachlich genau wiedergegeben).

[42] Nach Aristoteles Physik VI 9 hat Zeno daraus, daß der fliegende Pfeil in jedem Augenblick an einem bestimmten Punkte stehe, bewiesen, daß er sich überhaupt nicht bewege.

[43] Joh. 8,34.

[44] einen Heiland, einen Befreier: dän. en Frelser. Um der Beziehung zum Folgenden willen mußte dies Wort, das im religiösen Sprachgebrauch unserm „Heiland" entspricht, mit zwei deutschen Worten übersetzt werden.

[45] Gott: hier fehlt der Artikel.

[46] Kierkegaard vertritt hier klar die Lehre, daß für die, welche Christus in diesem Leben nicht gekannt haben, eine Hoffnung der Gnade und Seligkeit nach dem Tode ist. Vgl. dazu die Äußerung über Sokrates im „Gesichtspunkt" S. V. XIII 541 f.

[47] Gal. 4,4.

[48] Der Jünger: dän. Discipelen, was zugleich „Schüler" und „Jünger" heißt.

[49] Umkehr, (Bekehrung): dän. Omvendelse (nur ein Wort).

[50] Phil. 3,13 f.

[51] in Masse: bei Kierkegaard en masse.

[52] Dies sind die drei Richter der Unterwelt (Übliche Namensformen Minos, Aiakos, Rhadamanthys), z. B. erwähnt von Sokrates in Platos Apologie 41a.

[53] Gott: Hier fehlt der Artikel.

[54] Plato Theätet 151 (in Schleiermachers Übersetzung): „Denn schon viele, mein Guter, sind so gegen mich aufgebracht gewesen, wenn ich ihnen eine Posse abgelöset [Kierkegaard: Albernheit entwunden] habe, daß sie mich ordentlich hätten beißen mögen, und wollen nicht glauben, daß ich das aus Wohlmeinen tue . . ."

+[55] In der Druckreinschrift stand hier ursprünglich noch Folgendes: „. . . aber sophistisch bin ich dennoch nicht, wofern anders Aristoteles recht damit hat, daß ein sophistisches Wissen dasjenige sei, mit dem man Geld verdiene." Die Bemerkung wurde gestrichen, weil Kierkegaard sie für die Vorrede des Johannes Climacus brauchte.

[56] In dem zu „Furcht und Zittern" (S. V. III 147) erwähnten dänischen Spiel darf der Besitzer des Hauses den Fragenden mit den Worten „Ein Haus weiter" (Hus forbi) abweisen.

[57] eifersüchtig: nämlich so, wie die Götter eifersüchtig auf die Menschen sind, wenn sie sich über die ihnen gesetzte Grenze erheben.

[58] Rede des Alcibiades bei Plato, Symposion 215 E (in Schleiermachers Übersetzung): „Ich wenigstens, ihr Männer, wenn ihr dann nur nicht glauben wolltet daß ich ganz und gar betrunken wäre, wollte es euch auch mit Schwüren bekräftigen, was mir selbst dieses Mannes Reden angetan

haben und noch jetzt antun. Denn weit heftiger als den vom Korybantentanz Ergriffenen pocht mir, wenn ich ihn höre, das Herz, und Tränen werden mir ausgepreßt von seinen Reden; auch sehe ich, daß es vielen andern ebenso ergeht." Die folgenden Sätze Kierkegaards spiegeln das überlegene Verhältnis des Sokrates zu seinem Liebhaber Alcibiades, so wie es Plato a. a. O. schildert, wider.

59 Aristoteles, Metaphys. 12, 7. 8 in freier Zusammenfassung. (Die Übersetzung des griechischen Satzes im Texte ist Zutat dieser Verdeutschung.) Die dänische Ausgabe verweist hier auf folgende Tagebuchaufzeichnung von 1843 (Pap. IV A 157): „Das Verhältnis der Gottheit zum Menschen, so wie alle Philosophie sie aufzufassen vermag, hat bereits Aristoteles vortrefflich ausgedrückt, wenn er sagt: daß Gott alles bewegt, selber unbeweglich. (Soweit ich mich erinnere, machte Schelling in Berlin hierauf aufmerksam.) Es ist eigentlich der abstrakte Begriff von Unveränderlichkeit, und sein [Gottes] Wirken ist daher eine magnetische Zauberwirkung gleich einem Sirenensang. Auf die Art endet aller Rationalismus in Aberglaube." Daß Schelling in seinen von Kierkegaard 1841/42 gehörten Berliner Vorlesungen tatsächlich den Aristotelischen Begriff Gottes als des mittelbar bewegenden unbewegten Bewegers dargestellt hat, zeigt die von Paulus eigenmächtig gedruckte Kollegnachschrift (H. E. G. Paulus, Die endlich offenbar gewordene positive Philosophie der Offenbarung, Darmstadt 1843 S. 405).

60 Bettelmädchen: dän. ringe Pige, d. h. ein Mädchen der ärmsten und niedrigsten Volksklasse.

61 Kallikles (nicht, wie Kierkegaard sagt, Polos) bei Plato, Gorgias 490 c (in Schleiermachers Übersetzung): „Von Speisen sprichst du und Getränk und Ärzten und Possen, ich aber meine das gar nicht."

62 Themistokles: Themistokles sagt, Plut. Them. 29, 4, als Flüchtling zum Reden über die griechischen Verhältnisse aufgefordert, zum Großkönig: „Die Rede des Menschen gleicht bunten Teppichen. Ausgebreitet nämlich zeigen die eine wie die andern die Gestalten, zusammengerafft aber verhüllen und verwischen sie sie. Daher brauche ich Zeit."

63 Vgl. 1. Mose 3,14 f.

64 Gottes: ohne Artikel wegen der Beziehung auf Mark. 12,16 f.

65 Mark. 5,38 ff.

66 Psalm 90,4.

67 Matth. 6,29.

68 2. Mose 33,20. Es ist für Kierkegaards Stellung zum Alten Testament seit 1843 bezeichnend, auf welche gleichsam ferne Weise er sich hier auf es bezieht.

69 Der in Klammern stehende Gedankenstrich fordert den Leser auf, die Parenthese, welche oben S. V. IV 196, Beginn des letzten Absatzes, hinter einem inhaltlich gleichen einleitenden Bedingungssatz steht, sich wiederholt zu denken.

[70] Ich gebe die beiden von Kierkegaard aus der Sokratesrede in Platos Symposion zitierten Stellen etwas ausführlicher nach Schleiermachers Übersetzung (die erzeugen setzt, wo Kierkegaard gebären versteht). Symposion 210 D: „Von den Bestrebungen aber muß er weiter zu den Erkenntnissen gehn, damit er auch die Schönheit der Erkenntnisse schaue, und vielfältiges Schöne schon im Auge habend, nicht mehr dem bei einem Einzelnen, indem er knechtischer Weise die Schönheit eines Knäbleins oder irgendeines Mannes oder einer einzelnen Bestrebung liebet, dienend sich schlecht und kleingeistig zeige, sondern auf die hohe See des Schönen sich begebend und dort umschauend viel schöne und herrliche Reden und Gedanken erzeuge in ungemessenem Streben nach Weisheit, bis er, hierdurch gestärkt und vervollkommnet, eine einzige solche Erkenntnis erblicke, welche auf ein Schönes folgender Art geht"; es folgt eine Bestimmung des an sich Schönen. — Symposion 209 C: „Nämlich indem er den Schönen [andre Übersetzung das Schöne] berührt, meine ich, und mit ihm sich unterhält, erzeugt und gebierter, was er schon lange zeugungslustig in sich trug, und indem er anwesend und abwesend sein gedenkt, erzieht er auch mit jenem gemeinschaftlich das Erzeugte. So daß diese eine weit genauere Gemeinschaft miteinander haben als die eheliche und eine festere Freundschaft, wie sie auch schönere und unsterblichere Kinder gemeinschaftlich besitzen. Und jeder sollte lieber wollen solche Kinder haben als die menschlichen, wenn er auf Homeros sieht und Hesiodos und die andern trefflichen Dichter, nicht ohne Neid, was für Geburten sie zurück lassen, die ihnen unsterblichen Ruhm und Angedenken sichern, wie sie auch selbst unsterblich sind."

[71] diesem X: dän. denne; die Wiederholung von „X" ist eine verdeutlichende Zutat der Übersetzung.

[72] Phil. 2,7.

[73] Bettlermantel: dän. Ringheds-Kappe; vgl. Anm. 60.

[74] Nach Plato Symposion 220 b hat Sokrates im Feldzug von Potidaia trotz der ungewöhnlich strengen Kälte nicht wie die andern Winterkleidung getragen.

[75] Luk. 9,58.

[76] Vgl. Luk. 4,10 f.

[77] Jes. 42,3, vgl. Matth. 12,20.

[78] Joh. 19,5.

[79] Joh. 21,15 ff.

[80] Vgl. zum folgenden Satze nacheinander: Luk. 7,44. Joh. 12,3. Luk. 10,39. 2. Sam. 15,21. Hohes Lied 1,8. Matth. 16,23. Mark. 8,33. Joh. 2,4.

[81] Matth. 14,31, vgl. Matth. 8,26 f.

[82] Luk. 19,41.

[83] Luk. 2,35.

[84] Mark. 14,34.

[85] Mark. 15,36.

86 Mark. 2,22.

87 1. Mose 17,3; 2. Mose 19,18.

88 1. Cor. 2,9.

89 Sokrates bei Plato, Phaidros 229 E/230 A (nach Schleiermachers Übersetzung): „Ich aber habe dazu ganz und gar keine [Zeit], und die Ursach hiervon, mein Lieber, ist diese, ich kann noch immer nicht nach dem delphischen Spruch mich selbst erkennen. Lächerlich also kommt es mir vor, so lange ich hierin noch unwissend bin, an andere Dinge zu denken. Daher also lasse ich das alles gut sein; und annehmend, was darüber allgemein geglaubt wird, wie ich eben sagte, denke ich nicht an diese Dinge, sondern an mich selbst, ob ich etwa ein Ungeheuer bin, noch verschlungener gebildet und ungetümer als Typhon, oder ein milderes einfacheres Wesen, das sich eines göttlichen und edeln Teiles von Natur erfreut. —"

90 Voraussetzung: dän. Proposition, womit wohl der Vorder- und Ausgangssatz eines Schlusses gemeint ist.

91 Quelle Kierkegaards ist hier Wilh. Gottl. Tennemann, Geschichte der Philosophie, Bd. 5 (1805) S. 302 f. mit Anm. 40. Die Übereinstimmung geht ins Wörtliche. Unmittelbar vorher wird von Tennemann auch die Phaidrosstelle (siehe hier Anm. 89) als von Sextus Empiricus verwendet erwähnt. Auch das stammt aus Tennemanns Darstellung des Sextus Empiricus a. a. O., daß die Frage nach der Möglichkeit, den Menschen zum Kriterium der Wahrheit zu machen, über Recht oder Unrecht der Skepsis entscheide.

92 Der Satz des Protagoras (bei Plato Theätet 152 A) ist bekanntlich, daß von allen Dingen der Mensch das Maß ist. Die von Kierkegaard gegebene Umformung findet sich ebenso in seiner Nachschrift des Kollegs von Martensen 17. 11. 1837; vgl. Papirer II C 13 c. — Auch Hegel (Geschichte der Philosophie 18, 30 f.) bezieht Protagoras und Sokrates so aufeinander, daß er den verschiedenen Sinn des Satzes, daß der Mensch das Maß aller Dinge sei, bei beiden erklärt.

93 Nach der Erzählung des Alcibiades bei Plato, Symposion 220 C hat Sokrates auf dem Feldzuge zur Verwunderung seiner Kameraden einen Tag und eine Nacht in tiefes Nachsinnen versunken unbeweglich auf einem Fleck gestanden.

94 Mark. 12,31.

95 Vgl. Anm. 89.

96 Vgl. aus Schellings Berliner Vorlesung 1841/42 in der Nachschrift bei Paulus (siehe hier Anm. 59) S. 475: „Die Existenz Gottes läßt sich nicht erweisen, sondern nur die Gottheit des Existierenden, des actu von selbst ewig Seienden, und auch diese nur a posteriori."

97 Schelling hat seine Berliner Vorlesung 1841/42 (siehe hier Anm. 59. 96) aufgebaut auf die scharfe Unterscheidung der „Existenz" (d. h. dessen, was Kierkegaard „Dasein" nennt) vom „Wesen". Das Wesen ist das dem Begriff Erschlossene, die Existenz (das Dasein) hingegen ist ein Blindseiendes,

dem Begriff und Beweis Unzugängliches, vom Denken immer nur Vorauszusetzendes. Er nennt das Blindseiende das „Prius". Vgl. z. B. bei Paulus S. 217 ff., S. 224, S. 256, S. 427, S. 436 f. u. ö. Schelling mißbraucht aber diese Einsichten in einer Weise, die Kierkegaard abstoßen mußte, zu einer neuen Art von Spekulation über Gott.

+[98] Von hier ab bis (einschließlich) zur Anmerkung S. V. IV 211 lesen wir eine nachträglich in die Reinschrift eingefügte Textfassung; die ursprüngliche ist von Kierkegaard teils fortgeschnitten, teils mit Tinte und Bleistift fortgestrichen.

[99] Der Wechsel von Gott und der Gott auf den folgenden Seiten ist dem dänischen Original genau nachgebildet. — Die Übersetzungen der hier und in der Anmerkung von Kierkegaard zitierten lateinischen Wendungen und Sätze aus Spinoza ist Zutat dieser Verdeutschung. Für die von Kierkegaard im Haupttext ohne Stellenangabe gegebene Grundaussage des ontologischen Gottesbeweises vgl. Spinoza Ethik Buch I Def. I, d. h. den ersten Satz des ganzen Werks: „Unter Ursache seiner selbst verstehe ich das, dessen Wesen das Dasein einschließt, oder auch das, dessen Natur allein als daseiend begriffen werden kann" (Per causam sui intelligo id, cuius essentia involvit existentiam, sive id, cuius natura non potest concipi nisi existens). Vgl. mit Kierkegaards Spinozakritik Schelling in der Berliner Vorlesung 1841/42 bei Paulus (hier Anm. 59) S. 451: „Spinozas Einfluß kam daher, daß er das a se esse der Gottheit hervorhob. Aber sein Fehler liegt darin, daß er von diesem Begriff gar nicht hinwegkam. Dasselbe sagt auch Spinozas Formel von Gott: quod cogitari non potest nisi existens: Gott ist das, dem man mit dem Gedanken des Nichtseins nicht zuvorkommen kann. Je entschiedener nun das Wesen Gottes hier in das Sein gesetzt wird, desto weniger scheint es möglich, weiter zu kommen; der actus purus kann nichts anfangen, ist starr und unbeweglich."

[100] m i t a n d e r n W o r t e n: dän. paa anden Dansk, d. h. etwa: auf gut Dänisch.

[101] Vergleiche dagegen Hegel Encyclopädie § 139 (Werke Jub. Ausg. 8, S. 402): „Aber es würde die größte Gedankenlosigkeit sein, wenn gemeint sein sollte, in unserm Bewußtsein sei die Existenz auf dieselbe Weise mit der Vorstellung der endlichen Dinge verbunden als mit der Vorstellung Gottes; es würde vergessen, daß die endlichen Dinge veränderlich und vergänglich sind, d. i. daß die Existenz nur transitorisch mit ihnen verbunden, daß diese Verbindung nicht ewig, sondern trennbar ist."

[102] Leibniz berichtet kritisch in einem Briefe von 1678 über den Cartesianischen Gottesbeweis, der aus der Möglichkeit des Gottesbegriffs auf seine Notwendigkeit schließt und bemerkt dazu, so hätten schon die Scholastiker gedacht (Leibniz Opera herausg. von Erdmann 1840, S. 78).

[103] i n d e r S c h w e b e: bei Kierkegaard in suspenso.

[104] Kierkegaard meint die kopfstehende Abart der Stehaufmännchen und verwechselt sie — irregeführt durch den annähernden Gleichlaut von duk-

ker (Püppchen, Plural) und dykkere (Taucher, Plural) — mit den cartesianischen Tauchern (Mitteilung der dänischen Ausgabe).

105 meine Zutat: auch bei Kierkegaard deutsch.

106 Häufelschlusses (sorites): dän. sorites (nur ein Wort). Der Häufelschluß setzt den, der es verneint, daß man durch das Hinzufügen nur eines Korns einen Nicht-Haufen in einen Haufen verwandeln könne, dadurch in Verlegenheit, daß er durch ständiges Hinzuhäufeln nur eines Korns ihn dahin bringt, zu gestehen, daß zuletzt doch ein bestimmtes einzelnes Korn den Haufen zustande gebracht habe. Hegel, in der großen Logik (Werke Jub. Ausg. 4, 139 f.) entwickelt an der Analyse des Sorites das logische Verhältnis von Quantität zu Qualität. Die Anekdote über Chrysipp und Carneades hat Kierkegaard entnommen aus Wilh. Gottl. Tennemann, Geschichte der Philosophie Bd. 4 (1803) S. 344. Er hat aber an ihre Nacherzählung eigne dichterische Kunst gesetzt.

107 letztlichen Vorbehalt: bei Kierkegaard reservatio finalis.

108 Psalm 14,1.

+109 Statt dieser kurzen Anmerkung stand in der ursprünglichen Reinschrift am Ende des nachträglich Verworfenen und durch die neue Fassung ersetzten Textes folgende längere Anmerkung: „Freilich bin ich kein Dichter und darf mir insofern kein Urteil zutrauen, aber sollte es nicht doch eine nahezu wahnwitzig komische Wirkung erzeugen können, wenn man einen Mann sich einbilden ließe, er vermöge zu beweisen daß Gott da sei — und nun einen Atheisten das annehmen ließe kraft des Beweises des andern. Beide Teile sind gleich phantastisch; denn so wenig wie irgend jemand es bewiesen hat, so wenig hat es jemals einen Atheisten gegeben, wenn auch allerdings viele, welche dem, was sie wußten, nämlich daß der Gott da ist, nicht erlauben wollten Macht über ihr Gemüt zu gewinnen. Ebenso ist es mit der Unsterblichkeit: man nehme an, einer werde unsterblich dadurch daß ein andrer es beweise (ebenso wie Nille [durch den Beweis des Erasmus Montanus] ein Stein wurde und der Küster ein Hahn), man nehme an, es sei da ein Mann, der als Wunderdoktor herumzöge, seine Bude aufschlage, die Unsterblichkeit des Einzelnen für Geld beweise, ebenso wie man Ablaß für Geld verkaufte, derart, daß nur der Einzelne, dessen Unsterblichkeit er beweise, unsterblich würde, — wäre das nicht unendlich lächerlich! Es hat daher auch niemals einen Menschen gegeben, der nicht an die Unsterblichkeit geglaubt hätte; wenn auch allerdings viele, welche den Glauben daran in ihrer Seele nicht den Sieg gewinnen lassen wollten; sich nicht überzeugen lassen wollten; denn das, davon ich überzeugt werde, das ist nur so da, daß ich mich darein vertiefe. — Hinsichtlich des Daseins Gottes, der Unsterblichkeit usw., kurz hinsichtlich aller Probleme der Immanenz, hat die Erinnerung Giltigkeit, es ist alles miteinander in einem jeden Menschen da, nur weiß er nicht davon; aber die Folge ist wiederum, daß die Vorstellung recht mangelhaft sein kann.“ Kierkegaard hat diese schöne Stelle sichtlich allein um der Pseudonymsetzung willen geopfert. Das Ja zur Unentrinnlichkeit des Gottes- und Unsterblichkeitsglaubens entspricht seiner Überzeugung. Aber er konnte es unmöglich einem Manne wie Johannes Climacus in den Mund legen, welcher in dem radikalen Zweifel an allem sich verfangen hat. — Erasmus Montanus, der Titelheld einer Komödie Holbergs, ist ein jeden niederdisputierender Sophist, der (2. Akt, 3. Szene) seine Mutter Nille und (4. Akt, 2. Szene) den Küster zum Weinen bringt, indem er der einen beweist, sie sei ein Stein, dem andern, er sei ein Hahn.

110 Hegel, über die Beweise vom Dasein Gottes, Werke Jub. Ausg. 16, 518.

111 Vgl. Luk. 5,5.

+112 Hier stand in der Reinschrift ursprünglich noch Folgendes: „Schade, daß die Sophisten sich nicht mit dergleichen [Beweisen für das Dasein Gottes] befaßt haben; denn es wäre den späteren Zeiten recht dienlich gewesen, wenn Sokrates ein bißchen Mannszucht eingeführt hätte. Hätte Sokrates alle die vielen Professoren und Seminaristen kennen können, die Gottes Dasein beweisen, so, denke ich mir, hätte er aus Freude über alle diese Herrlichkeit selbst ein Gastmahl veranstaltet, bloß um Gelegenheit zu haben, mit allen diesen Weisen sich zu unterreden."

113 Die beiden bekannten Wege des Gedankens von der Welt zu Gott, von denen der eine Gotteserkenntnis gewinnt, indem er Schranken der Welt für Gott verneint (z. B. Gott ist un-endlich), der andere, indem er Momente des Weltlichen ins Erhabene steigert (z. B.: Gott ist all-wissend).

114 Die Übersetzung des griechischen Worts ist Zutat dieser Verdeutschung.

115 Ähnliche Gedanken klingen bei Hegel an, vgl. z. B. Philosophie der Religion, Werke Jub. Ausg. 16, S. 387.

116 Ich habe den Ausdruck „zu wissen bekommen", welcher im Dänischen häufig als Ersatz für „erfahren" gebraucht wird, festhalten zu müssen geglaubt.

117 im Nein .... im Ja: dän. negativt ... positivt.

118 erzeugt: dän. udvikler (auswickelt, entwickelt).

119 Die vorangestellte Übersetzung der lateinischen Worte ist Zutat dieser Verdeutschung; das Gleiche gilt von der etwas weiter unten folgenden erweiterten Wiederholung. Spinoza nennt ähnlich die Wahrheit norma sui et falsi, vgl. Ethik, 2. Buch, Schol. zu Propos. 43.

120 Vgl. etwa Xenophon Memorabilia III 9, 4 u. 5.

121 Vgl. Joh. 8,44.

122 Vgl. 1. Cor. 1,23.

123 Die Übersetzung von quia absurdum ist Zutat dieser Verdeutschung. Tertullian sagt (De carne Christi 5): credibile est quia ineptum est. Die vereinfachende Umformung credo quia absurdum ist allgemein üblich.

124 Hamann, Brief vom 16. 7. 1759, Schriften Bd. 1 (1821) S. 425: „Lügen und Romane müssen wahrscheinlich sein, Hypothesen und Fabeln; aber nicht die Wahrheiten und Grundlehren unsers Glaubens."

125 Hamann, Brief vom 12. 10. 1759, Schriften Bd. 1 (1821) S. 497: „... ich höre mit mehr Freude das Wort Gottes im Munde eines Pharisäers als

eines Zeugen wider seinen Willen, als aus dem Munde eines Engels des Lichts."

[126] Lactantius, Div. instit. VI 9 sagt, daß die eingebildeten Tugenden des Gottlosen ganz und gar dem Todeswege der Finsternis zugehören. Augustin, De civitate Dei 19, 25 sagt von den scheinbaren Tugenden der Gottlosen, daß sie in Wahrheit Laster seien. Die formelle Zuspitzung zu dem Ausdruck „glänzende Laster" ist weder für ihn noch für Lactantius nachzuweisen.

[127] Shakespeare, Ende gut alles gut, 2. Akt 3. (!!) Szene. Kierkegaard zitiert nach Schlegel-Tieck.

[128] Die Konkordienformel Solida Declaratio Artikel II nennt bekanntlich das Herz des Nichtwiedergebornen einen „harten Stein und ungehobelten Block" und behauptet fälschlich, daß Luther den natürlichen Menschen in Beziehung auf die geistlichen Dinge einen „Klotz und Stein" genannt habe.

[129] Shakespeare, König Lear, 4. Akt, 6. Szene.

[130] Goethe, Der Fischer („Das Wasser rauscht, das Wasser schwoll . . .") Von Kierkegaard deutsch zitiert.

+[131] An dieser Stelle biegt die endgiltige Ausführung der Brocken vom ursprünglichen Entwurfe ab, der in die dialektische Konstruktion des Gottes als des Lehrers, welcher Heiland ist, inhaltlich etwas mehr aus Jesu Geschichte hatte hereinnehmen wollen. Ich gebe zum Vergleich den Entwurf des Kapitelanfangs nach Papirer V B 6, 3: „Wir haben im zweiten Kapitel den Gott als Lehrer und Heiland gedichtet. Dergestalt wurde er freilich ein einzelner Mensch; aber seine Absicht war ja doch nicht mit den Menschen seinen Spott zu treiben, indem er sich offenbarte und alsdann auf solche Art lebte und starb, daß niemals ein Mensch auf den Einfall käme, es sei geschehen. Jedes Kennzeichen des Verstandes wäre als solches kein Kennzeichen; daß er mit Triumph über die Erde gegangen wäre, Reiche und Lande sich unterworfen hätte, wäre kein Kennzeichen gewesen. Deshalb ist in unsrer Dichtung ein Anstoß mitgedichtet worden, er ist nicht ganz so wie andre Menschen gewesen, in Kleinigkeiten war er unterschieden, was wir ja gut und gern weiter ausführen könnten indem wir die Dichtung fortsetzen, er arbeitete nicht, er nahm sich nicht irdischer Angelegenheiten an, er kümmerte sich nicht um sie und: er war l e i d e n d." Mit dem Worte leidend bricht der Entwurf, ebenso auch schon ein Vorläufer von ihm, ab. Kierkegaard hat den Kreuzestod Jesu in seinen „Brocken" dann beiseite gelassen. Über die Fragen, die dem Nachverstehenden hier entstehen, vgl. E. Hirsch, Kierkegaardstudien II (1933) S. 704 ff.

[132] Matth. 11,8.

[133] Matth. 6,26; Luk. 9,58. 60. 62; 1. Cor. 7,33; Mark. 3,33–35.

[134] vgl. Matth. 6,29.

[135] Joh. 4,34.

136 Mark. 3,35.

137 Joh. 3,1 ff.

138 die historische Tatsache: dän. det Historiske.

139 Vgl. Joh. 6,12.

140 Kierkegaard meint: Sokratesjünger in dem qualitativen Sinne, den er im ersten Kapitel näher erklärt hat.

141 Wenn ... einsichtig wird: Wörtlich heißt es: „Wenn ich Spinozas Lehre erkenne ..." Ich habe das Wort „erkennen" im Sinne von „einsehen" verstanden.

142 kein gemeinsames Maß ... hat: dän. er incommensurabel.

143 1. Joh. 1,1.

144 Luk. 24,16. 31.

145 vgl. Luk. 11,27.

146 Luk. 13, 26 f.

147 vgl. 1. Kor. 13,12.

148 vgl. Anm. 146.

149 Mehrere antike Schriftsteller (z. B. Plin. h. n. VII 24 (88) erzählen, daß Kyros die Namen aller seiner Soldaten gewußt habe, und zugleich, daß Mithridates alle 22 Sprachen seines Landes gekonnt habe, so daß er mit allen seinen Leuten ohne Dolmetscher reden konnte.

150 Gott: hier fehlt der Artikel.

151 Zweitschrift: dän. Dupplicat. Gemeint ist die zweite und letzte Aufforderung in einem Rechtsstreit.

152 bei Strafe ... Stillschweigens: bei Kierkegaard sub poena praeclusi et perpetui silentii.

153 Smerdes: Herodot III 61–69.

154 Es handelt sich um ein vor hundert Jahren auch in Deutschland von Kindern viel gespieltes halbdramatisches Spiel, in dessen erstem Teile der Spielende die übrigen Teilnehmer reihum nach Großmutters Tür fragt und schnippische Antworten erhält (z. B. „hinter mir", „ein Treppchen höher", „ein Haus weiter" oder dgl.). In einem späteren Teile müssen dann die Teilnehmer mit dem Spielenden zusammen zum Darsteller der Großmutter laufen und werden dort scherzhaften Proben unterworfen.

155 läuft ... mit der Leimstange: scherzhafte Redewendung für solche, welche andere mit falschen Nachrichten, die sie selber glauben, anschmieren.

156 In Platos Gorgias 490 E wirft Kallikles dem Sokrates vor, er sage immerzu dasselbe und erhält die Antwort: „Nicht nur das, o Kallikles, sondern auch, wohl zu merken, über dieselbe Sache."

+157 An der Stelle dieser Einleitung des Zwischenspiels hatte Kierkegaard ursprünglich eine andere, die nachträglich aus der Reinschrift entfernt worden ist. Sie hat sich in den Entwürfen noch erhalten und sei hier unter Fortlassen einiger nachträglicher Randbemerkungen nach der Fassung Papirer V B 14 mitgeteilt: „Es ist ein Wort: wenn man es nennt, so läßt es die Seele in ehrfurchtsvoller Feierlichkeit erschauern; es ist ein Name: wenn man ihn zusammen mit dem Worte nennt, von welchem er untrennlich ist, so verneigt man sich vor ihm, nimmt den Hut ab, sogar der, welcher den Mann nicht kennt, nimmt den Hut ab, lange bevor er den Mann erblickt, und steht mit dem Hut in der Hand ohne den Mann zu erblicken, es ist ein Wort, das etwas zu bedeuten hat und ein Name der etwas zu bedeuten hat: es ist die absolute Methode und Hegel. Die absolute Methode: dies Wort ist ‚inhaltsschwer' und dennoch geht es sonderbar leicht, wie der Dichter [Schiller] sagt, ‚von Munde zu Munde'. Sie ist jetzt nicht allein in der Logik zu Hause, sondern auch in den historischen Wissenschaften. O! irdische Größe, was bist du doch, o lieblichste Rose, wie scharf sind nicht deine Dornen; ich möchte nicht die absolute Methode sein, nimmermehr, bloß schon ein solches Zuhause zu haben wie Hegel es ihr in der Logik bereitet hat. Hat er ihr nicht in der Logik eine reine Hölle bereitet, geschweige denn in den historischen Wissenschaften. Seine Zuflucht nehmen müssen zu Wortspielen und Witzen, die Löcher zukleben mit Löschpapier, prunken zu müssen mit Flitterstaat und sich selber verschweigen, daß es nicht richtig zusammenhängt, o! es ist teuer bezahlt, die absolute Methode zu sein, selbst der Protektor Cromwell konnte nicht unglücklicher sein in aller seiner Herrlichkeit als die absolute Methode, selbst dann wenn Trompetenton ihre Majestät ankündigt. Und doch war ja Hegel ein großer Logiker, etwas das wohl niemand ihm absprechen wird, auch wenn es nicht austrompetet würde, aber daneben hatte er eine große Vorliebe für logische Schnurrpfeifereien und dazu die psychologische Merkwürdigkeit, daß er diesen den höchsten Wert beilegte und besonders eifersüchtig darauf war, um ihrer willen anerkannt zu werden. Ebenso wurde auch Nero wider Vindex, der Aufruhr gemacht hatte, aufgebracht, nicht weil er gesagt hatte, er sei ein schlechter Kaiser, sondern weil er gesagt hatte, er sei ein schlechter Zitherspieler, wie seine Worte denn auch lauteten: Nero ist ein schlechter Zitherspieler, aber ein noch schlechterer Kaiser. — Jedoch über die Logik wollen wir hier nicht ein Wort sagen, wir wollen allein die Anwendung der absoluten Methode auf das Historische betrachten. Schade, daß Hegel nicht, allein um der Illusion willen, 1843 Jahre hat ausfüllen müssen, dann hätte er wohl Zeit genug gehabt das Experiment zu machen und zu sehen, ob die absolute Methode, welche die ganze Weltgeschichte hat erklären können, zugleich das Leben eines ganz einzelnen Menschen erklären könne. Im Altertum hätte man wohl gelächelt über solch eine Weisheit, welche die ganze Weltgeschichte absolut erklären kann, jedoch nicht einen einzigen Menschen; denn im Altertum ging der Weise nicht auf die Art weiter, daß er nicht zugleich verstanden hätte, was der Einfältige verstand. Nun, versteht sich, ich weiß auch nicht, daß im Altertum irgend ein Weiser seine Methode die absolute Methode genannt hat. — — — Wir wollen nun nicht so großartig sein, alles so großartig zu machen, wir wollen von einem ganz einzelnen Menschenleben sprechen, so wie es hier auf Erden gelebt werden kann. Von solch einem Leben gilt alles, was von der Geschichte des Geschlechtes gilt. Kann man Gott in der Geschichte schauen, so kann man ihn auch schauen im Leben des Individuums, meinen, daß man wohl das Erstere könne aber nicht das Letztere, das heißt sich selbst betrügen dadurch daß man sich in Beziehung auf das Geschichtliche dem tierischen Staunen hingibt, welches in der Naturbetrachtung z. B. Gott wahrnimmt vermittelst der Belehrung, der Sirius sei 180 000 ... Millionen Meilen entfernt von der Erde. Der sinnliche Mensch ist darüber verblüfft, und wenn man kein ordentliches Brot im Sacke hat, so tut man jederzeit am besten, von dem Ganzen, von dem Totalen zu reden usw. Wofern nicht jeder einzelne Mensch damit, daß er Mensch ist, ein Individuum ist, er selbst und das Geschlecht ist, so ist alles preisgegeben, so ist es der Mühe nicht wert, von dem großen Werk der Weltgeschichte zu vernehmen oder von der absoluten Methode. Aber die Welt will ja betrogen werden, nun, versteht sich, es ist ein Betrug, die ganze Weltgeschichte zu bekommen anstelle der eignen geringen Person, steht man sich denn nicht gut bei dem Tausch — und dennoch ist man betrogen, betrogen insofern man nicht dazu käme, sich selbst zu verstehen, etwas, das man dadurch erwiese, daß man vermeinte ohne das die ganze Welt verstanden zu haben. — Die Frage, so wie wir sie [im Zwischenspiel] aufgestellt haben, ist so viel als möglich vereinfacht, und wir werden bei ihrer Behandlung wiederum danach streben, alles so viel als möglich zu vereinfachen; denn selbst wenn das andere, was man anstelle der Beantwortung eben dieser Frage erhielte, etwas ganz Herrliches wäre, es wäre ja dennoch eine sündige Zerstreuung, der man sich hingäbe und ein Verlust, daß man es zu wissen bekäme anstatt eine Antwort auf die vielleicht weniger bedeutende Frage zu erhalten, welche man jedoch, wohl zu merken, nun einmal erhoben hat. Man kann allerdings nicht leugnen, daß dies in der neuesten Wissenschaft öfters geschieht, gerade weil es ihre Lieblingsidee ist, alsogleich konkret zu werden. Aber diese Konkretion wirkt oft verführerisch und beraubt den Gedanken des ruhigen Sinns, der wissenschaftlichen Genügsamkeit, die zufrieden ist mit dem Gedanken selbst. Damit sei keineswegs behauptet, daß es von der Wissenschaft unrichtig sei, den konkreten Stoff in sich aufzunehmen, aber sie möge nur nicht damit beginnen. Der Mathematiker bescheidet sich bei seiner Buchstabenrechnung, welche schlechterdings nichts bedeutet ohne die wirkliche Rechnung, der sinnliche Mensch kann sich dabei nicht bescheiden, aber wäre es deshalb von der Mathematik richtig, die Buchstaben sofort fahren zu lassen und Reichstaler, Mark und Schilling zu wählen, bloß damit der sinnliche Mensch zur Teilnahme bewogen werde, indem man seine Leidenschaft reizte. Ebenso geht es auch, wenn man sogleich damit beginnt, den Gedanken konkret werden zu lassen und sich nicht zuerst in reiner Abstraktheit den Gedanken deutlich macht, den man zur Anwendung im Konkreten bringen will. Das Konkrete ist das Mannigfaltige und übt als solches eine betörende Macht über die Menschen aus. Nimm nun an, es geschähe, und warum sollte es nicht geschehen, daß der Gedanke, der im Konkreten nachgewiesen werden sollte, unklar bliebe, aber das Konkrete selbst wäre so reich und so buntfarben, daß es den Sinn fesselte, so daß der Lernende oder der Leser, dieser Ergötzung froh, des Gedankens vergäße, nicht zornig würde über den, der ihn doch eigentlich betrogen hätte, und sogar vermeinte, ihm viel schuldig zu sein. Das Historische (konkret verstanden) führt verschiedene Zaubermittel mit sich, welche aber der Philosoph, wenn anders er wünscht, sich selber treu zu bleiben, verschmähen sollte. Das Historische bedeutet ihm lediglich das Historische, nicht dies bestimmte Historische, und wer nichts als die Ansprüche der Phantasie und der Wißbegierde befriedigt sehen will, wendet sich vergeblich an ihn. Wenn er nun das Verhältnis der Idee zu dem Historischen nachweisen will, so wird das Historische ein reines Abstraktum, und ist eigentlich die Zeitlichkeit. Ob die Zeitlichkeit das Leben eines einzelnen Menschen bedeutet, oder das wunderbarste weltgeschichtliche Begebnis, ist ihm ganz und gar gleichgiltig. Der Philosoph kann daher nicht in das Mißverständnis geraten, welches eine Folge der sinnlichen Verblüffung und des Aberglaubens ist, daß die Idee sich in der Weltgeschichte deutlicher zeige als im Leben eines einzelnen Menschen. Das ist die Leidenschaft des Philosophen, alle diese Verschiedenheiten zu verschmähen und vor allem es zu verschmähen, den Leser durch sie zu betören, so als ob er (in Eigenschaft als Philosoph) etwas gesagt hätte, weil er als Historiker den Lernenden belehrt hat. Geschieht das nicht, so verwirrt sich alles, und der Lernende kommt in Verlegenheit, in wiefern er so einem Manne danken solle oder nicht. Wird die Methode alsogleich von Anbeginn an konkret, so geschieht dies entweder dadurch, daß er augenblicklich sich in den geschichtlichen Stoff hinauswagt oder daß er, mit den Auffassungen anderer beschäftigt, in diesen die Idee aufzuzeigen sucht. Nun redet er denn also im ersten Falle z. B. von China. Wer möchte nicht gerne etwas über China erfahren. Er überrascht durch seine Gelehrsamkeit, man wird von dem vielen Neuen überwältigt, das man erfährt, — man dankt ihm, falls man zu denen gehört, die zuvor eigentlich nichts Besonderes darüber wußten und zu denen, die aus Freude darüber, vergessen, daß dies gar nicht das ist, was man zu wissen bekommen sollte. Ein andrer Leser hingegen ist zufällig mit dem Chinesischen ganz besonders vertraut, er entdeckt, daß da ein Fehler ist. Er äußert das, es entsteht ein Streit. Man ist neugierig, man liest beide Parteien, man erfährt wiederum Neues — und vergißt noch mehr was es eigentlich ist, das man erfahren möchte. — Nun spricht er im andern Falle von der orientalischen Philosophie, der griechischen, der jüdischen usw. Man erfährt unbeschreiblich viel, aber unglücklicherweise nicht das, was man begehrt, und was er als Philosoph leisten sollte. Man gerät in große Verlegenheit, man darf sein Geheimnis kaum einem anvertrauen, denn es wäre ja als ob man unerkenntlich wäre gegen einen Mann, der derart über alles Bescheid weiß. Der Philosoph will zeigen, wie der Gott lenkend in die Geschichte eingreift. Er stellt sich also hin mit der einen oder andern weltgeschichtlichen Entscheidung. Er spannt das dramatische Interesse, Reiche und Landeswohl, das Geschick von Millionen ist mit verwickelt in diesen Widerstreit — und nun entwickelt sich daraus das Schöne — das ist die Lenkung des Gottes. Man ist im voraus nicht derart bekannt mit jener Katastrophe, man dankt dem Philosophen für den Genuß den man gehabt, man bewundert seine Kunst — man vergißt, daß dies gar nicht das ist, das man erfahren möchte, man vergißt, daß der welcher die Lenkung des Gottes (wo sie zu sehen ist) nur in der weltgeschichtlichen Entscheidung zu sehen vermag aber nicht im Leben des allerunbedeutendsten Menschen, daß der nicht Philosoph ist, nicht die Leidenschaft des Philosophen hat — er ist bloß abergläubisch. Bald kommt es dahin, daß jeder der etwas weiß, oder es gut zu erzählen weiß, ein Philosoph wird, alle verbünden sich, um den Sinn der Menschen hinzulenken auf das Mannigfaltige — und darüber zu vergessen, was des Philosophen Sache und Geschäft ist, was Aristoteles, (Eth. Nic. VI 3, 1139 b 18 ff.) so schön, ausdrückt, daß Philosophie sich mit dem beschäftigt, was sich nur auf eine einzige Art und Weise verhält. Da die Methode so konkret geworden ist, so bedarf es natürlich keiner vorläufigen Überlegung, man greift flugs zur Schüssel — am Schluß des Systems soll es sich zeigen, daß die Methode die richtige ist. Am Schluß, nachdem man jedes Mittel der Zerstreuung gebraucht hat, um den Leser zu verwirren und den Beurteiler zu bestechen. Sogar ein logisches Problem kann nicht behandelt werden ohne daß sofort die eine Seite der historischen Konkretion sich eindrängt in Gestalt der umständlichen Nachricht darüber, was andre darüber gedacht haben usw. Mittel der Zerstreuung, lauter Mittel der Zerstreuung." Vgl. zum Ganzen hier Anm. 166+.

[158] Die den griechischen Worten im Zwischenspiel vorangestellten Übersetzungen sind Zutaten dieser Verdeutschung. Vgl. zum Folgenden die aristotelische Begriffsbestimmung des Werdens Physik III 1, 200 b 12 ff. Es scheint so, als ob hier W. G. Tennemann, Geschichte der Philosophie Bd. III (1801) S. 125 ff. von Kierkegaard zugrunde gelegt worden sei.

[159] Hegel hat diese von ihm (z. B. Logik Werke Jub. Ausg. 4, 207) bejahte Einheit von Möglichkeit und Wirklichkeit in dem Notwendigen auch in Aristoteles wiedergefunden (Geschichte der Philosophie Werke Jub. Ausg. 18, 326 ff.).

[160] Vgl. Aristoteles *περὶ ἑρμενείας* 12 (21 a 34 ff.) und 13 (besonders 22 b 29 ff.). Kierkegaard denkt hier und an der folgenden Stelle an die Schwierigkeiten, die Aristoteles hat, den Begriff des Notwendigen logisch auf den des Möglichen zu beziehen. Der Umstand, daß Aristoteles sich aus den Antinomien dieser Beziehung nur herauswickeln kann dank der Annahme zweier Arten von Möglichkeit, deren eine das Urteil „möglicherweise nicht" ausschließt, wird ihm zur Stütze der eignen schlechthinnigen Trennung jener beiden Begriffe als solchen, die sich auf verschiedene Sphären beziehen.

[161] Epikur kennt kein anderes Kriterium der Wahrheit als die Bestätigung der Meinung durch Empfindung und Vorstellung. (So Hegel, Geschichte der Philosophie. Werke Jub. Ausg. 18, 482.) Kierkegaard will wohl geltend machen, daß der Begriff des Notwendigen sich von der durch die Erfahrung bestätigt werden könnenden Erwartung eines Seienden im

Sinne Epikurs dadurch unterscheide, daß er als eine reine Wesensbestimmung einen Schluß auf das Zukünftige nicht zulasse.

162 Nebeneinander: auch bei Kierkegaard deutsch, mit der Absicht, an die Raumlehre der kantisch-idealistischen Philosophie zu erinnern. Vgl. z. B. Hegel, Enzyklopädie § 254: „Er [der Raum] ist das ganz ideelle Nebeneinander". (Werke Jub. Ausg. 9, 71.)

163 Wahrscheinlich Hindeutung auf Schellings oder Steffens' Naturphilosophie, welche die Natur als ein System von Stufen versteht.

164 Quelle Kierkegaards ist W. G. Tennemann, Geschichte der Philosophie Band 4 (1803) S. 273: „Über die Möglichkeit des Zukünftigen und die Notwendigkeit des Vergangenen hatte Chrysipp einen Streit mit dem Megariker Diodorus ... und mit seinem Lehrer Cleanth. Er behauptete gegen diesen, daß alles Vergangene, insofern es nicht geändert werden könne, notwendig, gegen jenen aber, daß auch dasjenige, was nicht geschehen werde, möglich sei." Vgl. auch Tennemann a. a. O. Band 2 (1799) S. 155 (über Diodor): „Er behauptete: nur das allein sei möglich, was wirklich sei, oder wirklich geschehen werde. Nichts geschehe, was nicht aus Notwendigkeit geschehe, und was geschehen könne, sei entweder schon wirklich oder werde wirklich werden ...."

+165 Randbemerkung Kierkegaards zum ersten Entwurf (Papirer V B 15, 6): „... so daß die Freiheit ausgelacht würde als Kindsvater zu dem, zu dem die Notwendigkeit sich bekennte."

+166 Die absolute Methode: vgl. Anm. 157+. Kierkegaard will die Darlegungen Hegels über die einzig mögliche Methode gegen Schluß der großen Logik (Werke Jub. Ausg. 5, 329 ff.) treffen; vgl. z. B. Hegel a. a. O. S. 330: „Die Methode ist deswegen als die ohne Einschränkung allgemeine, innerliche und äußerliche Weise, und als die schlechthin unendliche Kraft anzuerkennen, welcher kein Objekt, insofern es sich als ein Äußerliches, der Vernunft fernes und von ihr unabhängiges präsentiert, Widerstand leisten, gegen sie von einer besondern Natur sein, und von ihr nicht durchdrungen werden könnte. Sie ist darum die Seele und Substanz, und irgend etwas ist nur begriffen, in seiner Wahrheit gewußt, als es der Methode vollkommen unterworfen ist." Der Ausdruck „absolute Methode" ebenda S. 349, wo auch von der Notwendigkeit „konkret zu werden" gesprochen wird.

167 Geert Westphaler ist der Titelheld einer Komödie Holbergs „Geert Westphaler oder der geschwätzige Barbier". Die besondere Art seiner Geschwätzigkeit besteht darin, daß er in dem selbstgefälligen Wahn, als ein durch Reisen und Erfahrungen gebildeter Mann Wichtiges und Lehrreiches erzählen zu können, sinn- und zusammenhangslos von einer zufälligen trivialen Einzelheit zur andern torkelt.

168 das kritische Zeichen: bei Kierkegaard discrimen.

[169] Manifestation: ein von Schelling in seiner „positiven Philosophie der Offenbarung" gebrauchter Ausdruck (Vgl. für die Vorlesung 1841/42 Paulus a. a. O. (Anm. 59) S. 611). Kierkegaard will sagen, daß Schellings positive Philosophie den Fehler der hegelischen Konstruktion der Geschichte dem Anschein zum Trotz nicht überwunden habe.

+[170] Der Entwurf (Papirer V B 15, 8) führt die gemeinte Äußerung des Boëthius (De consolatione philosophiae V, 4) lateinisch an. Sie lautet übersetzt: „Denn wie das Wissen vom Gegenwärtigen dem, was geschieht, keinerlei Notwendigkeit verleiht, so verleiht das Vorauswissen des Zukünftigen sie auch nicht dem, was geschehen wird."

[171] Kierkegaard bezieht sich hier auf Carl Daubs (in Bauers Zeitschrift für spekulative Theologie Bd. I abgedruckten) Aufsatz von 1836: „Die Form der christlichen Dogmen- und Kirchen-Historie", in dem das Divinatorische des historischen Sinns scharf herausgearbeitet wird. Erst durch Nachschauen, Verstehen und Vergegenwärtigen werden die überlieferten monumenta zu echten geschichtlichen Fakta. Daher ist der Historiker „der Prophet des im Ehemals Geschichtlichen". Über die Bedeutung, die dieser Aufsatz Daubs in Kierkegaards Werdegang hat, vgl. E. Hirsch, Kierkegaardstudien II (1933) S. 539–551.

[172] Aus Kierkegaards Studienheften (Papirer IV C 40 und 62) geht hervor, daß er im Besonderen Leibniz, Théodicée, 3. Teil § 406 ff. (bis etwa 416) im Auge hat, in denen Leibniz in freier Anknüpfung an Boëthius (vgl. hier Anm. 170+) die nicht nötigende Art des göttlichen Vorherwissens und die Unterscheidung von Vorherwissen und Vorherbestimmen darlegt und von da aus den Gedanken der besten unter vielen möglichen Welten entwickelt.

[173] Die Übersetzung der lateinischen Worte ist Zutat dieser Verdeutschung.

[174] Bewunderung: Das Auffallende, daß Kierkegaard hier die Bewunderung nennt und nicht, wie es bei dem gleich folgenden Bezug auf Plato und Aristoteles richtiger wäre, die Verwunderung, erklärt sich wohl aus einem Einfluß Schellings. Nach Paulus a. a. O. (Anm. 59) S. 450 hat Schelling in Berlin 1841/42 Folgendes vorgetragen: „Es ist ein falscher Einwurf, wenn man sagt: Wir könnten uns eine aller Möglichkeit zuvorkommende Wirklichkeit nicht vorstellen! Allerdings; menschliche Hervorbringungen können von ihrer Möglichkeit aus vorher gesehen werden. Aber es gibt auch Dinge, deren Möglichkeit erst durch ihre Wirklichkeit eingesehen wird. Nur solche nennen wir originale, ursprüngliche Hervorbringungen. Was nach einem vorhandenen Begriff hervorgebracht wird, nennt niemand original. Initium philosophiae est admiratio, oder noch bestimmter nach Plato: *τὸ πάθος τοῦ φιλοσόφου ἐστὶ τὸ θαυμάζειν*. Dieser Affekt des Philosophen hat nun in der positiven Philosophie eine Stelle." (Vgl. dazu Plato, Theätet 155 D). Auch Baader in den Fermenta cognitionis 17 nennt die Bewunderung als das den Geist Belebende.

[175] Ziel: bei Kierkegaard *τέλος*.

[176] Kierkegaard hat die griechische Skepsis wesentlich in G. W. Tennemanns Geschichte der Philosophie studiert. Seine originalen Studien der griechischen Philosophie beschränken sich, abgesehen von Diogenes Laërtius (vgl. Anm. 30) auf Plato und Aristoteles. Einzelbelege sind daher unnötig. Die den griechischen Ausdrücken vorangestellten Übersetzungen sind Zutat dieser Verdeutschung.

[177] Vgl. z. B. Hegel, Geschichte der Philosophie, Werke Jub. Ausg. 18, 69: „Diese Verwirrung hat nun die Wirkung, zum Nachdenken zu führen; und dies ist der Zweck des Sokrates. Diese bloß negative Seite ist die Hauptsache. Es ist Verwirrung, mit der die Philosophie überhaupt anfangen muß, und die sie für sich hervorbringt; man muß an allem zweifeln, man muß alle Voraussetzungen aufgeben, um es als durch den Begriff Erzeugtes wieder zu erhalten." Eine nähere Ausführung dieser Kritik an Hegel und den Hegelianern bietet das Bruchstück der philosophischen Lehrerzählung „De omnibus dubitandum est" (s. u.).

[178] in der Schwebe: bei Kierkegaard in suspenso.

+[179] Eine Randbemerkung der Reinschrift zitiert hierzu Plato, Theätet 195 C und eine Äußerung von Kierkegaards Lehrer Paul Möller über Aristoteles. Es genügt, die Theätetstelle (nach Schleiermachers Übersetzung) im Zusammenhang zu geben: „Nicht nur verdrießlich bin ich, sondern auch in Angst, was ich antworten soll, wenn mich jemand fragt, o Sokrates, du hast also die falsche Vorstellung gefunden, daß sie nicht in den Wahrnehmungen unter einander noch auch in den Gedanken, sondern in der Verbindung der Wahrnehmungen mit den Gedanken liegt? Ich werde es bejahen, glaube ich . . ."

[180] Von G. W. Tennemann, Geschichte der Philosophie Bd. 10 (1817) S. 239 f. ausführlich dargelegt.

[181] Jacobi hat in seinem Streit mit Mendelssohn über die Gottesbeweise geltend gemacht, daß das in der Erkenntnis Erschlossene immer Folge eines Grundes, Bedingtes eines Bedingenden sei und hat von daher den Unterschied des Glaubens vom Erkennen entwickelt.

[182] Zwei — meinen (dis — putare): Die hier hinzugefügte deutsche Übersetzung soll das von Kierkegaard gewagte lateinische Wortspiel erklären. (Disputare — streiten kann auch als nach zwei Seiten hin meinen empfunden werden.)

[183] Kierkegaard will sagen: auch die scheinbar naive Hinnahme eines Berichts, die meint, eines besondern Zustimmungsaktes angesichts zweifelloser Geschichtlichkeit nicht zu bedürfen, ist ein zu dem Bericht hinzukommendes Zweites, welches ihn als für sich allein noch nicht geschichtlich kennzeichnet.

[184] Das gleich folgende Wort nisus wird von Hegel (der es ebenso wie diese Verdeutschung mit „Trieb" dolmetscht) in dem Kapitel der großen Logik über den Widerspruch gebraucht; vgl. Werke Jub. Ausg. 4, 547, dort auch der Satz: „Etwas ist also lebendig, nur insofern es den Widerspruch in sich enthält, und zwar diese Kraft ist, den Widerspruch in sich

zu fassen und auszuhalten". Am anschaulichsten wird das von Hegel Gemeinte Philosophie der Geschichte, Werke Jub. Ausg. 11, 92 ff.: „So erscheint in der Existenz der Fortgang, als ein Fortschreiten von dem Unvollkommnen zum Vollkommneren, wobei jenes nicht in der Abstraktion nur als das Unvollkommene zu fassen ist, sondern als ein solches, das zugleich das Gegenteil seiner selbst, das sogenannte Vollkommene als Keim, als Trieb in sich hat ... Das Unvollkommene so als das Gegenteil seiner in ihm selbst ist der Widerspruch, der wohl existiert, aber ebensosehr aufgehoben und gelöst wird, der Trieb, der Impuls des geistigen Lebens in sich selbst, die Rinde der Natürlichkeit, Sinnlichkeit und Fremdheit seiner selbst zu durchbrechen, und zum Lichte des Bewußtseins, d. i. zu sich selbst zu kommen."

185 Vgl. Anm. 106. Das gleich folgende Wort „Handstreich" ist Übersetzung von „coup des mains".

186 begriffliche Unterscheidung: dän. Distinctionens.

187 Kierkegaard spielt an auf die bekannte Legende von der Entstehung der ersten griechischen Übersetzung des Alten Testaments, der Septuaginta.

188 Man verstehe Erdbeben.

189 erzogen und gezogen: dän. opdrages (nur ein Wort).

190 bei Kierkegaard lateinisch: ob meliorem informationem.

191 Nach dem bei Diogenes Laërtius (vgl. Anm. 30) X, 27, 122 ff. wiedergegebenen Briefe Epikurs (a. a. O. 125). Epikur ist hier abhängig von Plato, Apologie 40.

192 naturalisiert: es steht hier dänisch das gleiche Wort, das kurz vorher und nachher mit „natürlich gemacht" wiedergegeben ist. Die Verschiedenheit der Übersetzung ist durch das im Deutschen nicht vorhandene Schillern des Sinns erzwungen.

193 vorlings, ebenso etwas später rücklings sind Kommandos aus der Turnersprache. Vermutlich hat Kierkegaard auf das „Umschlagen" des Begriffs bei Hegel anspielen wollen. Den sachlichen Sinn versteht auch der, welcher einfach „vorwärts" und „rückwärts" übersetzt.

194 In Holbergs Komödie „Der Übergeschäftige" — deutsch meist unter dem Titel: „Viel Geschrei und wenig Wolle" — I. Akt, 6. Szene erzählt der Barbier dem Titelhelden Folgendes: „Eine Matrosenfrau, in den neuen Buden, hat auf einmal zweiunddreißig Kinder zur Welt gebracht und war doch nicht dicker dabei als eine ordinäre schwangere Frau." Kierkegaard will sagen, die Gleichzeitigkeit von Geburt und Wiedergeburt sei ebenso ungeheuerlich wie die Geburt von Zweiunddreißiglingen durch eine normale Schwangere.

195 nämlich Leib und Seele.

196 Apollonius von Tyana behauptete nach Philostrat, in einem früheren Leben Steuermann eines ägyptischen Schiffs gewesen zu sein.

197 Kierkegaard wendet sich hier gegen die hegelische Geschichtsphilosophie, nach welcher das Christentum, als ein neues Zeitalter heraufführend, gewissermaßen die Grundlagen und Voraussetzungen des menschlichen Denkens und Lebens für alle späteren Geschlechter verwandelt hat.

198 Das Mehr oder Minder: dän. Quantiteten. Für Kierkegaard sind Begriffsunterschiede Qualitätsunterschiede, die Spielarten innerhalb eines qualitativen Begriffs hingegen ein bloßes Mehr oder Minder der Quantität. In diesem Sinne ist somit die ganze Mannigfaltigkeit des geschichtlichen Lebens in den aufeinander folgenden Generationen der Kirche nichts als ein Mehr oder Minder innerhalb der gleichen Qualität.

199 Tatsache: dän. Faktum (ebenso wie überall in diesem Kapitel).

200 Im Hebräischen hat jedes Substantiv zwei oft klanglich stark voneinander abweichende Formen, die man grammatisch den status absolutus und status constructus nennt. Im status absolutus steht es, wenn es ein selbständiges Glied im Satze ist. Im status constructus steht es, wenn es den Hauptton an ein unmittelbar folgendes ihm näher verbundenes Substantiv abgibt.

201 1. Kor. 1,23.

202 In Holbergs Komödie „Erasmus Montanus" 4. Akt, 2. Szene beweist der Dorfküster dem Titelhelden, die Erde könne nicht rund sein, mit dem Argument, daß alle Rechtschaffnen im Dorfe und in der Gegend Mann für Mann die Erde für platt halten. Die „Leute auf dem Berge" werden 3. Akt, 3. Szene in anderm Zusammenhang erwähnt. Kierkegaard hat beide Stellen formell verknüpft.

203 Gottes: Hier fehlt der Artikel.

204 Aber: auch bei Kierkegaard deutsch.

205 Laut Mitteilung der dän. Ausgabe Anspielung auf Oehlenschlägers Schlaftrunk.

206 Joh. 16,7.

207 Nach Auffassung der dänischen Ausgabe hat Kierkegaard hier den tot hinsinkenden Läufer von Marathon vermengt mit dem Barbier, der die Nachricht von der Niederlage in Sizilien nach Athen brachte und gefoltert wurde.

208 abwehrende: dän. prohibitive.

209 Joh. 21,25.

210 Joh. 19,30.

211 Psalm 126,5.

212 „mit Sang und Klang": ist Zitat aus einem Liede Grundtvigs und das Folgende ein Angriff auf das „fröhliche Christentum" des Grundtvigianismus.

213 urnordisch: Kierkegaard gebraucht eine scherzhaft spöttische Form des Wortes altnordisch, die sich der Übersetzung entzieht (ølnordiske, d. h. etwa biernordisch).

[214] Aristoteles Metaphysik III 4, 1005 b 35 ff. ausführlich entwickelt.

[215] Vgl. zu Folgendem Anm. 20.

[216] 1. Kor. 2,9.

[216a] Freies Citat nach einem Briefe Hamanns an Lavater 18. I. 1778. Vgl. Hamann Schriften V 274.

[217] Der Mann, der das System vom Katheder herab versprochen hat, ist Martensen.

[218] Der Winter 1841/42 ist in Kopenhagen ganz auffallend milde gewesen. (Mitteilung der dänischen Ausgabe). Die Worte hier sind von Kierkegaard im Winter 1842/43 geschrieben.

[219] H . . . . . ist Abkürzung von Havnia, dem lateinischen Namen von Kopenhagen.

[220] Johannes Climacus ist der Name, unter welchem ein bald nach 600 gestorbener Abt Johannes des Sinaiklosters, der Verfasser einer „Paradiesesleiter“ (scala paradisi, *κλῖμαξ τοῦ παραδείσου*) in der kirchlichen Überlieferung weiterlebt. Die Beziehung auf diesen alten Mönchsmystiker, der den Weg der Seele zum Himmel umständlich in 30 Stufen beschrieben hat, ist ganz äußerlich und zufällig. Die Leiter, nach welcher der Johannes Climacus Kierkegaards seinen Namen hat, ist die im Folgenden beschriebene Leiter der dialektischen Bewegung. Erst der Johannes Climacus der „Unwissenschaftlichen Nachschrift“ gibt mit seiner Stufenfolge der Existenzvertiefung etwas, was man eine moderne Himmelsleiter vielleicht nennen könnte.

[221] der Gedankenfolge: dän. Consequentsens.

[222] Es ist den dänischen Herausgebern gelungen, die Einzelheiten des über das Griechische Gesagten aus der von Kierkegaard gebrauchten griechischen Schulgrammatik zu belegen.

+[223] Der ursprüngliche Entwurf bietet statt des im Haupttext Gesagten eine dem eignen Jugenderlebnis Kierkegaards sichtlich näher stehende Fassung. (Papirer IV B 3a, 9): „Was ihm vorschwebte, waren schöne Gegenden, besonders dicht bewachsen mit Seepflanzen, da ging er zwischen Schilf — der Vater hatte ihn gelehrt, das Große in dem Kleinen zu sehn. Dicht bei dem Hause, in dem sie wohnten, war eine Erderhöhung, auf welcher üppiges Gras wuchs. Er war gerade so groß, daß er, wenn er auf der ebenen Erde stand, in es hineinschauen konnte. Der Vater hatte es ihm oft gezeigt. Das Gras war dann ein ungeheurer Wald, ein kleines Tier lief darinnen umher, er selbst wurde so klein, daß er sich darinnen umhergehen sah. — Anstatt daß es ehedem der bewachsene Raum war, wurde es nun der ungeheure Raum, die Ausdehnung, und das Verhältnis wurde der Gedanke, mit dem er ihn abteilte.“

[224] Der zum Studium vorläufig zugelassene Student mußte nach damaligem Kopenhagener Universitätsbrauch im Lauf des ersten Studienjahrs eine sogenannte zweite Prüfung ablegen, die ihn dann zum Fachstudium berechtigte.

225 Hier wird (ebenso wie bei der Schilderung des Vaters) besonders deutlich, daß Kierkegaard seinem Johannes Climacus Züge von sich selbst verliehen hat; vgl. „Gesichtspunkt" S. V. XIII 564.

226 Vgl. Joh. 16,21.

227 Vgl. den Nachweis zum Titelblatt. Hegel hat seine Darstellung der Philosophie des Cartesius mit dem Zitieren dieses Satzes begonnen, Werke Jub. Ausg. 19, 335. Er nennt diesen Anfang den „absoluten Anfang" und bekennt sich seinerseits zu ihm; vgl. z. B. hier Anm. 177. Dies Ja Hegels zum Anfang mit dem Zweifel hat bei den dänischen Hegelianern vielfältiges Echo gefunden. Alle von Kierkegaard im Folgenden angeführten Spielarten dieses Satzes sind von den dänischen Herausgebern aus der gleichzeitigen dänischen Literatur reichlich belegt worden. Eine Wiederholung dieser Nachweise aus vergessenen und gleichgiltigen Schriften erschien hier unnötig.

228 Laut einer Tagebuchaufzeichnung (Papirer IV A 10) hat Kierkegaard diese Notiz aus Garves Übersetzung von Aristoteles' Politik 5, 10 1312a 34 ff. übernommen.

229 Vgl. Einübung im Christentum S. V. XII 191.

230 durchaus frisch: dän. ganske integer.

231 Werdefluß: dän. Continuitaet.

232 Hier und im Folgenden wird besonders klar, daß Kierkegaard, als er De omnibus dubitandum est schrieb, die Abtrennung des Notwendigen vom Möglichen und Wirklichen, die dann in den „Philosophischen Brocken" sich ausspricht, noch nicht vollzogen hatte. Zugleich aber wird das Motiv der späteren Abtrennung deutlich.

233 „Verneinend und bejahend" geben hier und im Folgenden die Worte negativ(t) und positiv(t) wieder.

234 Verwunderung: vgl. oben Anm. 174. An unsrer Stelle hier schreibt Kierkegaard im Sinne Platos richtig V e rwunderung.

235 Diogenes Laërtius [vgl. oben Anm. 30] IX, 11, 63. Kierkegaard hat die Anekdote künstlerisch modelliert.

236 Epikur: vgl. oben Anm. 191.

237 Es wäre möglich, ist aber nicht nachgewiesen, daß das Folgende eine Äußerung Martensens im Kolleg wiedergibt.

237a Arv ist in Holbergs Komödien der ständige Name des tölpelhaften Hausknechts.

238 Dieser Satz auch bei Kierkegaard deutsch.

239 Blaubart: auch bei Kierkegaard deutsch. Er kennt das Märchen wahrscheinlich durch Tiecks Drama von 1797.

240 Diogenes Laërtius [vgl. oben Anm. 30] VIII, 1, 10.

241 Ebenda VI, 2, 35 wird erzählt, daß Diogenes einen Jünger, der zu vornehm war, ein hingefallenes Stück Brot aufzuheben, beschämt habe, indem er selbst einen Krug an einer Schnur hinter sich her über den Markt zog;

unmittelbar darauf (36), daß er Jüngern befohlen habe, einen Hering oder einen Käse hinter ihm herzutragen. Kierkegaard hat entweder beide Geschichten zusammengeworfen oder aber Diogenes mit Krates verwechselt, der (ebenda VII 1, 3) einem Jünger den Befehl gab, einen Topf mit Linsen über den Töpfermarkt zu tragen.

[242] Die Herkunft des Verses (dän: „som den, der roer en Baad vender jeg Ryggen mod Maalet") ist mir unbekannt.

[243] unter eignem Befehl: bei Kierkegaard propriis auspiciis; vgl. auch den Anfang des Vorworts zu den „Philosophischen Brocken".

[244] Das Zitat aus Theodor Gottlieb von Hippel („Lebensläufe in aufsteigender Linie" (1778) S. 200) auch bei Kierkegaard deutsch.

[245] Aus den Entwürfen (Papirer IV B 2, 7) geht hervor, daß Kierkegaard hier eine Originaläußerung Martensens im Kolleg wiedergibt.

[246] Die Beziehung auf Platos „Sophist" geht auf das Ganze des Dialogs, Einzelbelege wären sinnlos. Für Heraklit und Aristoteles gibt Kierkegaard seine mittelbare Quelle selbst an. Was Schleiermacher anlangt, so trifft die Schilderung der tierähnlich verworrenen oder kindlichen Stufe des Selbstbewußtseins in „Der christliche Glaube" 2. Auflage § 5 sachlich mit dem von Kierkegaard Gemeinten zusammen. Die Formel, daß „im unmittelbaren Gefühl alles wahr sei", findet sich annähernd wörtlich in den Reden über die Religion, 3. Ausg. (1821) S. 91. Mit B. Bauers Zeitschrift ist die „Zeitschrift für spekulative Theologie" (3. Bd. Berlin 1837) gemeint.

[247] Zwiefältigkeit: dän. Dupplicitet.

[248] Verkehrung: bei Kierkegaard Falsum.

[249] Die folgenden Sätze richten sich gegen Hegels Phänomenologie des Geistes, in der die drei Hauptteile die Überschriften „Bewußtsein", „Selbstbewußtsein", „Vernunft" tragen und der erste Hauptteil nacheinander Sinnlichkeit, Wahrnehmung und Verstand als Gestalten des „Bewußtseins" bespricht.

[250] dichotomisch, trichotomisch: Die vorangestellten Erklärungen der beiden termini sind Zutat dieser Verdeutschung.

[251] Vgl. „Philosophische Brocken" S. V. IV, 245 und Anm. 176.

[252] Matth. 23,4.

[253] Befreiung: dän. Frelse, ein in der religiösen Sprache als gleichsinnig mit „Erlösung" viel verwandtes Wort.

[254] Hegel, Geschichte der Philosophie Werke Jub. Ausg. 19, 337 mit Angabe der Belege aus Cartesius.

[255] Vgl. Anm. 154.

Matthias Biskupek
Das kleine DDR-Lexikon

Zu diesem Buch

Schon mal etwas von »MMM« oder »Frösi« gehört? Wissen Sie, was es in der DDR mit dem Haushaltstag und dem Brigadetagebuch auf sich hatte? Oder was die Abkürzung »ml. WA« in einer Bekanntschaftsanzeige bedeutete? Matthias Biskupek schafft Abhilfe und erklärt in seinem kleinen DDR-Lexikon fünfzig Begriffe, die heute vom Aussterben bedroht sind. Wir erfahren, daß sich hinter »MMM« die »Messe der Meister von morgen« verbirgt und daß »Frösi« nichts anderes ist als die Kurzform der Kinderzeitschrift »Fröhlich sein und singen«. Ob Sprelacart oder Bonzenschleuder, Mosa oder Delikat – hier werden die schönsten und geheimnisvollsten Blüten des DDR-Wortschatzes erläutert, und ganz nebenbei erhält man eine kleine Nachhilfestunde in Geschichte.

Matthias Biskupek, geboren 1950 in Chemnitz, arbeitete nach seinem Studium der Technischen Kybernetik zunächst als Systemanalytiker in einem Chemiebetrieb. Später war er Dramaturg und Texter an einem Geraer Kabarett, Mitarbeiter der Zeitschrift »Die Weltbühne« und Literaturkritiker beim Satireblatt »Eulenspiegel«. Heute lebt er als freier Autor in Rudolstadt und Berlin.